चल खुसरो घर आपने

वाणी प्रकाशन

21-ए, दरियागंज, नयी दिल्ली-110002

फोन : 011-23273167, 23275710, 41562622

फैक्स : 011-23275710

e-mail : vani_prakashan@yahoo.com

vaniprakashan@gmail.com

website : vaniprakashan.com

चल खुसरो घर आपने

विभा रानी

वाणी प्रकाशन का लोगो
विख्यात चित्रकार मकबूल फिदा हुसेन
की कूची से

ISBN: 81-8143-651-2

वाणी प्रकाशन
21-ए, दरियागंज, नयी दिल्ली-110002
द्वारा प्रकाशित

प्रथम संस्करण : 2000
द्वितीय संस्करण : 2007

आवरण : वाणी चित्रांकन **मूल्य : 200.00**
जयभारत प्रिंटिग प्रेस, दिल्ली-110032
द्वारा मुद्रित

CHAL KHUSARO GHAR AAPNE
by **Vibha Rani**

अजय

एवं

तोषी, कोशी

के लिए

सूची

गाय

माफ कीजिए, आज आप सबों को एक कष्ट दिया जा रहा है। इसे कष्ट ही कहा जाएगा, क्योंकि आज के प्रगतिशील युग में आगे और निरन्तर आगे बढ़ते जाने की प्रतिस्पर्धा में बिचारे साहित्य की तो ऐसी की तैसी हो गई है। दरअसल विश्व आजकल बड़े-बड़े मसलों पर सोचने-विचारने में लगा हुआ है न, इसलिए उसकी नजर साहित्य पर पड़ ही नहीं रही। वैसे भी अब यह कबाड़खाने का पिछला हिस्सा तो बन ही गया है। इसकी एक अंगुली भी थी, जो कभी बड़ी दमदार हुआ करती थी। आज वह सुन्न-सी पड़ी हुई है। मेरा आशय आप समझ रहे होंगे। इसलिए ज्यादा न बोलकर असली मुद्दे पर आ जाऊँ। मेरा खयाल है कि आप भी ऐसा ही चाह रहे होंगे। तो लीजिए साहेबानो, आप सब भी सुनने को तैयार हो जाइए यह कथा। इस कथा के बारे में स्वयं अपने मुँह से कुछ कहना ठीक न होगा। आप मर्मज्ञ हैं, सो समझ ही जाएँगे।

सभ्यता के बाद की कहानी है। उस चरण की, जब मनुष्य सभ्यता और संस्कृति की अँगुली पकड़कर चलना छोड़ चुका था। वह अब अपने उद्दाम यौवन की तरंग में था। उस उद्दाम लहरों में वह भूल चुका था कि उसे क्या करना है क्या नहीं ? ऋषि-मुनियों के तथाकथित उपदेश उसने उद्धरण देने के लिए रख छोड़े थे और अब वह एक दीवानगी में दौड़ा चला जा रहा था। यह सभ्यता के उसी काल की कहानी है, जिसे मैंने दो भागों में वर्णित करने की कोशिश की है। तो आपको अब मैं उसी मुकाम पर ले चलूँ जहाँ की यह घटना है। पर क्षमा करें, यह कथा मनुष्यों की नहीं है, यह तो अब खयाल आया। यह कथा तो है जानवरों की। उन जानवरों की जो एक सुन्दर और रमणीय जंगल में रहते थे। उस जंगल की यह विशेषता थी कि उसमें सभी जानवर समान भाव से रहते थे और किसी के मन में किसी के लिए भी बैर न था। सूर्य जब पेड़ों की डालियों में फैले अन्धकार को चीरता हुआ हौले से झाँकता तो चिड़ियाँ स्वागत में कलरव-गान करने लगतीं, गाएँ रम्भा-रम्भाकर अपने-आप दूध की धार छोड़ने लगतीं और हाथी सूँड में जल भर-भरकर ऊपर को फेंकते मानो सूर्य को अर्घ्य दे रहे हों। चाँदनी जब पेड़ की डालों की सीढ़ियों से धीरे-धीरे उतरती हुई जंगल की जमीन पर लेट जाती तब चकोर गा उठते और कुमुदिनी खिल जाती। हवा भी वहाँ जैसे मलय पर्वत को छूकर आती थी—सन्दली खुशबू और ठण्डक से युक्त

प्रकृति के ऐसे सुन्दर परिवेश में सारे पशु-पक्षी ऐसे मिलकर रहते थे जैसे वे सबके सब एक ही घर के सदस्य हों। छोटे-बड़े···उम्र के हिसाब से दादा, बेटा, पोता, सखा···सच पूछिए तो अपने इन्हीं चन्दनी गुणों से उसका नाम 'सुन्दर जंगल' पड़ गया था।

एक दिन विधि वाम हुई। यकायक जंगल के पेड़ टकराए और खूब टकराए। उनके भयंकर पत्तों की मधुर सरसराहट भयंकर खरखराहट में बदल गई। चारों ओर के पेड़ मतवाले बने झूम रहे थे और डालियाँ एक-दूसरे से सिर मार रही थीं। उनकी चीख से सुन्दर जंगल के सारे जानवर डर गए, यहाँ तक कि राजा शेर भी। वह अपनी गरज से आध्यात्मिक प्रवृत्ति को अपना लेने वाला राजा था। लिहाजा उसने प्रजा को भी आस्थावान बने रहने के सारे गुर दे रखे थे, पर साथ ही उसने स्पष्ट निर्देश भी दे रखा था कि वही केवल उस सर्वोच्च सत्ता की पूजा कर सकता है। जंगल के शेष सभी जानवर इस जंगल की सर्वोच्च सत्ता की पूजा करें। सो जब पेड़ टकराए और जानवरों की चीख-पुकार शेर के कानों में पहुँची तो वह झट पूजा में लीन हो गया। पर यथार्थ की इस दुनिया में ईश्वर रूपी जीव ने उस राजा रूपी जीव की एक भी न सुनी। वह अजगरी निद्रा में सोता रहा। जंगल में आग लगनी थी सो खूब लगी।

आग थमी तो सबने अपने-अपने कलेजे भी थाम लिये। सबों के अधिकांश स्वजन-परिजन इस दावाग्नि में जलकर भस्म हो गए थे। सबसे करुण विलाप तो सुमन्त हाथी का था जिसका इकलौता पुत्र और पत्नी इस अग्निकाण्ड में जलकर भस्म हो गए थे। उसके हृदय-विदारक विलाप से लोग अपने-अपने दुःखों को भूल उसे सान्त्वना देने लगे।

दुःख का आवेग जब कम हुआ तो सभी का ध्यान राजा शेर पर गया जो अभी भी अपनी तथाकथित उपासना में लीन था। हाथी ने चिंघाड़कर कहा—''हम इस राजा को अपना रक्षक मानने से इन्कार करते हैं। राजा का कर्तव्य होता है कि वह अपनी प्रजा, अपने आश्रितों की जान देकर भी रक्षा करे, उसके ऊपर आई मुसीबत को प्राणपण से टालने का प्रयास करे, पर हमारा राजा ! वह तो कायर और डरपोक की तरह अपनी माँद में घुसा रहा और यहाँ हमारे अपने ही लोग काल के गाल में चले गए। ऐसे राजा से तो हम बिना राजा के भले।

सुमन्त हाथी के नेतृत्व में विद्रोह हो गया। शेर अपनी गद्दी हाथ से जाते देख चैन से कैसे बैठा रहता। वह पुनः अपने साधना-गृह में घुसा और साधना में लीन हो गया। यकायक सुन्दर जंगल के जानवरों ने देखा कि जंगल में कुछ नए जानवर घूमने लगे हैं। मगर वे इस जंगल के जानवरों जैसे न थे। न तो वे उनकी भाषा समझते थे और न ही ये उनकी भाषा-बोली समझ पाते थे। फिर भी शेर द्वारा उनकी इस भाषा को समझने का, जानने का आग्रह किया गया। सब ने यह भी देखा कि खुद शेर भी उन्हीं की जबान में बोलने की कोशिश कर रहा है कि तभी······

आप सुन तो रहे हैं न मेरी बात ? क्षमा करें, मुझे नहीं पता था कि आप इतने

ध्यानमग्न हैं। हाँ.....तो तभी फिर से पेड़ चीखने लगे। सभी जानवरों के मन में फिर से आतंक का भूत भर गया। एक बार फिर से सब के करुण विलाप से जला हुआ जंगल गूँज गया। राजा शेर फिर से अपनी माँद के पूजागृह में पूजारत रहा। पेड़ों का असहयोग इन जानवरों पर कहर बनकर आया था। वे भी शायद नए जानवरों द्वारा अपने ऊपर किए जा रहे अत्याचार का विरोध कर रहे थे।

इस आग के बाद फिर से सबने देखा कि जंगल में कुछ और भी नए जानवर विचर रहे हैं। यह देखकर कुत्तों ने कान खड़े कर लिए और वे भौंकने लगे। गाएँ पैर पटकने लगीं। साँड सींग उठाकर दौड़ने लगे। हाथी सूँड उठाकर चिंघाड़ उठे। सुन्दर जंगल के जानवरों का नए जानवरों के विरोध में उठा यह पहला कदम था।

फिर भी नए जानवर फफूँद की तरह इनपर छाने लगे। राज्याश्रय में पल रहे इन जानवरों के लिए आहार भी जंगल के इन्हीं जानवरों के आहारों से छीनकर जुटाए जाने लगे। उनके काम के लिए इनसे बेगार भी लिया जाने लगा। बाहरी जानवर इन जानवरों के ऊपर हावी होने लगे। इन जानवरों के लिए यह अत्यन्त दुखदायक स्थिति थी। अब तो कोई एक बीमार पड़ता तो दूसरा उसकी हालत पूछने तक को न जा पाता। नए जानवरों ने राजा शेर, जिसने उन्हें आश्रय दिया था, का तख्ता ही पलट दिया था और उसे बन्दी बना लिया था। शेष जानवर अपनी ही भूमि पर गुलाम हो गए थे, जिसकी पीड़ा से जब-जब वे कराहते, मौसम का रंग फीका पड़ जाता और सूरज पेड़ों से न झाँकते हुए आँखें चुरा लेता।

नए जानवरों ने अपने लिए अब सुरक्षित बेड़े बनवाए और उसे सुन्दर जंगल के जानवरों के लिए निषिद्ध कर दिया। जंगल की व्यवस्था अब उन्होंने अपने हाथ में ले ली और सभी महत्त्वपूर्ण पदों पर अपने यहाँ के जानवरों को बिठा दिया। सुन्दर जंगल के जानवरों को वे सब काम दिए गए जिन्हें करने में वे अपनी हेठी समझते थे। ये नए जानवर उन पर अपनी शिक्षा, संस्कृति, भाषा का प्रभाव जमाने लगे और जल्दी ही इसमें सफल भी हो गए। अब सियार भले ही अपने घर में हुवाँ-हुवाँ कर लेता था, घर के बाहर कदम रखते ही उसी अजनबी जबान में बोलने की कोशिश करने लगता। जंगल के अन्य जानवरों का भी यही हाल था। कल तक जहाँ वे अपनी-अपनी बोली बोलने में आनन्द और सन्तोष का अनुभव करते थे, वहीं अब वे लज्जा और ग्लानि का अनुभव करने लगे। उस नई भाषा में अपने को अभिव्यक्त करने का डेंगू बुखार सभी जानवरों के सर चढ़ गया।

सुन्दर जंगल के युवा जानवरों में कुछ ऐसे भी थे जिन्हें अपनी ही भूमि पर की जा रही अपनी यह गुलामी रास न आई और वे विद्रोह कर बैठे। धीरे-धीरे यह बात सभी की समझ में आने लगी और वे सभी अपने यहाँ से उस बाहरी सत्ता के बहिष्कार की माँग करने लगे। फिर तो उनका यह आन्दोलन जोर पकड़ता गया। सूर्य यह देखकर प्रसन्न होता था या नहीं, पता नहीं, पर जंगल के पेड़ों की चीख थम गई

थी और वे फिर से झूमने लगे थे। नई-नई कोंपलें उन पर फूटने लगी थीं। हवा कभी नरम तो कभी तेज पड़ जाती।

अन्ततः सुन्दर जंगल के जानवर उन बाहरी जानवरों को भगा पाने में सफल हो गए। अब वे सब-के-सब उस स्थान पर पहुँचे जहाँ राजा शेर बन्दी बना अपने जीवन की अन्तिम घड़ियाँ गिन रहा था। वे सभी राजा से घृणा करने लगे थे। इतना कि घृणावश बिना विचारे उन सभी ने आव देखा न ताव, झटपट उसका काम तमाम कर दिया। बीच में पड़ी शेर की क्षत-विक्षत लाश से उन्हें अजीब-सा सन्तोष हो रहा था।

कथा का एक भाग यहीं समाप्त होता है। आइए, अब आपको इसका दूसरा भाग सुनाएँ। अब यह तो स्वाभाविक बात है कि पद और सत्ता का सुख सब कोई भोगना चाहते हैं। सब चाहते हैं कि उन्हें अधिकाधिक राजसुख की प्राप्ति हो। फिर आज की तो दुनिया ही अर्थ और राजप्रधान हो गई है। जिसके पास पैसे हैं, शक्ति है, वही आज दुनिया में पूजित होता है। तो, जब जानवरों ने शेर को मार डाला, तो यह प्रश्न उठ खड़ा हुआ कि जंगल का राजा किसे बनाया जाए ? वे सब के सब विचार-विमर्श कर रहे थे। सब अपने मन में खीर पका रहे थे। सब यही चाह रहे थे कि शेष जानवरों द्वारा उन्हीं का नाम मनोनीत किया जाए, किन्तु संकोच उन्हें खुलकर बोलने नहीं दे रहा था। तभी सबने एक बड़ी ही हैरतअँगेज चीज देखी कि उस मृत पड़े शेर के शरीर के अनेकानेक टुकड़े हो गए और वे सभी टुकड़े हवा से भी हलके हो-होकर बिजली के वेग से सभी जानवरों के शरीर में प्रवेश कर गए।

फिर आप मानें-न-मानें, एक दूसरा चमत्कार हुआ और वह यह कि सभी जानवर एक नए किस्म की उत्तेजना से भर गए और क्षणभर पहले जो अपना नाम खुद घोषित करने में संकोच का अनुभव कर रहे थे, अब चिल्ला-चिल्लाकर अपना नाम राजा के पद के लिए देने लगे। क्षणभर में वहाँ एक हंगामा उठ खड़ा हुआ और मार-काटवाली स्थिति आ गई। एक गिरगिट ने, जिसके शरीर में भी शेर का अंश प्रवेश कर गया था, सभी को सम्बोधित करते हुए कहा कि "यूँ मारकाट मचाने से कोई लाभ नहीं। सुन्दर जंगल की सुरक्षा और खुशहाली की जिम्मेदारी हम सभी के कन्धों पर है। हम सबको अपने जंगल की सुरक्षा का व्रत लेना चाहिए।"

सबका ध्यान गिरगिट की तरफ आकर्षित हुआ और वे सब अब इस मुद्दे पर सोचने लगे। सियार ने कहा—"हमारे द्वारा सुन्दर जंगल की रक्षा तभी हो सकती है जबकि सुन्दर जंगल हमसे, हमारे लिए, हमारे द्वारा हो। अब हम राजतन्त्र नहीं चाहते। हमें प्रजातन्त्र चाहिए, प्रजातन्त्र की नींव पर खड़े होकर ही हम जनता की नींव से जुड़ पाएँगे।"

फिर जनता की नींव से जुड़ने की तैयारी होने लगी। सुन्दर जंगल के पेड़ों की डालें हिलने लगीं, पत्ते मुस्कराने लगे, नदियाँ उछलने लगीं। सबने सोचा कि प्रजातन्त्र आ गया।

और आपको मैं बता दूँ कि प्रजातन्त्र आ गया। हाँ, सचमुच सब कुछ हो गया। सभी को गद्दियाँ मिल गईं। बड़ी गद्दीवाले अपनी गद्दी बचाने की फिराक में लग गए, छोटी गद्दियोंवाले बड़ी गद्दियोंवालों तक पहुँचने और उनकी जड़ें कोड़ने में लग गए। एक आपाधापी का बाजार गरम हो गया। इन सबमें जो एक बात नहीं हुई वह जनता की नींव से जुड़ने की बात। सत्ताधारियों ने अपनी नींव इतनी गहरी, पुख्ता और बेलाग कर ली कि जनता की नींव वे पहचानना ही भूल गए। हर वक्त उनके दिमाग में "लूट लाओ, कूट खाओ" की भावना रहने लगी।

इन सबसे भी अलग एक घटना आपसे बयान करूँ। हालाँकि, इन सारी बातों से सुन्दर जंगल के इन जानवरों को कोई लेना-देना नहीं था, न ही वे इस पचड़े में पड़ना ही चाहते थे। वे तो उसी सामन्ती व्यवस्था के आदी हो गए थे जिसकी चाट उन्हें राजा शेर के समय से ही लग गई थी। आयातित पशुओं ने तो उनकी आदत और भी बिगाड़ दी थी। फिर भी यह बात कनखजूरा बन सबके कानों में घुस गई। इसे आप नींव न पहचानने की भूल का भयंकरतम परिणाम भी कह सकते हैं।

हुआ यूँ कि जंगल में लोकतन्त्र के आते ही एक विवाद यह उठ खड़ा हुआ कि आगे की कार्रवाई किस भाषा में होगी ? शायद यह प्रश्न न उठता, अगर बाहरी जानवरों ने सुन्दर जंगल में प्रवेश कर अपना शासन चलाया न होता। अगर सिर्फ शेर के राज्य का ही आतंक रहता और उसी से छुटकारा पाने की बात होती तो भी इतनी चीख-पुकार न मचती। यह सुन्दर जंगल इसीलिए तो सुन्दर है कि इसमें कई तरह की विभिन्नताएँ हैं—भाषिक, शारीरिक, मानसिक, रहन-सहन, खान-पान आदि आदि तो इतनी विभिन्नताओं वाले जंगल की ऐसी कौन सी जबान है जो सबसे ज्यादा और सबके द्वारा बोली जाने वाली हो।

पुराने पेड़ फिर से चीखने लगे, परन्तु इस बार उनमें आग नहीं लगी। वे केवल हिलहिलाकर ही रह गए। शायद वे भी समझ गए थे कि अब राज बदल गया है और अब उनकी आवाज नक्कारखाने में तूती की आवाज बनकर रह गई है। बाकी सभी जानवरों में श्रेष्ठता प्रदर्शन की होड़ लग गई। सबसे पहले सियार ने कहा—"मेरी भाषा सबसे अच्छी है। हमारे बोलने पर हमारी आवाज दूर-दूर तक जाती है। दिन के कोलाहल के बाद रात्रि की आई स्तब्ध नीरवता को हम ही तो हैं जो भंग कर अपने को जनहित के सेवार्थ लगाते हैं।"

हाथी बोला—"हमारी एक चिंघाड़ से आकाश तक डोल जाता है। वस्तुतः देश को ऐसी ही सशक्त और मजबूत भाषा की जरूरत है जिसे सुनकर बड़े-से-बड़ा दिग्गज भी अपनी दुम दबाकर भाग उठे।"

घोड़े से नहीं रहा गया। हाथी को हिकारत भरी नजरों से देखने के बाद बोला—"यह हाथी जिसके चलने की गति ऐसी है कि एक कोस जाने में लोगों को सात जन्म लग जाएँ। पर हमारी फुर्ती, शक्ति और गति देखिए और सुनिए हमारी

हिनहिनाहट जिसकी एक-एक लय में शौर्य और वीरता भरी हुई है। जिस तरह से हम दौड़ने में वायु गति से काम लेते हैं, उसी प्रकार हमारी हिनहिनाहट से कायरों के कलेजे बैठ जाते हैं। अगर जंगल को अश्व गति से प्रगति करनी है तो हमें अपनी भाषा को भी इतना ही गतिवान बनाए रखना होगा।"

कौआ बोला—"मेरी काँव-काँव सुनकर ही तो लोग सवेरा हुआ मानते हैं। सूरज भी मेरी काँव-काँव सुनकर ही बाहर निकलता है। तभी पेड़ भी जगकर झूमते हैं और पक्षी नाचते-गाते हैं। देश को ऐसी ही भाषा की जरूरत है जिससे लोगों में जागृति का भाव पैदा हो सके।"

कोयल ने कहा—"यह किस मूर्ख की बकवास है कि किसी के बोलने पर ही सुबह होती है। यदि यही बात है तो मैं भी कहूँ कि बिना मेरे वसन्त आता ही नहीं। पर नहीं, मैं तो यह कहूँगी कि वसन्त आए और हम ना कूकें तो समझो कि वसन्त आया ही नहीं और ऐसी भाषा जो कानों को उतनी ही कर्कश लगे जितनी टिन में पत्थर रखकर ढमढमाने से तो भला कौन उस भाषा को बोलना-सुनना पसन्द करेगा। और हमारी भाषा, एक बच्चे तक को भी जो मधुर लगे, जो कानों में अमृतरस घोल दे, अपने इस सुन्दर जंगल की भाषा तो वही होनी चाहिए। हमारा विश्वास है कि हमारा जंगल अपने लोकतंत्र में सहृदयता और सरसता को बढ़ावा देने वाला होगा और इसीलिए इस भावना को व्यक्त करने की भाषा भी इतनी ही मीठी होनी चाहिए।"

अच्छा-खासा एक दंगल मच गया। सारे पशु अपनी-अपनी दलीलें लिये मंच पर कूदने को बेताब थे। गाय भी वहीं खड़ी सब सुन रही थी। हालाँकि वह अपनी महत्ता समझती थी कि उसके पास गुणों का आगार है। स्वभाव से नेक, सेवा भावना में उत्तम, माँ की ममता से भरा दिल। सिर्फ वही क्यों, उसके बेटे-बेटी भी हर तरह से उपयोगी। परन्तु, वह इतनी भोली और निष्कपट थी कि उसे इन प्रस्तावों और उसके पीछे के मनोभावों का जरा सा आभास भी न हो रहा था, वह यही सोच रही थी कि आज जंगल इस एक भाषा के प्रश्न पर ही क्यों उत्तेजित है ? यह सही है कि लोकतन्त्र की अपनी एक भाषा होनी ही चाहिए क्योंकि भाषा ही तो विचार की सम्वाहिका है। अपनी भाषा नहीं तो आजादी कैसी ? मगर अभी इस जंगल में और भी तो समस्याएँ हैं। इसके उचित विकास की समस्या है। यहाँ के जानवरों के विकास की समस्या है और सबसे बड़ी बात तो यह है कि इस समस्या के निराकरण के लिए इतना बड़ा हंगामा क्यों ? इसका समाधान शान्तिपूर्ण ढंग से नहीं हो सकता क्या ?

फिर एक और अचरज की बात बताऊँ ? हुआ यह कि टुकड़े हुए शेर के शेष अंग किसी दैवी चमत्कार से पुनः अस्तित्व में आ गए और सामने रखी खाली कुर्सी पर आसीन हो गए। शेर ने सबसे पहले परम पिता परमेश्वर को नमन किया फिर अपनी स्थिति पर विचार करने लगा। हालाँकि उसे उन लोगों ने बन्दी बनाकर रखा हुआ था जिसे खुद उसने ही बुलावा दिया था, फिर भी, वह उनके रहन-सहन और

ज़बान से दीवानगी की उस हद तक जुड़ गया था कि लोग उसे अगर उसी जंगल के जानवरों में से एक मानते (चाहे उसे चूहे का ही दर्जा क्यों न मिलता) फिर भी उसकी छाती गर्व से चौड़ी हो जाती। लिहाजा, इस सुन्दर जंगल में कोई और संस्कृति पनपे, कोई और भाषा बोली जाए, यह बात उसके गले उतर ही नहीं रही थी। वह तो स्वयं अब अपनी भाषा, संस्कृति भूल तन-मन-धन से उन जानवरों की जुबान, तहज़ीब कबूल कर चुका था।

परन्तु अब यहाँ के हालात बदल चुके थे। राजतन्त्र से लोकतन्त्र आ गया था। इस माहौल में राजा के रूप में गद्दी पर आसीन होना और राजावत किसी भी चीज़ की घोषणा करना न तो सम्भव था न बुद्धिमानी। सो सबसे पहले उसने अपनी कुर्सी देखी, फिर खुद को और तब जनता रूपी सारे पशुओं को। फिर उसने सभी को सम्बोधित किया—"मेरे प्यारे भाइयों और बहनों ! मुझे यह कहते हुए अपार हर्ष हो रहा है कि हमारे सुन्दर जंगल में अब लोकतन्त्र की स्थापना हो गई है। अब यह आपसे है, आपके लिए है, आपके द्वारा है। आप सबने मुझ जैसे तुच्छ प्राणी को अपना प्रतिनिधि माना है, इसके प्रति मैं आपका बहुत ही आभारी हूँ। अब हमें आपके विकास के लिए बहुत-सी योजनाएँ बनानी हैं जिन पर हमें अमल करना है। इसके लिए आप सबका सहयोग औवश्यक है। हमारा सुन्दर जंगल धरती के सभी जंगलों से आगे बढ़े, वह सभी दृष्टियों से आत्मनिर्भर बने, हमें इसके लिए तन-मन-धन से प्रयत्न करना होगा, क्योंकि अब हम आजाद जंगल के निवासी हैं। आप सब जानते हैं कि हमारा जंगल नाना विविधताओं का आगार है और हमें उन विविधताओं में एकता लाकर चलना है और भाषा ही एक ऐसी चीज़ है जिसके सहारे हम एकता के सूत्र में बँध सकते हैं और तभी हमारा जंगल प्रगति की नई-नई दिशाएँ तय कर सकेगा। चूँकि अब हमारा सुन्दर जंगल एक स्वतन्त्र जंगल है, अतः अब यहाँ की कोई अपनी एक जुबान तो होनी ही चाहिए। हम यह भी जानते हैं कि पिछले शासक की भाषा का प्रभाव आप सब पर रहा है और है भी, इसलिए आप लोगों से अनुरोध है कि इस भाषा को सीख लेने तक उसी भाषा का प्रयोग करते रहें। और अब हम अपने सुन्दर जंगल की भाषा...... कहते हुए वे रुके और क्षण भर पूरे पशु समुदाय पर नजर घुमाई। जिस जानवर की तरफ उनकी दृष्टि जाती उसी की सकते और उम्मीद से साँस रुक जाती। सब अपने-अपने प्रति उत्सुक, लालायित और अवसर की ताक से भरे थे। घूमते-घूमते शेर की नजर गाय पर पड़ी जो सारी समस्याओं पर गौर करती पागुर कर रही थी। शेर ने क्षण भर सोचा और घोषणा की कि "स्वतन्त्र लोकतान्त्रिक सुन्दर जंगल की भाषा गाय की भाषा होगी क्योंकि पूरब से पश्चिम, उत्तर से दक्षिण तक ऐसा कोई भी नहीं है जो गाय से परिचित नहीं है, जो इसके सादे-सरल स्वभाव को न जानता हो। यह तो इतनी त्यागमयी है कि अपने बच्चे को दूध न पिलाकर दूसरों को दुग्धदान देती है। विनम्र इतनी है कि किसी को भी कुछ नहीं कहती। सेवाभाव इतना है कि जीवित-तो-जीवित मरने के बाद

भी अपनी अस्थियाँ और चर्म दूसरों के उपयोग के लिए छोड़ देती है। अतः ऐसी महापूजनीया गाय की भाषा को अपने सुन्दर जंगल की भाषा बनाते हुए मुझे अपार हर्ष हो रहा है।"

अब क्या आप सोच सकते हैं कि बावेला न मचा होगा ? मचा और खूब मचा। बिचारी गाय समझ ही न पाई कि उसके साथ क्या हुआ है ? वह अपने काम पूर्ववत करती रही, पर उसने यह जरूर देखा कि उसके चरने की जगह पर अनेक प्रकार की नई-नई घास उग आई है जो खुद-ब-खुद उसके मुँह में जाने को आतुर रहती है।

बुचा

दुलरिया को जब वह ब्याहकर लाया था तब उसकी उमर यों तो पच्चीस-छब्बीस से कम न थी पर चीम्मर माटी का होने के कारण सतरह-अठारह से ज्यादे का न लगता था। इकहरी, सूखी सण्ठी-सी लम्बी देह जिस पर वह उस जमाने के फैशन के अनुसार बड़े-बड़े छापेवाला बुशर्ट लटकाए रहता और पैन्ट ? पैन्ट पर उसने कभी गौर न किया। अक्सर वह अपने बाप की उतारी हुई पैन्ट ही पहनता था। उसका बाप चौड़ी काठी का नाटा आदमी था, सो जब वह उसकी पैन्ट कमर में अटकाता, तब लगता जैसे वह बिना नाड़ेवाला पजामा कमर में डाले हुए है। लिहाजा, अपनी पैन्ट को वह बाप की ही एक पुरानी पड़ गई घिसी हुई काली बेल्ट से कसे रहता। कमर तो कस जाती पर पैन्ट नीचे से टखने के ऊपर तक चढ़ आती। वह इसकी भी परवाह न करता। उसका चेहरा हरदम मैलछौंहा बना रहता जिस पर उसकी पीली-पीली आँखें ऐसी दिखतीं जैसे वह पीलिया का मरीज हो। उन पीली आँखों की पुतलियों में भी कोई चमक न थी, बल्कि ऐसी लगता जैसे उन पर किसी ने राख फेर दी हो। घिसे हुए दाँतों पर भी एक पीली परत जमी हुई थी जो देखनेवालों के मन में घिन पैदा करती थी। वह जब हँसता तब उसके हँसने से मन में कहीं से भी खुशी का कोई भाव नहीं जगता था। उसने काफी प्रयत्न किया था कि वह अपने चेहरे के इस मैलछौहेपन को खत्म कर डाले और खुद को वैसा ही चमकता-दमकता दिखाए जैसे सिनेमा के हीरो दिखते हैं या जैसे अपनी म्युनीसपल्टी के चेयरमैन का बेटा दिखता है—गोरा धिप-धिप बिल्ली जैसी आँखें और अंग्रेजों जैसे केश। पर उसे लगता कि भगवान पहले से ही अलग-अलग माटी बना लेते हैं। बड़े और छोटे लोगों को तैयार करने के लिए, तभी तो उसी छापेवाले बुशर्ट में चेयरमैन साहेब का बेटा हीरो जैसे लगता है और उसे ही पहनकर वह चालू किस्म का लगने लगता है। उसके एक कान के ऊपर अधजली बीड़ी और दूसरे कान के बीच में पाँच या दस पैसे जरूर खुसे रहते थे जो उसकी बीड़ी के लिए होते। जब वह घर आता तब मैया से बीड़ी माँगता। मैया बीड़ी सुलगाकर दो-चार सुट्टे मारती और उसे दे देती थी।

मैया से उसका नेह बहुत ज्यादा था। उसी दिन से वह मैया से हिल गया था। जिस दिन वह उसे उठाकर अपने घर ले आया था। हल्की-हल्की याद थी उसे—हिलते

पानी पर पड़ती परछाईं-सी—सुनसान अँधियाती सड़क के किनारे इकलौते झमटगर (घने) नीम के गाछ के नीचे खड़ा वह रो रहा था। बदन पर मात्र एक फटी हुई बुशर्ट थी जिसके बटन सिरे से नदारद थे। ठण्ड का महीना जिसमें हल्की हवा भी बदन में बर्छी-सी चुभती है। वैसे में उस खुले बुशर्ट से उसकी सर्दी क्या जानेवाली थी ! हल्की हवा भी उसके बदन में आरी फेर जाती। बाबू जो ट्रक का ड्राइवर था, उधर से ट्रक चलाता गुजरा तो उसे रोता पाया। शाम हो आई थी, पर उल्लू अभी बोलने शुरू नहीं हुए थे। बाबू ने ट्रक रोक दी और उससे पूछा—"रोता क्यों है ? तेरे माँ-बाप कहाँ हैं ?

वह कुछ नहीं बोला था। बस, रोता रहा। बाबू ने पूछा—"मेरे साथ चलेगा ?" और वह बाबू के ट्रक पर बैठकर घर आ गया था। मैया उसे देखकर चौंक गई थी। बाबू ने उससे उसे कुछ खिला देने को कहा। मैया ने बड़े स्नेह से खिलाया और उसका नाम रख दिया—बुचा। पर नाम को बिगाड़कर बोलनेवाले उस शहर में वह बुचा कैसे रह पाता ? सो जल्दी ही वह बुचिया हो गया। फिर मैया भी जैसे अपने दिए नाम को भूल गई।

दुलरिया की बगल में लेटे बुचिया ने उसे यह सब बताया था। वह मैया के साथ काम में लगा रहता। धीरे-धीरे रोटी छोड़कर वह सब कुछ बनाना सीख गया था। दाल-भात, तरकारी, भुर्ता। मैया के माथे में जब दर्द उठता तब वही चूल्हा सुलगाकर भात का अदहन चढ़ाता था। मैया उसे तब से भगमन्ता समझने लगी जब उसके आने के दूसरे ही साल मैया की गोद में विद्या यानी विदवा आ गई थी। राखी के दिन पहले साल जब नन्हकी-सी विदवा ने मैया के हाथ के सहारे उसे राखी बाँधी थी तो उसे भी यही लगा कि वह सच में बड़ा ही भगमन्ता है जो मुफ्त में माँ-बाप-बहन सब को पा गया था।

बाबू को ट्रक पर एक भरोसे के आदमी की दरकार थी जो उसके द्वारा किए गए माल के हेरफेर को देखकर भी अंधा बना रहे। सो वह बुचिया को क्लीनरी सिखाने के बहाने अपने साथ रखने लगा। वह भी धीरे-धीरे क्लीनरी सीख गया और जवान होते-होते ट्रक चलाना भी। बाबू ने उसे भरोसा दिलाया था कि वह उसका लाइसेन्स बनवा देगा और अपने मालिक से सिफारिश करके एक ट्रक भी दिलवा देगा।

अब बुचिया को सब्र न था। उसे लगता था कि बाबू कितनी जल्दी उसे ट्रक दिला दे। बाबू को जब नींद आने लगती तो वह सीट के पीछे बिछे पटरे पर सो जाता और बुचिया को ट्रक चलाने को कह देता। आज भी उसने वही किया। बुचिया साठ-सत्तर-अस्सी की रफ्तार में ट्रक भगाने लगा। गहरी रात—सुनसान रात ! कोई रोक-टोक नहीं। दरअसल, ट्रक चलाने का असल मजा तो इसी निचाट रात में आता है। फिर वह अपने हाथ ट्रक के चक्के पर इस तरह जमा लेना चाहता था कि लगे कि वह चक्का नहीं, उसके हाथ की कठपुतली हो। जिधर मोड़ दे उधर मुड़ जाय। सो बाबू जैसे ही उसे ट्रक चलाने को बोला, उसकी नींद वैसे ही भाग गई जैसे ओझाओं

को देखकर चुड़ैलें भाग जाती हैं। उसने बचपन में देखा था बगलवाली रमिया काकी को, जिस पर भूत या चुड़ैल आते थे। उसके यहाँ ओझा बुलवाया गया था और मैया की पिछाड़ी धरे-धरे वह भी वहीं पहुँच गया था। रमिया काकी के बाल खोल दिए गए थे और दो जने दोनों बाहें कसकर पकड़े हुए थे। मिट्टी के ढकने में जलते कोयले पर ओझा ने मुट्ठी भर लाल मिर्च छोड़ दी थी और जलती मिर्च का धुआँ उसकी नाक के आगे लगा दिया था। मिर्च के धुएँ से वह अकबकाई और दोनों पँजों की पकड़ से मुक्त होने की कोशिश करने लगी। ओझा ने उठते हुए कहा था–"हाँ, अब आई न रस्ते पर।" और नीम की पत्तेदार टहनी से उसे तड़ातड़ पीटने लगा था। बुचिया को बड़ा डर लगा था और मैया की बगल में वह दुबक गया था। उसे लगा कि कहीं अगर यह भूत-प्रेत उसे भी धर ले तो ओझा उसे भी ऐसे ही मारेगा। मैया हँस पड़ी थी–"मूरख, भूत-प्रेत औरतों पर ही आते हैं।"

"क्यों मैया ? मर्दों पर क्यों नहीं ?"

"क्योंकि औरतों की देह कमजोर होती है न ! सो भूत उस पर आसानी से चढ़ बैठता है।"

"मैया, तुम पर भी कभी भूत चढ़ा था।"

मैया एकदम से गुस्सा होकर झाड़ू लेकर छूटी थी–"हरामजादा, जरते लुआठी से देह दाग दूँगी जो फिर ऐसा बोला तो।"

वह भागा, पर उसे लगा कि सचमुच मैया पर भी भूत आ गया है। आज इस सुनसान सड़क पर ट्रक दौड़ाते हुए उसे वे पुरानी बातें याद आ गईं तो उसकी हँसी निकल आई। उसने मुड़कर देखा–बाबू गहरी फोंफ काट रहा था। उसने मस्ती भरी एक साँस ली और गाने लगा–"गोरी चलो न हंस की चाल जमाना दुश्मन है।"

जब वे दोनों शहर लौटते तब बाबू बुचिया को रास्ते में ही उतारकर रास्ते से उठाई चीजें, जैसे–लकड़ी के छोटे-बड़े कुन्दे, मौसमी फल और सब्जियाँ तथा ट्रक पर लदे माल में से निकली चीजें संग कर देता। वह देखता बाबू अक्सर रात में ही शहर लौटना पसन्द करता था। दिन में वह तभी लौटता, जब उसका हाथ बिल्कुल खाली रहता। उस दिन भी बाबू ने उसे घर के पिछवाड़े उतार दिया था। वह दोनों थैलों में सामान भरे घर पहुँचा था तो विदवा सो चुकी थी। मैया को शायद उनके आने का गुमान था सो बीड़ी पीती जाग रही थी।

वह मैया की ओर देखने लगा–गोरा रंग और नाक की बाईं ओर ओंठ के ऊपर बड़ा सा मस्सा। मैया ठेठ गाँव की थी। उसके पूरे हाथों और हँसुली पर गोदने गुदे हुए थे। भर माँग पीपा सिन्दूर और दोनों हाथों में दो अलग-अलग रंगों की मोटी-मोटी चूड़ियाँ तथा गहरे पीले रंग की छापेदार साड़ी पहनकर वह उतरी थी शहर के इस किराए के मकान में। वह बीड़ी भी पीती थी और काँसे के बड़े गिलास में चाह (चाय) भी। धीरे-धीरे शहर का हवा-पानी उसे लगा और उसका रूप बदलता गया। उँगली से भर

माँग पीपा सिन्दूर की जगह अब वह कँधी के सिरे को सिन्दूरदानी में डुबोकर माँग से छुलाने लगी जिससे एक पतली और सीधी लकीर बन जाती। फिर वह प्लास्टिक की फूल-पत्तीदार टिकुली छोड़कर बाजारवाली घोरुआ (गीली) बिन्दी लगाने लगी। उसके छींटदार ब्लाउज रुबिया ब्लाउज में तब्दील हो गए और एक दिन जब वह खाली हाथ दिन में ही लौटा था, ट्रक पर से तो मैया को उल्टे पल्लू की साड़ी ओढ़े देखकर हैरान रह गया था। उसने चुटकी ले ही ली थी—"आज मैया तुम तो बबीता लग रही हो।" मैया लजा गई थी। पर लाख शहरी पहरावे और रंग-ढंग की नकल करके भी मैया के चेहरे पर की वह गँवई छाप न हट पाई थी, जैसे उसके चेहरे पर से मलछौंहापन नहीं हट पाया था। मैया ने सब कुछ तो बदल लिया था, यहाँ तक कि बीड़ी पीने से पड़ गए काले होठों को रंगने भी लगी थी। पर गोदने उसके जस-के-तस थे। उसे हैरत भी हुई थी कि जाने कौन सा रंग इस्तेमाल करती है गोदना गोदनेवाली कि ताउम्र वह रंग नहीं छूटता।

सुबह ट्रक पर चढ़ते समय उसने बाबू से पूछा कि वह कब उसका लेसन्स बनवा देगा। बाबू ने कहा कि वह क्यों हिम्मत हार रहा है। अभी तो डिराइविंग चक्के पर हाथ साधने की बात है। पहले वह तो साधो। बुचिया ट्रक पर सवार हो गया अनमनाया सा। साँझ हो आई। बाबू ने खाना खाते समय उसे बुलाया था, पर वह गया ही नहीं। उसे लगने लगा कि बाबू उसे कभी भी लेसन्स बनवाकर नहीं देगा। असल में, वह चाहता ही नहीं कि वह भी ट्रक का डिराइवर बने। आखिर वह बन गया तो बाबू की हेराफेरी कैसे चलेगी ? और चली भी तो उसमें दूसरे को भी हिस्सा देना पड़ेगा। यहाँ तो वह मुफ्त में सारा माल उड़ा जाता है। उसे वह देता ही क्या है ? अपनी उतारी हुई पैन्ट, आधी पी हुई बीड़ी का टुकड़ा, छठे-छमासे मैया कपड़े बनवा भी देती है तो क्या—डोरिया का पजामा और लट्ठे का कुर्ता। कभी दस-पाँच पैसे हाथ पर रख देती है बीड़ी के लिए तो वह भी बकते-झींकते। बदले में बाजार का सारा काम करवाती है फिर भी ताने मारने से बाज नहीं आती। कभी-कभी तो उसकी खुराक पर भी आँख लगा देती है और तब रोटी हलक में फँसने लगती है। मैया बार-बार यह जताना नहीं भूलती कि बाबू की वजह से ही आज वह यहाँ तक पहुँचा है, बरना कब का मर-खप गया होता।

बुचिया को यह सब गीले चैले से लगी चोट-सा सालता। वह यहाँ आया तो क्या मैया-बाबू को कुछ भी फायदा नहीं हुआ ? ट्रक की सारी कमाई तो मैया-बाबू ही लेते हैं। बाहर का कोई भी छोकरा रहता तो वह भी दस रुपया रोज खाना-कपड़ा छोड़कर लेता। और उसे अगर दस रुपया महीना भी दिया जाता तो आज उसके पास कुछ तो पैसे होते। मैया-बाबू क्या यह सब नहीं समझते ?

अभी उसी दिन जगेसरा कह रहा था—"अरे, जब तू इतनी अच्छी डिरेभरी सीख गया है तो अपने लिए लेसन्स क्यों नहीं बनवा लेता ? लेसन्स रहेगा तो सेकेण्ड डिरेभर

बनके भी तू काफी कमा लेगा !''

बुचिया की समझ में बात नहीं आई। जगेसरा समझाते हुए बोला–''देख, किसी-किसी ट्रक पर दो-दो डिरेभर जाते हैं न ! पहला डिरेभर दूसरे को इसलिए ले जाता है कि माल जल्दी पहुँचाना है। अब एक आदमी है तो हाड़-माँस का आदमी ही न ! थकता तो वह भी है। सो वह सेकेण्ड डिरेभर को रखता है और जो भी पैसा उसको मालिक से मिलता है, आधा-आधा बाँट लेता है और तेरी तो सेकेण्ड भी अब पहली से ऊपर की हो गई है।''

बुचिया को याद आया–बाबू कैसे उसे डिरेभिंग का चक्का थमाकर खुद सीट के पीछे बने पटरे पर सो जाता है। तब बुचिया को लगता था कि बाबू कितना अच्छा आदमी है, उसे डिराइविंग सिखा रहा है, चान्स दे रहा है और इस उत्साह में वह पूरी स्पीड में ट्रक चलाता और नियत समय से काफी पहले माल पहुँचाकर लौट आता और फिर ट्रक लोड कराकर आगे जाने को तैयार।

पर अब उसे लगने लगा बाबू एक नम्बर का चालाक आदमी है। सारा-का-सारा मुनाफा खुद खा जाना चाहता है। उसका अपना बेटा होता तो क्या वह उसके साथ ऐसा करता ? उसे विदवा याद आ गई जिसे मैया-बाबू दोनों ही बड़े हीस (ललक) से पढ़ा रहे थे। घर पर पढ़ाने के लिए भी मास्टर लगवा दिया था। उसका भी मन था कि वह भी पढ़ लेता और किसी ऑफिस में चपरासी ही सही, बन जाता तो इसको अपने पैरों पर खड़े होने का एहसास तो होता। पर मैया-बाबू ने सपने में भी यह न सोचा होगा। जिस दिन से आया है बस ट्रक-ट्रक-ट्रक। मैया ने विदवा के लिए एक-एककर सारे गहने भी गढ़वा लिए हैं और ढेर सारे पैसे भी जोड़ लिए हैं उसके ब्याह के लिए। ब्याह की बात आते ही उसे अपनी उमर का भी खयाल आने लगा। क्या मैया-बाबू को नहीं दिखता कि वह अब बड़ा हो गया है–ब्याहने लायक। उसे विदवा के लिए गढ़वाए सारे जेवर याद आए–मँगटीका, नथिया, कर्णफूल, सिकड़ी, कंगन, अँगूठी–सब सोने के। डँड़कस (कमरधनी) और पाजेब ठोस चाँदी के। उसके मन में एक सूरत उभरने लगी। गेहुँआ-सी मूरत–काली मोटी आँखें, सन्तरे की मोटी फाँक से होंठ, तोते-सी नाक, मलाई-सी चिकनी गर्दन। उसने उस सूरत को एक-एककर विदवावाले सारे जेवर पहना दिए। ओह, इतनी सुन्दर जैसे हरी मटर की लम्बी ताजी छीमी !

पर उसका सपना टूट गया। बाबू उसे झकझोर रहा था–''अरे बुचिया ! दिन में सपनाता है का रे ? चल, कल माल ले जाने का टेम हो गया है।''

बाबू अब उसे अपना सबसे बड़ा दुश्मन लगने लगा। उसने ट्रक पर चढ़ते हुए फिर बाबू को याद दिलाया–''बाबू, अब हमें भी जल्दी से लेसन्स दिलवा दो।''

बाबू कुछ नहीं बोला, बुचिया को वह बड़ा चन्ट और घुन्ना आदमी लगा।

हफ्ते भर बाद जब वह घर पहुँचा तो मैया ने उसे बताया कि कल उसका ब्याह है। वह हैरत में पड़ गया। मैया ने उसके लिए पॉपलीन का कुर्ता और लट्ठे का पजामा सिलवा दिया था। वह घर-आँगन में चाबी का झब्बा लिए घूम रही थी। कलिया हजामिन को बुलवाकर पूरे मोहल्ले में हकार पुरवा दिया था, माथे पर मौड़ी डाले हरियाला बन्ना दूसरे मोहल्ले की दुलरिया को ब्याह लाया। मैया ने फिर पीयरी ओढ़कर वैसे ही दुल्हन समेत उसे उतारा, जिस तरह पीयरी ओढ़कर उसके माथे मौड़ी चढ़ाकर उसे ब्याहने भेजा था। एक ओर सेन्दूर बहुराकर औरतें दुल्हा-दुल्हन को परीछने में लगी थीं, दूसरी ओर मैया का गुणगान हो रहा था—"देखो, अपने बेटे से भी बढ़कर उसे पाला-पोसा और अब ब्याह भी कर दिया। लड़की भी खोजी तो इतनी सुन्दर। बुचिया तो उसके पैर की धोवन भी नहीं है।"

सच्ची-मुच्ची, जब उसने उसका घूँघट उघाड़ा तो वह अचकचा गया। सपनेवाली लड़की ? हरी मटर की पुष्ट लम्बी छीमी ! बस कमी थी तो उन जेवरों की जिनसे उसने सपने में उसे सजाया था—मँगटीका, नथिया, कर्णफूल, कंगन, सिकड़ी, अँगूठी...... ! मैया ने बहू को हल्की-सी पायल मुँह दिखाई में दी थी और बाबू ने पैसे भर की नाक की लौंग। नैहरवाले बिलकुल गरीब थे। देह पर की साड़ी के अलावा एक जोड़ी बिछिया पैरों में डाल बेटी को विदा कर दिया था। वह इन्हीं तीन गहनों में थी। मैया ने उसके हाथ में भी चाँदी की एक अँगूठी थमा दी थी, मुँह दिखाई की रस्म पूरी करने के लिए। पर अभी तो वह सिर्फ उसे ही देखे जा रहा था। उसकी आँखें तृप्त होने का नाम ही नहीं ले रही थीं। हरी मटर की पुष्ट छीमी। बुचिया खो गया।

अब ट्रक चलाते बखत भी दुलरिया का नशा उस पर चढ़ा रहता। जल्दी घर पहुँचने की ताक में ट्रक को सौ की स्पीड पर छोड़ देता। बाबू भी मुस्कुराता रहता। मैया अब उसे बुचा कहने लगी थी। शायद बहू के आगे बुचिया बोलना उसे खराब लगता हो। दुलरिया भी पूरे मोहल्ले में बुचा-बहू के रूप में जानी जाने लगी।

एक दिन ट्रक लेकर वह लौट रहा था। शहर की सीमा में घुसते ही बाबू उससे डिराइवरी ले लेता था। वह बगल में बैठा था। रास्ते में उसने हलवाई की एक दुकान देखी और देखीं गरम-गरम जिलेबियाँ, ताजा रस से भरी जिलेबियाँ। उसे उन जिलेबियों की खिड़कियों के पीछे एक चेहरा झाँकता नजर आया और उसने बाबू से कहा—"बाबू, रोको अभी ट्रक को।"

"क्यों ?" बाबू ने ट्रक चलाते हुए पूछा।

"जिलेबी लेनी है। पैसा दो।"

बस फट पड़ा बाबू—"कभी बाप ने जनम में जिलेबी खाई है जो...एँह। मुँह बहसता जा रहा है।"

जिलेबियों की खिड़की से झाँकता चेहरा लुप्त हो गया। सिर्फ दो आँखें रह गईं—भरी हुई—डबाडब।

दुलरिया के कान अब तक खाली थे। मैया ने मुँह दिखाई के रुपयों से चाँदी के झुमके बनवा देने का वादा करके रुपए रख लिए थे। खुद अब मैया के बदन पर गहने-ही-गहने थे। कान में सोने की झील तो कभी बालियाँ, हाथों में चार कन्ट्रोलर, दो अँगूठियाँ और पायल बिछिया तो वह साड़ी की तरह हर छह महीने बाद बदल लेती थी। बहू के खाली कान से उसे कचोट हुई। दोपहर में जिलेबीवाली घटना से वह ग्लानि से भरा हुआ था। उसने सोचा था कि जिलेबी का दोना लेकर जब वह उसके पास पहुँचेगा तो वह कैसे "कोई देख न ले" के भाव से भरकर घबड़ाएगी। फिर उसकी आँखों में प्रेम का ज्वार उठेगा जिसमें वह और जिलेबियाँ दोनों डूब जाएँगे। पहली बार उसके दिमाग में आया कि अब उसे अपना अलग धन्धा खोजना चाहिए।

रोटी की थाली के सामने बैठे हुए उसने कहा—"मैया, तुम्हारी बहू के कान खाली हैं।"

"हाँ, बस बाजार नहीं जा पा रही कि झुमके बनवा दूँ।"

"तब तक मैया तुम अपनी झील या बाली..."

इतना बोलना था कि मैया चण्डी हो गई—"अरे, मौगी के भड़ुवा ! बड़ी सफाई से मेहरारू ने गहने तुझसे मँगवाए कि वह पाक-साफ बनी रहे। बड़ा सोना पेन्हने का शौक भरा है मन में। काहे नहीं बाप के घर से ले आई उठा के...देखो हो लोगों, हम इस करमजरुआ के लिए इतना किए-धिए, सब अकारण चला गया। हम गोइठा में घी सुखाते रहे।"

"गोइठा में नहीं मैया, घी तो तुम कनस्तर में जमा करती रहीं और हमको उसकी एक बूँद तक नहीं लेने दी। इतने बरस से हम यहाँ हैं, कभी दो ठो रुपिया भी दिया है तुम लोगों ने। हमारा दरमाहा ही बाँध देती तो भी आज हमारे पास कुछो तो पैसा होता।"

"दरमाहा ?" अरे मूतने का भी होश नहीं था तब बाबू तुमको उठाकर लाया। अपना कलेजा में साटकर बेटा जैसा पाला-पोसा, बड़ा किया, उमिर देखकर ब्याह भी कर दिया मगर ई गुमान नहीं था कि मौगी के आते ही महतारी-बाप के माथे पर चढ़कर नाचने लगेगा।"

"उसको दोष मत दो मैया। उसने हमसे कुछो नहीं कहा है। रही बात बेटा जैसा मानने की तो तुम हमको बेटा मानती तो हमको भी पढ़ने के लिए इस्कूल नहीं भेजती, जैसा विदवा को भेजती हो। हमको बाबू के उतरन और डोरिया पाजामा पर तो न पोसती। हमारी बहू के लिए भी उतने ही गहने गढ़वाकर रखती जितना विदवा के लिए गढ़वा कर रखा है। पर तुमको और बाबू को तो एक ठो गुलाम चाहिए था, बिना पाई का। बाबू को उसकी चीज उठाने-रखने के लिए एक विश्वासी आदमी चाहिए था और तुमको आटा पिसानेवाला, तरकारी लाने वाला, बाहर-भीतर करनेवाला एक टहलुआ; सो मैं मिल गया। दुआर पर तो जो कुत्ता रहता है न, लोग उसके आगे भी

दो ठो रोटी डाल देते हैं। तुम तो हमको पूरा दिन खटाने के बाद रोटी देती रही। आज दू बरस हो गया बाबू से कहते-कहते कि हमारा लेसन्स बनवा दो। पर बाबू को पता है कि तब उनके हाथ का तोता फुर्र हो जाएगा। दूसरा आदमी आएगा तो वह उनके उठाई-रखाई में हिस्सा माँगेगा, सेकेण्ड डिराइवर को अपना आधा पैसा देना होगा। तुम हिसाब लगाकर देखो मैया कि कौन किसके टुकडे पर पला है।''

सचाई का भर मुँह नीम जाने से मैया छिलमिला उठी। जलती लुआठी लेकर झपटी—''अरे कोढ़िया, आ तुझे डाह दूँ ! यमराज को भोग लगा दूँ ! सरधुआ, जुअनढाहा, जवानी चढ़ी है सो जुआनी ढाह देती हूँ। आ......'' मारे उत्तेजना के वह काँपने लगी।

बुचिया चला गया। मैया और बाबू अब सारा क्रोध दुलरिया पर निकालते। हरे मटर की पुष्ट छीमी अब सूख गई थी—दाना-पानी और सिनेह के अभाव में। मैया अब न तो खुद ही खर उठाती न विदवा को कुछ करने देती। उस पर से दिन-रात सरापती रहती बुचिया को—''आग लगे, पिलुआ पड़े उसके देह में, भगवान करे उसको टी. बी. हो जाए, मसान का रास्ता देखे वह।''

दो महीने बाद बुचिया आया था—धँसी आँखें, सूखा शरीर और भी सूख गया था। काले होठों पर पपड़ी जमी हुई। मैया उसकी हालत देखकर कसक उठी पर मुँह घुमाए बैठी रही। वह आया और दुलरिया से चलने को बोल बाहर बैठ गया। मैया फिर झपटी—''अभगला, अपने तो जाने कहाँ किस खोह में मरने जा रहा है, इसको क्यों ले जा रहा है ? कोढ़िया।''

''ताकि तुम लोगों के हाथ पर जो दही जमा हुआ है, उस को उतार सको। वह बड़ी विचित्र हँसी हँसा। हँसने से उसकी आँखें और भी अंदर को चली गई और गाल पर झुर्रियाँ छा गईं। हँसते-हँसते वह खाँसने लगा, बड़ी बुरी तरह से। उसकी खाँसी से दुलरिया सिहर उठी।

दुलरिया भागती हुई आई। तब तक फरीछ हो चुका था। लोग उठ गए थे, उठ रहे थे। आदत के मारे कुछ लोग गिलास, कप थामे चाय सुड़क रहे थे। हमेशा की तरह चौक पर मुहल्ले के मर्दों का झुण्ड जमा था और बहस छिड़ी हुई थी। उस चौक से गुजरनेवाली कोई भी औरत नाक तक घूँघट किए बिना नहीं गुजरती थी। मगर आज दुलरिया को इस बात का भी होश नहीं रहा था कि उसके माथे पर आँचल है या नहीं। वह तो घर में घुसी तो चौखट से टकराकर गिरते-गिरते बची—''मैया, उनको बचा लो मैया। रात से ही खून बोकर रहे हैं। अभी एकदम से बेदम पड़े हुए हैं। घर में और है ही कौन जिसको कहती।''

मैया का कलेजा फटा, पर झुँझलाकर बोली—''तो जा, करा इलाज अपने भतार

का। उसने तो सोने-चाँदी से तुझे पाट दिया होगा न।" भर अटारी रुपए बटोर लिए होंगे। उन्हीं से इलाज करवा। मेरे पास बखत नहीं है" और झटके से मुँह फेरकर दीवार की ओर देखने लगी।

उस दिन बुचिया दुलरिया को ले गया था नए बने एक चौड़ी मँड़ई में। उस मँड़ई में कच्ची मिट्टी की गन्ध के अलावा और कुछ भी न था—न एक गज कपड़ा, न एक हँड़िया, तसला, न एक दाना अनाज। बुचिया उदास स्वर में बोला—करना तो बहुत कुछ चाहता था दुलारो पर कर कुछ भी नहीं सका हूँ। हाँ, उम्मीद है कि तू साथ देगी तो इस घर में सब कुछ आ जाएगा।

बुचिया शहर में मजूरी करने लगा और दुलरिया पास के खेत में काम। उसके आसपास दो पक्के मकान बने हुए थे जिसमें लोग रहने आ गए थे। वह उन दोनों घरों में बर्तन भी माँजने लगी। शाम को जब वह दोनों घरों से मिला खाना लेकर पहुँचती तब बुचिया को अपनी बाट जोहते देख मुस्कुरा पड़ती। उसकी दिनभर की थकान मिट जाती।

बुचिया की आँखों में मैया के कानोंवाली झील तैरती रहती थी। वह चाहता था कि वैसी ही झील वह उसके कानों में पहनाए और तब मैया के पास ले जाकर कहे कि सोना पहनना केवल तुम्हारा ही अधिकार नहीं है। और एक-एक पाई बटोरकर कल वह झील ले आया था उसके लिए। नए काट की झील—झलर-मलर करती, गुलाबी कागज की पुड़िया खोलकर जब उसने झील निकाली तो पूरी मँड़ई में जैसे सुनहरी धूप झिलिर-मिलिर करने लगी। बुचिया ने कहा—"पहनकर तो दिखा।"

दुलरिया ने कहना चाहा था कि अगले महीने दीवाली है, उसी में पहनेगी। पर बुचिया इतने अरमान से लाया था, सो वह उसका कहा टाल न सकी। उसने कान के छेद में झील डाला, पेंच घुमाया और कस दिया। बुचिया उसे निहारे जा रहा था। वह लजा गई। हालाँकि कड़ी मेहनत के कारण अब उसका वह रूप न रह गया था, फिर भी मेहनत का जो एक तेज होता है, वह उसके चेहरे पर छाया हुआ था। वह मुस्कुरा पड़ी। वह दूसरी झील भी कान में पहनाने लगी। कान के छेद को अन्दाजकर वह उसमें झील की डण्डी डालने ही लगी थी कि बुचिया को जोरदार खाँसी हुई। खाँसी और फिर उल्टियाँ—थक्के के-थक्के खून। दुलरिया के हाथों से झील गिर पड़ी।

रातभर वह थोड़ी-थोड़ी देर बाद खून उगलता रहा। दुलरिया एक हाथ से आँसू पोंछती और दूसरे से खून से लिथड़ा उसका मुँह पोंछती और वमन किए हुए खून को घर के पिछवाड़े फेंक आती। सुबह तक वहाँ की धरती लाल हो गई थी।

भोर की पहली किरण में उसने बुचिया का मुँह देखा—"पीला, मुर्झाया मुँह, उसपर काली-सी कोई परछाई डोलती-सी। उसकी समझ में न आया कि वह क्या करे ? उसने उसे हिलाया। पर रात भर खून की उल्टी करने के बाद बुचिया बिल्कुल बेदम हो चुका था। दुलरिया समझ न पाई कि वह बेहोश है या नींद में है। उसे मैया-बाबू का खयाल

आया और वह यहाँ भागी-भागी आ गई। पर मैया का दो टूक जवाब सुनकर पथरा गई। फिर उसने कुछ तय किया और उल्टे कदमों घर की ओर भागी।

मैया कहने को तो कह गई, दुलरिया को दुत्कार भी दिया, उसने उसके कान की एक झील भी देख ली थी जिससे वह और भी अंगारा हो गई थी। झील का त्रिकोण त्रिशूल की तरह उसकी छाती में आ धँसा था। वह वैसे ही मुँह फिराए बैठी रही। उसने यही समझा कि दुलरिया अभी भी पीछे खड़ी है। अगर वह हाथ पकड़ ले तो वह चल पड़ेगी। पर पीछे क़ोई सुगबुगाहट न पाकर उसने मुड़कर देखा, दुलरिया नहीं थी।

मैया के दिल में एक बेचैनी समा गई। झपटकर उठी, घर में ताला ठोका और बुचिया के घर का रुख किया। चौक वालों ने दुलरिया की तरह उसे भी बदहवास भागते देखा।

बुचिया के घर से दस बित्ता दूर रही होगी कि मैया के कान में दुलरिया की चीख सुनाई पड़ी। मैया हकबका गई। उसके पैर जैसे वहीं जम गए। एकाएक सारी ताकत जैसे कहीं बिला गई। फिर उसने हिम्मत बटोरी और पूरी जान लगाकर दरवाजे तक आई। बुचिया की पथराई देह जमीन पर बिछी चीकट कथरी पर पड़ी थी। आँखें अधखुली थीं, जैसे अधखुली आँखों से अभी भी दुनिया को देख रहा हो। कटे गाछ की तरह दुलरिया उसकी छाती पर गिरी हुई थी। उसके बाल बिखर गए थे। मैया ने एक नजर बुचिया को देखा और एक नजर मँड़ई के चारों तरफ दौड़ाई। दुलरिया के पैर से कुछ दूरी पर ही दूसरी झील गिरी पड़ी थी। मैया ने उसे बाएँ हाथ से उठाया, ब्लाउज में डाला और दाएँ हाथ से छाती पर मुक्का मारते हुए "हाय रे मोरा बुचा" कहकर पछाड़ें मारने लगी। अगल-बगल के लोग जुटने लगे थे।

किडनी वाला घर

घर में सुबह से ही बहुत गहमा-गहमी थी। नया-नया एक मन्जिला घर। चार कमरों वाला पक्का मकान। फ्लैट सिस्टम का। भीतर सभी कमरे एक-दूसरे से लगे हुए और एक-दूसरे में खुलते हुए, इण्टरकनेक्टेड ट्रेन की तरह। दीवालें एनामेल पेण्ट की नई, कोरी चमक से भरी थीं। दरवाजे पेण्टेड और आधुनिक किस्म के थे। मुंबई के फ़्लैटों के दरवाजों जैसे- नाइट लैच, सेफ्टी चेन सहित। खिड़कियाँ स्लाइडिंग थीं और खतरे (यह खतरा चोरी का था, बच्चों के गिर जाने का नहीं, क्योंकि एक तो उस घर में कोई बच्चा नहीं था और होता भी तो तल मंजिले की खिड़की से गिरकर कहाँ जाता?) से बचाव के लिए उस पर ग्रिल चढ़ाई जा चुकी थी। उन ग्रिलों पर तीन-तीन-चार चार के हिसाब से नए गमले भी रख दिए गए थे जिनमें नए-नए पौधे नवजात शिशु की तरह पड़े हुए थे, निस्पन्द, जैसे सो रहे हों। ड्राइंग रूम का फर्श संगमरमर और शेष कमरे मोजैक की चमक से जगमगा रहे थे।

नाते रिश्तेदारों और आस-पड़ोस वालों से घर भर चुका था। हरबंसलालजी पीली धोती, रेशमी कुर्ता पहने और चादर ओढ़े पूजा स्थल पर बैठे हुए थे। साथ में थीं उनकी पत्नी किशोरी देवी। वे भी गोटा लगी पीली साड़ी पहने हुई थीं। टीका, नथ, नेकलेस और कंगन की स्वर्ण चमक और उनकी झिलमिल आभा को देखकर एकाएक तीस साल पीछे जाने की इच्छा होती थी जब इन दोनों का ब्याह हुआ था और ऐसे ही एक जोड़ी पीली धोती और एक जोड़ी पीली साड़ी वाले पाँव-डोले से उतरकर बाँस की चँगेरी में डग धरते हुए कोहबर घर पहुँचे थे। स्त्रियों ने गाया था–

कोठे के ऊपर परोड़िया रे
उस पर बैठे नवाब, कोहबर
कहो बाबा का नाम, कोहबर
कहो अम्मा का नाम, कोहबर
बाबा तो मेरे पण्डित बाबा रे
अम्मा गौरी हमार, कोहबर।

पण्डितजी पूजा कर रहे थे। मन्त्र अभिषिक्त धागे दोनों की कलाइयों में बाँध दी थी।

उस दिन भी चतुर्थी की सुबह धोती का पर्दा कर इसपार-उसपार दोनों को साथ-साथ नहलाया गया था। मन्त्र पढ़ते हुए पण्डित ने दोनों की कलाइयों में बँधे आम के पल्लव के कंगन खोले थे और गृहस्थ जीवन में पदार्पण का आदेश और अनुमति दी थी। तब से आज तक दोनों गृहस्थ धर्म का पालन करते चले आ रहे थे।

लोगबाग आ जा रहे थे। हरबंसलाल के दोनों बेटे तमाम इन्तजामात में लगे हुए थे। बड़ा हरीश आने-जानेवालों को बिठा रहा था और सुरेश रात में होने वाले भोज की देखरेख में व्यस्त था। लाउडस्पीकर पर जोर-जोर से बज रहे गाने बता रहे थे कि आज यहाँ कोई समारोह है।

समारोह ही था—गृहप्रवेश की पूजा पर बैठे हरबंसलालजी सोच रहे थे, अब तो शायद उनकी जिन्दगी का यह आखिरी समारोह हो। सूरज सर पर आ गया था। पूजा में अभी एक-दो घण्टे और लगनेवाले थे। उनके चेहरे पर क्लान्ति के भाव आ गए। अब वे जल्दी ही थक जाते। कमजोरी टायफायड के मरीज जैसी लगने लगती थी और अगर समय से न खाया पिया तो चक्कर आने लगते। पूजा के कारण आज सुबह से उन्होंने कुछ भी नहीं खाया था। मन्त्र पढ़ते हुए उनकी आवाज कभी धीमी और कभी लुप्त हो जाती। पत्नी ने एक बार चेहरा देखा और फिर पण्डित से बोली—"पण्डितजी जल्दी-जल्दी खत्म कराइए न। इनकी तबियत ठीक नहीं है। भोर से कुछ नहीं खाए हैं। पूजा खत्म हो जाए, तभी तो चाय शर्बत कुछ दिया जा सकेगा।"

पिछले दस-ग्यारह महीनों से हरबंसलालजी के शरीर में, व्यवहार में बड़ा परिवर्तन आ गया था। बेटों ने तो ध्यान नहीं दिया, मगर पत्नी की नजर से यह बदलाव कैसे छुपा रह सकता था। उन्होंने कई बार पूछा, लेकिन वे टाल गए। बहुत इसरार करने पर यही कहते—"दुनू (दोनों बेटों) का चाल-ढाल देखकर अइसा लगता है, कहिया ई दुनू सुधरेगा और अपना जिम्मेबारी बूझेगा, नहीं मालूम। हम थोड़बे सब दिन जीएँगे। हमारे मरने के बाद तुम्हारा और इनका क्या होगा, यही सोच-सोचकर गुम हो जाता हूँ।"

किसी बड़ी या लम्बी चौड़ी सम्पत्ति के मालिक नहीं थे हरबंसलाल जी। छोटी-सी नौकरी। कपड़े की दुकान पर बैठते थे। सौ रुपए माहवारी पर नौकरी शुरू की थी जो आज पन्द्रह सौ पर आकर ठिठक गई थी। इसी पगार में नाचो-गाओ, पहनो-ओढ़ो सब। आमद का दूसरा अन्य कोई जरिया नहीं। इसी पगार में और सेठ से कर्जा लेकर दोनों बेटियों को ब्याह दिया था। दामाद बहुत पसन्द के नहीं मिले। दोनों के दोनों। पर अच्छा दामाद पाने के लिए बड़ी थैलियों का मुँह खोलना पड़ता है। वे कहाँ से लाते। लिहाजा, मन लायक दामाद नहीं खोज पाए; औकात भर का दामाद ले आए, वह भी कर्जे पर।

जब तक हरबंसजी के बच्चे पढ़ने योग्य हुए, तब तक शहर में तथाकथित पब्लिक स्कूल खुल चुके थे। उनके जमाने में तब एक ही सरकारी स्कूल था और छोटे, गरीब, मजूर के बच्चों से लेकर एस.डी.ओ., डी.एस.पी. और थानेदार सभी के बच्चे वहीं पढ़ने

आते थे। तब इस स्तर पर एक समभाव था। मगर पब्लिक स्कूल ने लोगों को एकदम बेहैसियत और बाहैसियत बना दिया। बेहैसियत वालों की शरणस्थली अभी भी वही सरकारी स्कूल था। यहाँ के मास्टर, मास्टरनियों में भी फर्क आ गया था। उनके जमाने में बगैर डण्डे से बात न करने वाले मास्टरों से बच्चों को खौफ होते हुए भी आपस में वे सब एक तार से बँधे होते थे जिसके कारण शिष्य चाहे नाती-पोते वाला हो जाए, तब भी गुरुजी को उसके कान पकड़ने का अधिकार होता था। और शिष्य भी चाहे जितनी हैसियत वाला हो जाए, गुरु को सम्मान देना न भूलता था। मगर अब शिक्षक का परिदृश्य बदल चुका था। किन्तु हरबंसलालजी की हैसियत नहीं बदली थी। लिहाजा उनके बेटे मोहल्ले के अन्य हैसियत वालों के बच्चों की तरह 'सावधान, ये राष्ट्र निर्माता हैं' का अटेन्शन पिलाने वाले स्कूल रिक्शे पर चढ़कर पब्लिक स्कूल न जा सके जिसका बदला बच्चों ने इस रूप में लिया कि वे एक-एक कक्षा में दो-दो, तीन-तीन साल तक अटकते रहे और नाराज होने पर कहते रहे, "हमको भी उस स्कूल में पढ़ाइए। फिर हम भी अच्छे नम्बर से पास होकर दिखा देंगे।"

"भई हरबंस बाबू ! घर तो बहुत फर्स्ट क्लास बनाए हैं। एकदम इसी रगसुल्ला के माफिक।" भोज में परोसे गए रसगुल्ले को दिखाते हुए उनका पड़ोसी बोला। हरबंसलालजी मुस्कुराए और विनम्रता से हाथ जोड़ दिए। वे कमजोरी महसूस कर रहे थे। उनकी बार-बार इच्छा हो रही थी कि जाकर सो जाएँ। मगर मेहमानों से घर भरा हुआ था और मेजबान भी आखिरकार वही तो थे। स्त्रियों की आवभगत में पत्नी और बेटियाँ लगी हुई थीं।

कुछ दिनों से उनके मकान, जिसका नाम उन्होंने "किशोरी कुटीर" रखा था, की पूरे शहर में धूम मची हुई थी। कुछ ने मकान की खूबसूरती की तारीफ की तो कुछ के लिए यह सवाल यक्ष प्रश्न बनकर खड़ा हो गया कि आखिर इतना खूबसूरत मकान बनाने के लिए इनके पास इतना पैसा कहाँ से आया ? हरबंसलालजी से पूछने पर वे सिर्फ मुस्कुरा भर देते।

राधेश्याम की शहर में देसी घी के खास्ता कचौड़ी और समोसे की दुकान थी। घी में डालडा और खस्ता पर परोसे जाने वाली तरकारी में मिर्च और पानी मिलाने में उस्ताद थे। बाजार में जैसे-जैसे घी का भाव चढ़ता, इनके कड़ाह में घी की मात्रा कम और चीजों के भाव में तेजी आती जाती। इन सबके बावजूद घर के पिछवाड़े की जमीन पर दो कोठरी चढ़ा नहीं पा रहे थे। जलेबी को चाशनी में डूबोते वक्त रह-रहकर उनका ध्यान हरबंसलालजी के चमकते दमकते घर पर अटक जाता। चर्चा का बाजार आज इन्हीं की दुकान पर गरम था। काली बाबू मास्टर, सतो बाबू बर्तनवाले, केदारबाबू सुनार सब-के-सब एक टेबल को चारों ओर से घेरे बैठे थे। गरम-गरम समोसे और जलेबी उनकी बातों को गर्मी दे रही थी। सतो बाबू बोले-"जरूर कोई बड़ा हाथ मारा होगा, नहीं तो कोनो बरसात हो रहा था पइसा का कि गए आ बटोर लाए।"

"हम तो कहते हैं, जरूर ई अपना सेठे के गला में छुरी चलाया होगा, समोसा काटते हुए काली बाबू मास्टर बोले। गरम-गरम समोसे के कारण जीभ जल गई और जल्दी से निगलने के चक्कर में उसका आलू उनके कण्ठ से लेकर आँत तक को जला गया। जल्दी से पानी का गिलास पी गए। काली बाबू मिडिल स्कूल के मास्टर थे। जब शहर में पब्लिक स्कूल नहीं थे और बड़े-बड़े हाकिम-हुक्कामों के बच्चे भी वहीं पढ़ते थे तब वे उनके यहाँ मास्टरी निभाने पहुँच जाते थे और चाय, रसगुल्ले से तृप्त होते रहते थे। अब स्कूल कंगालों का होकर रह गया था। तर माल का आदी मन और जीभ उनके पैरों को अपने आप राधे हलवाई की दुकान की ओर पहुँचा देता। महीने की पन्द्रह तारीख तक नकद और उसके बाद उधारी।

सलो बाबू ने अपनी मिडिल तक की पढ़ाई में स्कूली किताबें कम और जासूसी किताबें ज्यादा पढ़ी थीं। बाप के पुश्तैनी धन्धे को सम्भाल जरूर रहे थे, मगर दिमाग पर कर्नल रंजीत, वेद प्रकाश काम्बोज, ओमप्रकाश शर्मा के जासूस और उनके कारनामे छाए रहते थे। उस दिन की मजलिस में उन्होंने हरबंसलालजी के मकान का राज खोलने की शपथ खाई। सभा विसर्जित हो गई।

सलो बाबू ने अपने पढ़े तमाम तजुर्बे आजमा लिए मगर सेठजी न जाने किस माटी के बने थे जो सलो बाबू की बात चिकने घड़े पर पानी जैसी साबित होती रही। तीन साल से जो आदमी उनकी खिदमत में था और दो-दो कुँवारी बेटियों का बोझा माथे पर होने के बावजूद जिसका ईमान डोला नहीं था, वह अभी कैसे कुछ कर बैठेगा। फिर भी हैरत उन्हें भी थी। एहतियात हिसाब-किताब मिलाया तो सोलह आने में सवा सोलह आने ठीक निकला। पूछने पर हरबंस न जाने कैसा महसूस करे, इसलिए वे अपनी उत्सुकता दबाए रहे। उन्हें यकीन था कि एक दिन यह राज तो जगजाहिर होगा ही और तब लोग खुद-ब-खुद उन्हें बताने दौड़े चले आएँगे।

शहर में अब नए मकान उनके घर के नक्शे पर बनने लगे थे। दोनों लड़के अभी भी आवारागर्दी में मशगूल थे। बाप की गिरती सेहत और अपनी बढ़ती जा रही इस उम्र की उन्हें तनिक भी फिक्र न थी। हरबंसलालजी उनकी शादी कर देना चाहते थे, परन्तु लड़की वाले उनके अच्छे व्यवहार और सुन्दर घर से प्रभावित होते हुए भी लड़कों को देखकर कन्नी काट जाते। उनके भविष्य की चिन्ता हरबंसलालजी को खाने लगी।

धीरे-धीरे यह चिन्ता उनके दिल, दिमाग, देह सभी में समा गई। किशोरी देवी की खानपान सम्बन्धी तमाम सावधानियों के बावजूद वे बिस्तर पर गिर गए। उस दिन सेठजी के गल्ले पर बैठे हिसाब-किताब मिला रहे थे। रात के नौ बजे थे। दुकानें बन्द हो चुकी थीं। शटर गिरा दिए गए थे। केवल वे और सेठजी का बड़ा बेटा अन्दर बैठे आमद-बिक्री का हिसाब-किताब मिला रहे थे। सेठजी का यह बेटा उनके बड़े बेटे की ही उमर का था—मोटा, गुल्ला-थुल्ला। सिर्फ दुकान चला सकने लायक पढ़ाई करके

बैठ गया। उनको वह चाचा कहता था। एक दिन उन्होंने उससे पूछा था—बेटे, तुम्हारे बाबूजी के पास पैसों की तो कोई कमी नहीं। तब तुमने इतनी कम उम्र में पढ़ाई क्यों बन्द कर दी ?''

सेठजी का बेटा मुस्कुराया। बोला—चाचा, आदमी पढ़ता किसलिए है ? इसीलिए न कि पढ़-लिखकर एक अच्छी नौकरी मिल जाएगी, मेरा मन तो शुरू से ही पढ़ने में नहीं लगा। ऐसे में खींच घसीटकर सेकेण्ड, थर्ड क्लास से बी.ए., एम.ए. कर भी लेता तो कौन-सी कलेक्टरी मुझे मिल जाती ? हद-से-हद किसी सरकारी दफ्तर का किरानी हो जाता और वहाँ बैठकर चाय, पान और पीते-खाते, बीड़ी धूँकते हुए मक्खियाँ मारा करता। आज मैं जितना कमाता हूँ उतने का आधा भी नहीं कमाता और निकम्मापन भरता मुझमें सो अलग से।

हरबंसलालजी उसका मुँह देखते रह गए। कितनी सयानी बातें करने लगा है। उन्हें अपने बेटों का खयाल आया। कब तक वे यह सब ढोते रहेंगे। सुबह आठ बजे से रात के दस-ग्यारह बजे तक की ड्यूटी। जवानी में तो पता नहीं चलता था, मगर अब बर्दाश्त नहीं होता था। बोले—''बेटे, अगर हमारे हरीश और सुरेश के लिए कुछ इन्तजाम कर सको तो बड़ी मेहरबानी होगी।''

सेठजी के बेटे को उनके बारे में सब मालूम था। ''घर में नहीं दाने, अम्मा चली भुनाने'' वाला हाल था उनका। पढ़ाई और काबिलियत के नाम पर जीरो थे, मगर नौकरी की बात पर कहते—''जब तक मेरे स्टैण्डर्ड के लायक नौकरी नहीं मिलती, तब तक तो नौकरी की सोचना ही बेकार है।'' कोई धन्धा-पानी करने की बात पर कहते—''हम कोई धन्ना सेठ के बेटे तो हैं नहीं कि बड़ा-सा शो-रूम खोलकर बैठ जाएँ। और पान की गुमटी और ताबीज गण्डे, टिकुली, सिन्दूर बेचना हमारी शान के खिलाफ बात है।''

मगर बाप को तिल-तिल जलाना उन्हें शान लगता था। सेठजी के बेटे को हरबंसलालजी से सहानुभूति थी। बचपन से ही वह उनको दुकान पर देखता आया था। सेठजी उनकी उपमा एक कर्मठ सिपाही से देते थे। आज भी वे अपना कर्तव्य उसी लगन और निष्ठा से निभा रहे थे। दोपहर में तो हल्का दर्द महसूस हुआ था। मगर अब बर्दाश्त के बाहर हो रहा था। उनका जर्द पड़ता चेहरा देखकर सेठजी का बेटा चौंक उठा। हिसाब-किताब बन्द कर दिया—''चाचा, अब रहने दीजिए। मैं कर लूँगा। आप घर चलिए। कल से इतनी देर तक बैठने की जरूरत नहीं है।''

पीड़ा से विवर्ण हरबंसलालजी कुछ बोल न सके। वे घर तो पहुँच गए मगर रात भर दर्द से परेशान रहे। पेन किलर हमेशा साथ रखते थे, वह भी काम नहीं आया।

सुबह में डॉक्टर आए। चेकअप किया और रूटीन जाँच लिख डाला। हरबंसलालजी ने यह सब कराने से मना कर दिया तो पत्नी रोने लगी—''क्यों अपनी जान के दुश्मन बने हुए हैं। हमारा भी तो खयाल कीजिए। आपके बगैर मेरी जिन्दगानी

कुछो है क्या ? औरत के लिए उसका सोहाग जब तक है तभी तक वह भी है। आप जाँच नहीं कराएँगे तो कैसे पता चलेगा कि क्या बीमारी है।''

हरबंसलालजी का डर सही निकला। मौरूसी जायदाद के नाम पर दो कट्ठे की जमीन, एक खपरैल घर और दो गाय पिता छोड़ गए थे। जब तक गाएँ रहीं, हरबंसलालजी को दूध मिलता रहा, उनके बिसुख जाने पर उन्हें पोसिया लगा दिया जहाँ एक तो मर गई और दूसरी को पोसिया वाले ने बूढ़ी, अतः बेकार करार देकर बेच दिया। घर की खपरैल अपनी मरम्मत में हरबंसलालजी का हर साल अच्छा खासा झींट लेती थी। उससे ज्यादा कुछ न करवा पा सकने के कारण उसकी दीवारें, खम्भे ढहने लगे थे। पश्चिमवाला एक कोना तो झुक भी आया था। हरबंसलालजी को यह डर खाए जा रहा था कि कहीं घर पूरी तरह से न बैठ जाए।

यही डर अब किशोरी देवी को उनकी सेहत को देखकर लग रहा था। वह और भी जितने दिन बीमार रहेंगे, उतने दिन की पगार कटेगी। फिर अगले महीने जो पैसे मिलेंगे उससे इलाज होगा या घर का खर्च चलेगा।

डॉक्टर की रिपोर्ट से घर क्या पूरे शहर में भूचाल आ गया। सेठजी और उनका बेटा भी सकते में आ गए। शहर भर में अब बात का एक ही मुद्दा था ''जभीए कहे कि इसके पास इतना पैसा आया कहाँ से ? सेठजी के बेटे ने कहा–''चाचा, जान बेचकर कहीं मकान बनाया जाता है ? क्यों किए आप ऐसा ?

पीड़ा भरी मुस्कान के साथ हरबंसलालजी बोले–बेटा, मुझे तुम जानते ही हो। सारी जिन्दगी मैं खटता, लड़ता रहा, मगर अपने परिवार के लिए जो करना चाहिए, नहीं कर पाया। बेटों को देख ही रहे हो। आज भी और इतना सब जानने के बाद भी उन्हें कोई फर्क पड़ा हो, मुझे नहीं लगता। बेटी सब तो अपने भाग्य का लेकर चली गई। मगर बेटे और खासकर तुम्हारी चाची के लिए क्या छोड़ कर जाता ! इसलिए···

''इसलिए आप अपनी जान पर खेल गए चाचा ! मुझे कहते, मैं आपको कर्जा दे देता।''

''और मैं चुकाता कहाँ से ? बुरा मत मानना बेटा। सेठजी का इतने वर्षों से नमक खा रहा हूँ। मगर तुम्हें भी मालूम है कि आज की महँगाई में इत्ते पगार से क्या होता है। बेटों से भी बढ़कर चिन्ता मुझे तुम्हारी चाची की थी। जब वह कुछ करना चाहती थी, मैंने मर्दानगी में आकर उसे कुछ करने नहीं दिया। मैंने ही पंगु बना दिया उसे। अब ऐसे में कल को मुझे कुछ हो जाता तो उसका क्या होता। अब यह घर बन जाने से कम-से-कम मुसीबत में किसी को एक दो कमरा किराए पर उठा देगी तो भी गुजारे के लिए कुछ-न-कुछ मिल जाया करेगा।''

हरबंसलालजी दर्द से दुहरे होने लगे। सेठजी का बेटा हैरान था–अवाक् ! कोई बाप, कोई पति इतना बड़ा त्याग कर सकता है। उसे याद आया–दो-तीन साल पहले

हरबंसलालजी ने पन्द्रह बीस दिनों की छुट्टी ली थी। पूछने पर भी नहीं बताया था कि कहाँ जा रहे हैं, क्यों जा रहे हैं। लौटकर आने पर उनके चेहरे पर फैले उचाटपन को सबने लक्ष्य किया था। मोहल्ले वालों ने मजाक भी किया था—"क्या हो हरबंस बाबू, जोगी बनने का विचार है क्या ?"

और फिर मकान बनने लगा। मकान के आगे पीछे वाली खाली जमीन में सब्जियाँ बो दी गई, जिसकी वजह से अक्सर सब्जियाँ नहीं खरीदनी पड़तीं। मगर क्या-क्या नहीं खरीदते ! और खरीद-बिक्री के क्रम में जीवन को ही दाँव पर लगा दिया। अखबार की एक कतरन ने उनके जीवन को ही कतर डाला था। उस कतरन को एहतियात से जेब में डाल सेठजी से छुट्टी लेकर वे उस दरवाजे जा पहुँचे थे। बातचीत हुई, मोलभाव हुआ, आवश्यक डॉक्टरी जाँच हुई। जाँच के समय मन दुविधा में फँस गया—यदि उन्हें कुछ हो गया तो घरवालों को खबर भी नहीं मिल पाएगी। उन्होंने डॉक्टर को अपना पता दिया और कहा—"डॉक्टर साहब, अगर मुझे कुछ हो जाए तो मेरे घरवालों को यह मत बताइएगा कि मैं यहाँ क्यों आया था !"

"भई, अच्छे-खासे इन्सान हो। क्यों अपनी जान जोखिम में डाल रहे हो। हम तो डॉक्टर हैं। डॉक्टरी के हिसाब से जिस मरीज को जिस चीज की जरूरत होती है बता देते हैं। जिन्दगी तो सबको प्यारी होती है। देखो उसी आदमी को ! पचपन साल का हो गया है। कितने दिन जीता ? दस साल, पन्द्रह साल और अभी भी कितने दिन जिएगा ? मगर जिजीविषा बनी हुई है। पैसे हैं, इसलिए इसके बल पर हर सम्भव हासिल करके जीना चाहता है। माना, तुम्हारे पास पैसे नहीं हैं, परन्तु एक स्वस्थ शरीर तो है। एक सेहत हजार नियामत होती है और जरूरी नहीं कि तुम्हारे गुर्दे को मरीज का बदन स्वीकार कर ही ले। फिर क्या होगा ? वह तो ऐसे भी मर ही रहा है। लेकिन तुम तो जीते-जी मर जाओगे। मान लो, कल तुम्हारे दूसरे गुर्दे में खराबी आ गई तब तुम क्या करोगे ? इसलिए अभी भी समय है। पैसे की लालच छोड़ दो। जान है तो जहान है भाई !

काश, डॉक्टर की बात मानकर वे उस दिन ऑपरेशन टेबल से लौट आते। ऐसे-ऐसे पछतावे उन्हें पहले भी कई बार हो चुके थे। उनकी पत्नी ज्यादा पढ़ी लिखी नहीं थी, परन्तु घरेलू कामकाज में बड़ी निपुण थी। सिलाई, कढ़ाई, बड़ी, पापड़ आदि उसके सुघड़ हाथों से खिल-खिल उठते थे। बच्चे जब तक छोटे थे, उनके कपड़े खुद ही सिलती रहीं। बेटियों के ब्लाऊज और हरबंसलालजी के कुर्ता-पजामा तो वे अभी तक सिलती हैं। पर्व-त्यौहारों पर जब वे बेटियों को फ्राक पहनातीं तब सब उसे रेडीमेड ही समझते। मोहल्ले के बच्चों के लिए भी कई बार सिल दिया करती।

तब पगार के रूप में उन्हें चार सौ रुपए मिलते थे। धीरे-धीरे परिवार बढ़ा तो उतने में गुजारा मुश्किल होने लगा। किशोरी देवी ने कहा—"ऐ जी ! बच्चे बड़े हो रहे हैं। पढ़ाई-लिखाई, खाना-पीना सब कुछ कितना महँगा होता जा रहा है। आप कहें

तो हम मोहल्ले की सिलाई-कढ़ाई का काम करें तो थोड़ा आफियत हो जाएगा।"

हरबंसलालजी को लगा, जैसे किशोरी देवी ने काम की फरियाद नहीं की है, उनके मुँह पर झाड़ू फेर दी है। धीर-गम्भीर स्वभाव वाले थे, सो पत्नी पर गरजे-बरसे नहीं, मगर पन्द्रह दिनों तक बोलचाल बन्द रखी। अन्त में किशोरी देवी ने ही लाख-लाख मिन्नतें-खुशामदें कीं। हजार बार माफी माँगी। तब कहीं जाकर वे स्वाभाविक रुख पर लौटे थे।

कुछ दिनों बाद जब सात हजार की महँगाई वाले समय में सात सौ रुपए की पगार में छह आदमियों का गुजारा अत्यन्त कठिन होने लगा और दोनों बेटे पब्लिक स्कूल की बात करने लगे तब फिर से किशोरी देवी ने दबी जबान से इसका प्रस्ताव रखा। अब तक आसपास कई 'लेडीज टेलर्स' खुल चुके थे। मगर जैसी सफाई उनके हाथों में थी, दर्जियों में नहीं। किराने की दुकानों पर अब अदौड़ी, बड़ियाँ, पापड़ भी बिकने लगे थे। मगर हरबंसलालजी ने फिर वही रुख किया। वे शान्त रहीं। मुहल्ले वालियों के कपड़े सी-सीकर उनकी वाहवाही तो पाती रहीं, मगर अर्थ के अभाव में घर की खपरैल और उनकी कमर दोनों झुकती चली गई।

अब जब लड़के हाथ से बेहाथ हो गए तो उन्हें लगा कि काश वे पत्नी की बात मान लेते। आखिर, इसमें बुराई ही क्या थी। वह कोई गलत काम करने तो जा नहीं रही थी। घर-गृहस्थी की गाड़ी तो मियाँ-बीवी के आपसी सहयोग से ही चलती है। वैसे भी वे तो सिर्फ कमाने भर के मालिक थे। घर का सारा इन्तजाम पत्नी के हाथ में था। अगर वह कुछ उपार्जन की बात कर रही थी तो अपने फायदे और सुख-आराम के लिए तो नहीं ही कर रही थी। और तब शायद बेटे के अड़ियल रुख पर भी काबू पाया जा सकता था। वे उन्हें पब्लिक स्कूल में भरती तो करवा ही सकते थे।

बेटी के ब्याह के समय भी अपने पंगुपन पर रोए थे···अधेड़, दुहाजू घर को बेटी सौंपते समय माँ की ममता पत्नीत्व पर हावी हो गई थी। पहली बार किशोरी देवी ने अपना आक्रोश बाहर निकाला था। उस दिन भी वे सोच में पड़ गए थे कि क्या उन्होंने गलत निर्णय लिया था।

आज भी इसी सोच में वे पड़े हुए थे। तब अगर पत्नी की गाड़ी चलनी शुरू हो गई होती तो शायद उनके जीवन में यह घड़ी नहीं आती। डॉक्टर की आशंका सही निकली। मरीज के शरीर ने उनके गुर्दे को स्वीकार नहीं किया और बीस दिनों तक जिन्दगी और मौत के बीच झूलते हुए उसने दम तोड़ दिया। उसके टूटते दम ने हरबंसलालजी के संचित साहस को भी तोड़कर रख दिया। यकायक वे खुद को अकेला और निस्सहाय महसूस करने लगे।

"किशोरी कुटीर" को लोगों ने अब किडनी वाला घर कहना शुरू कर दिया। हरबंसलालजी का मकान पूछने पर लोग यही कहते—"अरे वही किडनी वाला घर?"

सलो बाबू रघुनाथ पान वाले की दुकान से पान का बड़ा-सा बीड़ा मुँह में डाल चबाते हुए बोले—"हम नहीं कहते थे जो हम इस बात का पता लगाकर छोड़ेंगे। ऐं ! ऐसा भी कोई लोभी होता है इस दुनिया में ? "सलो बाबू के लोभ की दुनिया दूसरी थी। काली बाबू भी अब रिटायर हो चुके थे। राधे हलवाई ने उधार देना बन्द कर दिया था। साठ रु. मासिक पेन्शन बेटा झटक लेता था फिर भी खरी-खोटी सुनाता रहता था। बहू मुँह पर घूँघट रखती मगर जबान पर लगाम नहीं।

हरबंसलालजी की सेहत अब भगवान भरोसे रह गई थी। सेठजी उनके लिए भगवान थे। दिल्ली जाकर बड़े डॉक्टर से दिखाने का खर्चा-पानी दिया था। मगर डॉक्टरों ने केस को लाइलाज बता दिया। जिन्दगी की साँस को और आगे तक बनाए रखने का एक ही उपाय था—डायलिसिस। पर इसका खर्चा कौन उठाएगा ? सेठजी ने हरीश और सुरेश दोनों को अपने यहाँ काम पर लगा लिया। उनकी एक दुकान और खुली थी, जिसको उनका छोटा बेटा देखता था। हरबंसलालजी की स्वामिभक्ति, सेवा, निष्ठा और ईमानदारी को वे भूले नहीं थे। इन्हीं चीजों को उनके बेटों से भी याद रखने को कहा।

दवाई का बड़ा-सा पुर्जा और ढेर सारी एहतियातें लेकर हरबंसलालजी दिल्ली से लौट आए। किशोरी देवी सम्वेदना शून्य जीवित हाड़ माँस का पुतला बन चुकी थीं। वह घर के काम धन्धे निपटा रही होती तो वे उसके रुखे, मुर्झाए चेहरे और गाँठ पड़ गई उँगलियों और हथेलियों को देखते रहते। उन्होंने पंचतन्त्र में पढ़ रखा था कि पत्नी की सभी बातें कभी नहीं माननी चाहिए। उनके पास पड़ोस वाले भी कहते—बीबी अगर कमाए तो धिक्कार है उस घर के मर्द को। और ई मौगी सब ? कमाने पर तो अपना कमाई का धौंस देखएबे करेगी। ऊपर से दस ठो फरमाइश भी करती जाएगी—आज एस्नो, कल ठोर रंगा, परसो एड़ी वाला जूता।"

इन सारी बातों के बीच में फँसे रह गए थे हरबंसलालजी। पत्नी से बहुत प्रेम करते थे, मगर सुख का एक तिनका भी कहाँ उसके लिए जुटा पाए ? वह भी सन्तभाव से जीती रही। कभी किसी चीज की माँग नहीं की। हरबंसलालजी खुद को अपराधी महसूस करने लगे। आज वे किशोरी देवी से कुछ कहना चाह रहे थे। मगर जबान साथ नहीं दे रही थी। किशोरी देवी कुछ समझ तो नहीं सकी, परन्तु कुछ बोलना चाह रहे हैं, यह महसूस कर बोलने की हिम्मत बँधाई। उसका हाथ पकड़कर बड़ी मुश्किल से बोले—"हरीश की माँ, क्या तुम अभी भी अदौड़ी-पापड़ बना सकती हो?" बेटी की विदाई के बाद आज किशोरी देवी फूट-फूट कर रोई। इस रूलाई में पति और अपनी दोनों की बेबसी शामिल थी। वे बिलख-बिलख कर रोती रहीं और गर्दन "ना" की मुद्रा में डोलती रही।

बेटों पर सेठजी ने कृपा की मगर बेटों ने नहीं। वे तुरन्त-फुरन्त अमीर बनने का आसान उपाय चाहते थे। सेठजी का व्यापार बहुत फैला हुआ था। माल लाने ले

जाने में वे इधर का उधर करने लगे। थोक-की-थोक साड़ियों और कपड़ों में इसका पता वैसे ही नहीं चलता था जैसे भरी नदी से दो गिलास पानी निकाल लेना। मगर उनके शानो शौकत की बढ़ती रंगत से सेठजी चौंके।

हरबंसलालजी को लगा कि इस गलाजत को देखने के पहले ही उनकी आँखें मुँद जातीं। हजारों रुपए नकद उनके सामने पड़े रहते थे। लाखों के कपड़े गोदाम और दुकान में भरे रहते थे। मगर उनके लिए सेठजी से मिली पगार के अलावा सब कुछ तृष्णवत था। उनकी ईमानदारी पर सेठजी को भी गर्व था। वे बड़े अभिमान से कहा करते–"भगवान भी एक बार बेईमानी कर सकता है, मगर हरबंसलाल नहीं।" उसी हरबंसलाल के बेटों ने उनके मुँह पर कालिख पोत दी।

चोरी साबित होने पर भी हरबंसलाल का खयाल करके मामला यूँ ही रफा दफा कर दिया। थाने पुलिस की नौबत नहीं आने दी। सेठजी सचमुच देवता थे। मरते वक्त भी बड़े बेटे को हरबंसलालजी का खयाल रखने को बोल गए। बड़ा बेटा आया था। हजार रुपए उनके हाथ में थमाते हुए कह गया–"यह हम आप पर कृपा नहीं कर रहे हैं। हमारी बरक्कत में आपका बहुत बड़ा हाथ रहा है। सरकार भी काम की उम्र खत्म हो जाने पर पेन्शन देती है। आप इसे पेन्शन समझिएगा।"

इस कहानी में अब और कुछ नहीं रह गया है सिवाय इसके कि "किडनी वाला घर" अब किराए पर उठ चुका है। हरबंसलालजी जीवन-मृत्यु का संघर्ष करते रहे। परन्तु उनकी निश्चितप्राय मृत्यु में कोई कितनी मदद करता। किशोरी देवी अब एक कोने में पड़ी रहती हैं। बूढ़ी और थक चुकी उँगलियों में अब सिलाई मशीन या बड़ियाँ, पापड़ का सांचा थामने की ताब नहीं रह गई थी। सूने पड़े घर को वे निहारती रहती। बेटे क्रमशः बाप की कमाई और पेन्शन के बाद अब किराए की आमदनी पर आवारागर्दी कर रहे थे। हरबंसलालजी के दुहाजू दामाद भी उठ चुके थे, मगर बेटी ने माँ की गलती नहीं दुहराई और पति की जिन्दगी में ही अपने जीवन-यापन के लिए रास्ता चुन लिया था। माँ के गुण बेटी में थे ही और अब उसके जीने का सहारा भी थे।

अवाम-ओ-खवास

हर सामान्य जीव की तरह वह भी सामान्य रूप से पैदा हुआ था—नंगा। मगर वस्त्र सिर्फ मनुष्य रूपी जीव के लिए अनिवार्य होते हैं; लिहाजा उसके लिए भी जरूरी थे। जब तक उसकी माँ जिन्दा रही, अपने बदन पर के फटे-पुराने का चिथड़ा फाड़कर अपनी तथा उसकी नग्नता को ढँकती रही। जैसे-जैसे वह बढ़ता गया, साड़ी और चिथड़े छोटे होते गए और माँ तथा वह और ज्यादा उघड़ते गए। एक दिन जब उसने देखा कि माँ-बेटे दोनों ही नंगे हो रहे हैं तो उसने माँ का गला टीप दिया और बाहर निकल आया—मादरजाद नंगा।

वह नंगा दौड़ता चला जा रहा था—कोलतारवाली नंगी और काली सड़क पर। सूरज की गर्मी कोलतार को पिघला रही थी और दोनों की गर्मी से उसका बदन भड़भूजे की तरह जल रहा था। लोग उसे नंगा देखते और शर्म से आँखें मींच लेते या चेहरा घुमा लेते। परन्तु वह बिना किसी की परवाह किए दौड़ता चला जा रहा था।

दौड़ते-दौड़ते जब वह थक गया तो खुद को एक महलनुमा घर के सामने पाया। चारों तरफ से बड़े-बड़े पग्गरधारी सिपाही उस महल की पहरेदारी कर रहे थे। वह शहर के एक बहुत बड़े उद्योगपति का घर था। उसने बेशर्मों की तरह अपने अंग-प्रत्यंग दिखए और लाज ढँकने को कपड़े माँगे।

मानव-समाज में नंगापन हिजड़े का ही क्यों न हो, शर्मनाक होता है, इसलिए उस पर भी उस घर को शर्म आई और एक अच्छा खासा पैंट-शर्ट का जोड़ा उसके सामने फेंक दिया गया। इतना ही नहीं, उसे एक जोड़ी चप्पल भी नसीब हो गई। मालकिन ने बासी ब्रेड और पुराने केले भी भिजवा दिए।

तन ढँक गया, पेट भर गया। अब उसमें थोड़ी बहुत लियाकत आ गई। शायद कपड़े और दाने का असर रहा हो। इसी लियाकत में वह अपने पास से गुजरती हुई कार, जिसमें मालिक बैठा हुआ था, से नौकरी या किसी काम का तगादा कर बैठा।

मालिक का इशारा हुआ और वह दरबान के हाथों वैसे ही बाहर फेंक दिया गया, जैसे कचरे का बोरा।

उसकी लियाकत फिर भी नहीं मरी। अब वह जीना चाहता था। उसने सुन रखा था कि इस महान देश, जिसे सोने की चिड़िया कहा जाता था और जिसे बचाने के

लिए तरह-तरह की दौड़ और यात्राएँ आयोजित की जाती हैं, को मन्त्री लोग चलाते हैं। उनकी कृपा से सब कुछ हो सकता है। उसने एक बार किसी मन्त्री का भाषण सुना था जिसमें वे कह रहे थे कि वे तो जनता के सेवक हैं। हर आम और खास बिना किसी हील-हुज्जत के उनसे मिल सकता है और अपनी मुसीबत का बोझ वहाँ छोड़कर हल्का हो सकता है।

उसकी एक ही मुसीबत थी कि उसके पास कोई काम नहीं था। इस लिहाज से हालाँकि वह खास की श्रेणी में आ जाता था, पर फिर भी उसने अपने को आम के झोले में डाला और मन्त्रीजी से मिलने, अपना बोझ हल्का करने चल पड़ा।

मन्त्रीजी के यहाँ उसे संगीन खुसी बन्दूकवाले सिपाही मिले, जिन्हें उसकी उखड़ी सूरत और प्लास्टर ऑफ पेरिस जैसे चिकने सुन्दर कपड़े पर बेहद गम्भीर सन्देह हुआ और वह हाजत में डाल दिया गया।

उस पर मन्त्रीजी के कतल की कोशिश का अभियोग लगा और उसे जेल हो गई। वहाँ उसने देखा कि वहाँ बड़े-बड़े नेता, अभिनेता, समाजसेवक, बुद्धिजीवी लोग कैदी बनाकर लाए जाते हैं और बड़े मान-सम्मान के साथ रखे जाते हैं।

उसे वहाँ रखा गया था जहाँ सभी गुण्डे, चोर, बदमाश रहते थे। उसके कपड़े, जो उसे उद्योगपति के घर से मिले थे, जब्त कर लिए गए।

जेल से छूटने पर उसे फिर से तन की लाज ढँकने और पेट की आग बुझाने की चिन्ता सवार हुई। जेल में उसने बड़े-बड़े लोगों के बारे में सुना था, उनके क्रान्तिकारी विचारों को जाना था। उसे मगर यह हैरत हुई कि उन जैसे आम आदमी के, सर्वहारा वर्ग के पक्षधर होने के बावजूद वह भूखा, नंगा और बेरोजगार है, बेहैसियतवाला है। उसे लगा कि उसमें ही कोई कमी है।

अपनी समस्या के समाधान के लिए वह नगर की प्रसिद्ध समाजसेविका के पास गया। जिसमें उसे अपनी माँ का अक्स नजर आया। माँ, जो उसके तन को ढँकते-ढँकते खुद नंगी हो गई थी। प्यार-ममता जैसे शब्द हालाँकि उसके पल्ले नहीं पड़ते थे, परन्तु फिर भी कुछ था जो माँ शब्द के साथ ही उसके कलेजे से उछलकर गले में भर जाता था। उसने जब उन सेविकाजी के बारे में सोचा तो वैसा ही कुछ कलेजे से उछलकर गले तक आ गया।

समाजसेविका उस समय अपने घर पर हुई मीटिंग से बस फारिग ही हुई थी। उन्हें अब नगर के किसी समारोह का उद्घाटन करना था। फिर किसी स्कूल के वार्षिकोत्सव में मुख्य अतिथि की हैसियत से जाना था, उसके बाद शाम को एक सरकारी पार्टी अटेण्ड करनी थी। उनके घर, कार सभी में फोन, वायरलेस जैसी चीजें लगी हुई थीं।

जब वह उनके रू-ब-रू हुआ और उन्हें माँ कहना चाहा तो पाया कि उसका गला बुरी तरह से फँस गया है। इस स्थिति की पूर्व-कल्पना न होने के कारण वह

अकबका गया और मारे अकबकाहट के वह उनके चरणों पर गिर पड़ा जिसे हड़बड़ाकर सेविकाजी ने खींच लिया।

उन्होंने उसके चमकते कपड़े पर क्षणभर नजर डाली और पूछा कि यह तो फलाँ साहब के कपड़े हैं न ! वह दंग रह गया। उसे खुद ग्लानि हुई कि जिसके कपड़े वह पहने हुए है, उसका नाम तक उसे नहीं मालूम जबकि वह शहर के इतने बड़े आदमी हैं। बस, उजबक-सा उसने गर्दन हिला दी।

वे मुस्काईं और दो रुपए उसके हवाले कर कार में बैठ गईं। कार विमान-सी उड़ चली। दो रुपए में उसने चाय पी और पाव खाया। दाना पेट में जाते ही फिर अपनी रंगत दिखाने लगा। फिर से वह उसके दिमाग पर तारी हो गया।

उसने अँगड़ाई ली और चल पड़ा। वह अब उस अभिनेता के घर के सामने था, जिसने पर्दे पर कई-कई बार गरीब बिचारे की भूमिका निभाई थी, आतताइयों का नाश किया था, गरीबों की सेवा की थी; यहाँ तक कि प्यार भी गरीब की बेटी या चोरनी, ठगिनी आदि से किया था जो बाद में उसकी संगत में आकर विशुद्ध भारतीय नारी बन जाती थी। उसने नेताओं, व्यापारियों आदि के भ्रष्टाचारों का पर्दाफाश किया था और उन्हें उनके कुकर्मों की सजा दिलाई थी। उसके ये सब कारनामे उसे भी बहुत भाते थे और जीवन को जीने के प्रति उत्साह दिलाते थे। जेल में ही उसने सुना था कि अब वह नेता हो गया है और अपने भाषण में कहा है कि संसद में बैठकर वह जनता की सेवा करना चाहता है।

उसे हैरत हुई। उसने सोचा कि वह हीरो साहब तो ऐसे ही पब्लिक की सेवा करते हैं—तरह-तरह का काम फिल्म में करके। दिनभर की हाड़-तोड़ मजूरी से चूर लोग, घूँघट और घर की चारदीवारी से उकताई औरतें, स्कूल और मास्टरों से बोर हुए बच्चे सबके दिलों पर तो वह शान्ति का मरहम लगाता था।

उसे यह देखकर आश्चर्य हुआ कि हर बड़ा आदमी संगीन के साए में चलता है, पलता है। ऊँची चारदीवारियों से घिरे हीरो साहब के बंगले पर भी संतरियों का पहरा था, जिन्होंने गेट पर उसकी छाया भी न पड़ने दी। फिर भी, वह उनके बाहर निकलने का इन्तजार करने लगा।

आलीशान गाड़ी हंसिनी की तरह तैरती हुई सड़क पर निकली, वह पीछे से दौड़ा। तभी गाड़ी ने धुआँ और धूल एक साथ छोड़ी और उसका धूसर चेहरा और भी धूसरित हो गया।

वह परेशान हो गया अपने आमपने से। आमपना—जिसमें उसकी माँ नंगी उसके हाथों मारी गई। इसी आमपने में उसे जेल की हवा खानी पड़ी। इसी आमपने के कारण उसे दूसरों की उतरन पहननी पड़ी और भीख में रुपए लेने पड़े। उसने एकबारगी चिल्लाना चाहा। जोर-जोर से बोलना चाहा—किसी नेता की तरह। पर हकीकत में उसके मुँह से एक बेहद दर्दभरा फिल्मी गीत फूट पड़ा। बंगले के पहरेदार उसे देखकर हो-हो

करने लगे। फिर एक ने उसको पास बुलाया और बीड़ी दी।

बीड़ी के धुएँ का वह आदी नहीं था। अलबत्ता उसने मोटरों, बसों के धुएँ खुद पिए और जज्ब किए थे। बीड़ी का कश खींचते ही वह खाँस उठा। पहरेदार फिर हँस पड़े। बीड़ी देनेवाले ने सहानुभूति जताई—"आदत नहीं है न ! कोई बात नहीं। धीरे-धीरे हो जाएगी।"

अगला कश उसे कम तीखा, कम धुआँदार लगा। आधी बीड़ी तक आते-आते वह उसके मजे लेने लगा और अन्तिम कश तो अभ्यस्तों की तरह लिया।

उसका दिमाग फिर पहले की तरह खाली और सन्नाटे से भरा था जिसमें कोहरे-ढकी रात में फिल्मी भूतनी के गाए गीत जैसा कोई दर्दभरा राग गूँज रहा था।

वहाँ से चलकर वह कब वहाँ आ पहुँचा, उसे इसकी खबर भी न लगी। बस, एक उजड्ड-सा भाव लिए यहाँ से वहाँ डोलता रहा। वर्तमान में जहाँ वह खड़ा था, वहाँ हॉलनुमा कोई इमारत थी जिसपर लटका एक बड़ा-सा बैनर आज के कार्यक्रम की मूक उद्घोषणा कर रहा था। उसने पढ़ा—"लेखकों/बुद्धिजीवियों का सम्मेलन"।

उसने प्रेमचन्द को पढ़ा था। तीसरी कक्षा में, जो उसके जीवन की आखिरी कक्षा थी बड़ा हुआ तो गुलशन नन्दा, रानू और प्रेम वाजपेयी में खो गया। फिर भी तीसरी क्लास में पढ़ी प्रेमचन्द की कहानी "हीरा-मोती" उसे बड़ी अच्छी लगी थी। जानवरों में भी इतनी सम्वेदना होती है।

हॉल के आसपास तरह-तरह के खोमचे लगे हुए थे और लोग उसके आसपास हड्डों की तरह झुके पड़ रहे थे। दान में मिली उसकी शर्ट-पैन्ट की सभी जेबें खाली थीं। और पेट भी। उसकी नजर कोने में बैठे एक आदमी पर पड़ी जिसके आगे ढेर-सा खाना पड़ा हुआ था। पास जाने पर देखा कि वह किसी रेस्तराँ के ग्राहकों की जूठी प्लेटों का प्रसाद था। हर तरह के व्यंजन उसमें मिले होने के कारण उससे एक अजीब किस्म की गन्ध आ रही थी। उसे मतली-सी आई पर फिर भी वह पेट पकड़कर वहाँ बैठ गया। उस आदमी ने उसे खा जाने वाली निगाहों से देखा और फिर खाने में व्यस्त हो गया। परन्तु तीन-चार कौर के बाद ही उसका ध्यान उस पर गया। उसने इशारा किया और वह भूखे शेर की तरह उस पर टूट पड़ा। सब्जियों के शोरबे और दाल उसकी कोहनियों तक बह आए।

सम्मेलन समाप्त हो चुका था। सारे बुद्धिजीवी, लेखक, साहित्यकार बाहर निकल रहे थे। आयोजक और प्रशंसक उन्हें घेरे हुए थे। कदमताल के साथ-साथ सवाल-जवाब भी चल रहे थे।

चर्चा का विषय था—"समाज और साहित्य में आम आदमी की भूमिका और लेखक का दायित्व"। लोगों के सवालों और उनके जवाबों को सुनकर वह इतना ही समझ पाया कि समाज आम आदमियों का है और उन्हीं से वैसे ही बना है जैसे प्रजातन्त्र प्रजा से, प्रजा के लिए, प्रजा के द्वारा बना है और इस आम आदमी को अभिव्यक्ति

लेखक ही दे सकता है। वही उनकी समस्याओं को, पीड़ाओं को सामाजिक फलक पर उकेर सकता है। उनमें से एक, जिन्होंने सिल्क के कुर्ते और अलीगढ़ी पजामे पर कोल्हापुरी चप्पल डाल रखी थी, ने सुनहरी कमानीवाले चश्मे के भीतर से झाँकती भावुक-सी आँखों को शून्य में टिकाते हुए किसी कविता की चार लाइन दुहराई। सारे लोग वाह-वाह कर उठे।

उसने लपककर उनका हाथ थाम लिया। कवि चौंके। झटककर हाथ छुड़ाया। भावुक आँखों में घृणा और जुगुप्सा के मिलेजुले भाव तैर आए। स्वर की तरलता, कठोरता में बदल गई जैसे पानी तरल से ठोस में बदलकर बर्फ बन जाता है।

उसने बताने की कोशिश की कि वह वही आम आदमी है जिसके लिए उनके मन में इतने ऊँचे विचार हैं। वह उनके साथ है। जहाँ, जब, जैसे भी उसकी सेवा वे लेना चाहें, वह तत्पर है।

तब तक आयोजक के बन्धु-बान्धव वहाँ पहुँच गए। एक ने उसका कॉलर पकड़कर इतनी जोर का झटका दिया कि उसकी गर्दन मोच खा गई और उद्योगपति वाली शर्ट के तीन बटन एकसाथ टूट गए।

उसका मुँह खून से भर गया। वह जब सम्भला, तब तक आयोजक सहित सारे लोग वहाँ से जा चुके थे। कवि महोदय की रूमाल वहीं गिरी थी। इसमें उस सब्जी के दाग लगे थे जिसे उस आदमी के साथ बैठकर उसने खाया था। उसने रूमाल उठा लिया और अपना मुँह-हाथ पोंछने लगा।

सामने बस स्टॉप था और उसके सामने एक बड़ा-सा आलीशान होटल। वह वहीं खड़ा हो गया। कवि महोदय का हाथ पकड़ने के एवज में तीन बटन सहित दो दाँत वसूल किए जा चुके थे।

होटल का मुख्य द्वार खुला। दरबान ने कमर तक झुककर आदाब बजाया। एक झुण्ड लोग बाहर निकले। अरे, ये तो वे ही लोग हैं—सम्मेलन वाले लोग ! सब मस्त ! सबकी आँखें चढ़ी हुईं। ठहाकों के बीच एक ने कहा—"खन्ना साहब ! असली मजा तो अब जाकर आया है। बगैर हलक से उतारे न तो जीवन दीखता है न आप, न वो··· अब ठीक है—कहो तो अब सारी रात बकवा लो···अरे, वो कम्बख्त क्या कहते हैं—आम आदमी—सर्वहारा···सब बकवास है। हम सब-के-सब आम की सीढ़ी पर चढ़कर खास की अटारी पर पहुँचना चाहते हैं, पहुँचते हैं और जब पहुँच जाते हैं तब सीढ़ी नीचे गिरा देते हैं ताकि कोई दूसरा न चढ़ सके···अरे साहब, यह साला आम आदमी ट्रेन में कटकर, बस तले दबकर मर जाता है, टी. बी. से खाँसता रहता है—यह जब साहित्य में उतरता है तब बड़ा अच्छा लगता है, बहुत ही यथार्थपरक। लेकिन खन्ना साहब, सोचो जरा कि अगर यही आम आदमी हमारे जीवन में घुस आए तो ? करेंगे हम बर्दाश्त ? नहीं न···हाँ, बिल्कुल ठीक। हर ऊँचे चढ़ते आदमी के तौले के लिए इस आम आदमी की कुंजी जरूरी है—कुंजी !···हममें से कोई भी इतना ईमानदार नहीं

खन्ना साहब कि आम आदमी का दर्द, उसका कष्ट लिखकर, उसी में रहने को चले जाएँ···ना···ना···कभी नहीं।''

सारे लोग उन्हें कार में बिठाकर ले गए। उनका बड़बड़ाना चालू था—''हममें से कोई भी आम बने रहना नहीं चाहता। किसी को भी इससे प्रेम नहीं···खन्ना साहब···सब घृणा करते हैं उससे···सब घृणा···''

उसे लगा, सब उस पर थूक रहे हैं और वह ऊपर से नीचे तक थूक में लिथड़ गया है। उसने रूमाल को देखा और उसपर एक बड़ा-सा लोंदा थूक का डालकर उसे ऊपर आकाश की ओर उछाल दिया। फिर उसने अपने कपड़े, जो उसे उद्योगपति के घर से मिले थे, तार-तार कर दिए। अब वह पुनः नंगा था—मादरजाद नंगा।

अपने को खास बनाने का शायद उसे यही एक रास्ता सूझा था।

मठाधीश

वह उनसे मिलकर बहुत खुश था। तब अक्तूबर का महीना था और वातावरण में गर्मी और सर्दी की मिली-जुली गन्ध पसरी हुई थी। गर्मी अपने प्रचण्ड कालिका रूप को दिखाकर वैसी ही शान्त-सी हो गई थी, जैसी शान्त काली अपने पैर के नीचे शंकर भगवान की छाती आ जाने पर हो गई थी। गर्मी अब ससुराल से रूठकर मायके आई बेटी की तरह लोगों के समझाने-बुझाने के बाद वापस अपनी ससुराल जा रही थी। इसलिए लोगों के मन में उसके जाने से उपजती शान्ति और राहत का मिला-जुला भाव था। वे अब बड़ी उत्सुकता, बड़ी आतुरता से ठंढ़ी बौराई हवा में शरद रूपी नई बहुरिया के आने के इन्तजार में थे। गर्मी का डग भर पीछे जाना और सर्दी का डग-डग आगे आना; दिल्ली के बदलते मौसम की दीवार पर नया रंग रोगन था।

ऐसे ही खनकते मौसम में जब वह उनसे मिला था तो उसका मन काफी प्रसन्न हुआ था—काफी तृप्त, जैसे भंग प्रेमी भर लोटा मसालेदार ठण्ढई चढ़ाकर छकाछक हो गया हो।

"क्या खूब ! इसे ही तो कहते हैं, वातावरण को शब्दों द्वारा पकड़ना।" उन्होंने उसकी ऐसी ही किसी अभिव्यक्ति पर दाद दे डाली थी और वह लाजवन्ती-सा सिकुड़ गया था। उसे लगा कि वे उसके अन्दर की चीज को समझ सके हैं।

वह चीज, जो उसके मन में थी, दिमाग में थी, जो किसी कनखजूरे की तरह उसके दिमाग में घुसती जा रही थी और उसी कनखजूरे ने उसके दिमाग में रेंग-रेंगकर उसके दिमाग को इस कदर सुन्न कर दिया था कि वह सब कुछ भूल बैठा था। यह भी कि वह पढ़-लिखकर एक डॉक्टर बनना चाहता है। डॉक्टर के नाम से ही उसने सपनों के कई महल खड़े कर लिए थे। डॉक्टरी का पेशा उसे इतना भव्य लगता कि सपने में भी वह अपने आपको सफेद गाउन पहने, हाथ में स्टेथोस्कोप लिए अस्पताल के वार्डो में राउण्ड लगाते पाता। एक नशा-सा छाया हुआ था उसके दिमाग पर डॉक्टरी का, जिसे और-और चढ़ाने में घरों और अस्पतालों में उनकी इज्जत, रुतबा और महत्त्व सहायक बनते।

तब उसकी माँ काफी बीमार रहा करती थी। दमे की मरीज थी, इसलिए जब-तब दमा उखड़ता रहता और उसका दौरा आने पर बगैर डॉक्टर के उनकी फूली साँस काबू

में न आ पाती। घर में भगदड़ मच जाती। बड़ा भाई डॉक्टर को बुलाने भागता, दूसरा डॉक्टर के आने में थोड़ी देर होते देख उसी दिशा को भागता। बाबूजी अपनी होम्योपैथी दवा से दौरे की भयावहता को कम करने का प्रयास करते। माँ उनकी दवाओं से थककर उन पर अपना विश्वास ही खो बैठी थीं, इसलिए वे जब भी दवा लेकर आते और उनसे मुँह खोलने को कहते तो माँ चिढ़कर मुँह दूसरी तरफ कर लेती। तब पिता भी असहाय दिखने लगते। उनका चेहरा काफी दयनीय हो उठता। वे पुनः माँ से दवा ले लेने का आग्रह करते। विषाद की एक गहरी छाया कुर्ते पर जमी मैल की तरह उनके चेहरे पर छा जाती जिसमें उन पर किए जा रहे अविश्वास के धूलकण भी चिपके रहते। वह तब मध्यस्थता दिखाता और माँ को इस बात पर राजी करता कि जब तक डॉक्टर साहब नहीं आ जाते, तब तक वह यह दवा ले लें। होम्योपैथी का यही तो सबसे बड़ा गुण है कि असर न करेगा तो बुरा प्रभाव भी नहीं डालेगा।

बाहर डॉक्टर का रिक्शा रुकता और उनके चेहरे पर छाए व्यस्तता के भाव के साथ-ही-साथ सभी व्यस्त हो जाते। एक भाई उनका बैग उठाए अन्दर आता, दूसरा कुर्सी ठीक करता और बाहर रिक्शा उनको वापस ले जाने के लिए इन्तजार करता। वे आले से माँ को जाँचते, आवश्यक निर्देश देते, सुई लगाने को साथ आए कम्पाउन्डर से कहते और पर्चा लिखकर विदा हो जाते। शुरू में वे सब पिताजी से फीस लेने में संकोच करते थे, क्योंकि वे उन सबों के गुरु-सहपाठी या मित्र होते। पर जल्दी ही उन्होंने इसके लिए सबों को राजी कर लिया था।

डॉक्टर के इस रुतबे को अस्पताल में और भी भारी देखता। मरीजों के बीच वह भगवान नजर आता। वह डाँट भी देता तो बड़े-बड़े लोग तक खामोशी से सुन लेते थे। इस सब से वह मन-ही-मन बहुत प्रभावित हुआ। उसने यह भी देखा था कि प्रैक्टिस जमते ही डॉक्टरों के घरों में पैसे की बरसात होने लगती थी। इसका साक्षात प्रमाण थे डॉक्टरों के वे नवनिर्मित मकान जो महज चार-पाँच सालों के दरम्यान बना लिए जाते थे। सो इससे भी सभ्य, भव्य और पैसेवाला और कोई पेशा होता होगा, यह उसकी कल्पना से परे था।

पर प्रैक्टिकल में मेंढ़क की शल्य क्रिया करते-करते उसके हाथ काँपने लगे और मन पर दार्शनिकता छाने लगी, तब उसने वहीं पर अपने डॉक्टर बनने के संकल्प को तिलांजलि दे डाली। वानस्पतिक पढ़ते हुए जब वह फूलों को तोड़-तोड़कर परागकण और पुंकेसरों की जाँच करता तो उसे बड़ी तकलीफ होती। उसे लगंता कि ये फूल उससे कह रहे हों—"मैंने क्या बिगाड़ा था तुम्हारा जो मेरे एक-एक अंग को इस तरह से काट-काटकर मुझे इतनी यन्त्रणापूर्ण मौत दे रहे हो !" वे फूल उसके सपनों में आते और धीरे-धीरे एक डरावनी शक्ल अख्तियार कर लेते। तब पूर्णिमा की रात भी उसे काले, भयंकर दाँतोंवाले राक्षस-सी लगती।

उसने तय किया कि वह साहित्य पढ़ेगा और फूलों की पंखुड़ियों को नष्ट करने

के बजाय उन्हें खूबसूरती के नए-नए जामे पहनाएगा और जब उसने माखनलाल चतुर्वेदी की कविता "पुष्प की अभिलाषा" पढ़ी तो उसे लगा कि वह भी एक फूल बन गया है और उन्हीं रास्तों पर बिछ गया है, जिस पर से देश के वीर गुजर रहे हैं, कवि गुजर रहा है।

साहित्य से उसका परिचय पाँचवी-छठी कक्षा से ही होने लगा था जब माँ ने उसे प्रेमचन्द, रवीन्द्र, शरत साहित्य आदि पढ़ने को दिए थे। तब उसे यह भी नहीं पता था कि शरत और रवीन्द्र बंगला साहित्यकार हैं।

अब वह उम्र की उस दहलीज पर खड़ा था जहाँ से वह भी अपनी पहचान का एक रास्ता निकालना चाहता था। साहित्य जगत में हो रहे अब तक के ऊँच-नीच से वह परिचित होने लगा था। वह यह भी समझ गया था कि साहित्य का सूर्य अब प्रयाग के बदले दिल्ली में उगा करता है। इसलिए, बुद्ध बनने की आस लिए वह भी दिल्ली आ गया। इतनी उठा-पटक के बावजूद उसे भरोसा था कि सभी लोग एक ही जैसे नहीं होते और अपनी प्रतिभा पर विश्वास होने के कारण उसके मन के एक कोने में उम्मीद का दिया भी जल रहा था कि देर-सबेर उसकी कद्र भी की ही जाएगी। एक दिन वह भी अपनी पहचान बना पाने में सफल हो जाएगा। उसे भी साहित्यांगन में स्थान मिलेगा।

सितम्बर में वह दिल्ली आ गया था और वहाँ का मिजाज समझने में जुट गया था—उसी तत्परता से, जितनी तत्परता से वह दिल्ली के रास्तों को पहचानने में लग गया था। उसके एक मित्र ने उससे कहा था—"किसी भी शहर के रास्तों को जानने-पहचानने के लिए जरूरी है कि आप पैदल चलें। खूब पैदल। इससे आपको रास्तों का अन्दाजा हो पाएगा।

अब तक अक्टूबर आ गया था। अब दोपहर की धूप इतनी कड़ी नहीं लगती थी कि आदमी पैदल चलने से घबड़ाए। पर फिर भी वह कभी-कभी घबड़ा जाता तो वहाँ की चौड़ी-चौड़ी सड़कों की क्रॉसिंग को गोलाई की शक्ल में दिए गए गोलम्बर में बैठ जाता। तब वे परिचित सड़कें ही, जिन्हें वह दसियों बार रौंद चुका होता था, नितान्त अपरिचित लगने लगतीं। सिरे तक फैले लम्बे, घने पेड़ों की कतारें जैसे कहने लगतीं—"तुम्हें तो हम पहली बार देख रहे हैं। कौन हो तुम ?"

तब वह अपने वजूद के इस अजनबीपन से काफी घबड़ा उठता। उसे लगता कि उसके अस्तित्व पर ये प्रश्न-चिह्न पेड़ों की ये लम्बी-लम्बी कतारें ही नहीं लगा रहीं, यहाँ का वह वर्ग भी लगा रहा है, जिसे अपना बनाने, जिसका एक अंग बनने की चाह लिए वह यहाँ आया था। अब तक वह वहाँ के उन दो-चार लोगों से मिल चुका था जो काफी प्रगतिशील समझे जाते थे और जिनकी रचनाएँ पढ़कर वह उनके दर्शनों की लालसा से अभिभूत हो जाता था। पर उनके ठण्डे स्वभाव और उपेक्षित भाव ने उसकी श्रद्धा के मन्दिर की ईंटें ढहानी शुरू कर दी। उसने साफ महसूस किया था

कि उन सबके चेहरे पर ऐसे भाव चस्पां हुए थे कि हर ऐरा-गैरा नत्थू-खैरा चला आता है लेखक बनकर, जैसे हमने इन्हीं सबके लिए दफ्तर खोल रखा हो।

उस दिन वह एक बड़े प्रकाशन समूहवाले उस मासिक पत्रिका में गया जिसके सम्पादक बहुत बड़े चिन्तक समझे जाते थे और अपने प्रभाव का वशीकरण मन्त्र बड़े-बड़े राजनीतिज्ञों पर भी डाला हुआ था। इस सन्दर्भ में यह कहना न होगा कि वे कई बड़े-बड़े पुरस्कार बड़े-बड़े लोगों के द्वारा अपने बड़े-बड़े हाथों में प्राप्त कर चुके थे। उसने अपना परिचय और उद्देश्य बताया। अपनी हिमालयी कुर्सी पर बैठे अपनी फूलती साँसों और फँसी आवाजों के साथ उसकी योजनाएँ सुनीं और सुनकर उसे यूँ देखा कि वह अपने कच्छप खोल में और भी सिकुड़-सा गया। उन्होंने उसे फिर कभी आने को कह दिया। वह दुबारा गया। जब तक अपनी बातें, अपनी योजनाएँ समझाता कि उन्होंने कहा कि आज उन्हें एक जरूरी मीटिंग में जाना है, वह फिर कभी आ जाए।

अब वह तीसरी बार था उनके पास अपनी योजनाओं और रचनाओं समेत। उसे विश्वास था कि ये रचनाएँ अगर वे देख लें तो प्रभावित हुए बिना नहीं रहेंगे। उस समय उनके पास एक गेरुआधारी व्यक्ति भी बैठा हुआ था जिनसे वे गंगा के प्रदूषण पर बात कर रहे थे। उन्होंने उसकी तरफ ऐसे देखा जैसे साहित्य की गंगा का सारा-का-सारा प्रदूषण वही है। उनकी नाक-भौंहें सिकुड़ गईं। उन्होंने उसे पल भर घूरा और कहा—"फरमाइए।"

वह हकला गया। बोला..."जी वो...आपने बुलाया था...सो..."

"किसलिए बुलाया था यह तो याद नहीं। आप आए हैं तो आपको याद होगा ही। फर्मा जाइए।"

वह क्षुब्ध हो गया। फिर भी उसने सम्भल-सम्भलकर, वाक्य संरचना पर ध्यान देकर, अपने तईं काफी प्रभावशाली भाषा में बात की। पान चबाते हुए उन्होंने घण्टी बजाई और चपरासी के अंदर आने पर दो कॉफी के ऑर्डर दे दिए। कमरे में वह तीसरा था। उसे समझते देर न लगी कि यह उसके चले जाने का संकेत-शब्द है। उसने अपनी रचनाएँ देनी चाही कि "इस पर विचार कर लें" परंतु वह बाहर निकल आया। उसे उन गेरुआधारी से सम्पादक की चल रही गंगा-प्रदूषण की चर्चा याद हो आई।

अब वह काफी क्षुब्ध था और भयभीत भी। इतना कि अब वह और कहीं भी जाने से डर रहा था। बचपन के डरावने सपने अब पेड़ों जैसे लम्बे आकार में आकर उसे और भी डराने लगे। उसके पास के पैसे खत्म हो रहे थे और रहने का भी स्थाई ठिकाना वह नहीं बना पाया था। उसके सारे मंसूबे पुराने किले से ढहती ईंटों की तरह ढहने लगे थे। उसने सुना था कि "दिल्ली दिलवालों की है," पर अब उसे वह बेदिलवालों की नजर आने लगी थी।

......कि तभी उसे अमित भैया मिल गए। अपने ही गाँव के अमित भैया, उसके चचेरे भैया अनिल के दोस्त। अनिल भैया भी अमित भैया के साथ ही काफी पहले

ही दिल्ली आ गए थे। पढ़ाई भी यहीं की और लेखन तथा पार्टीबाजी भी। पार्टी विशेष से जुड़े होने के कारण वे उस ग्रुप के साहित्यकारों के परिचित थे और अपने बेबाक समीक्षात्मक नजरिए के कारण लोकप्रिय भी। वह चाहता तो अपने उन्हीं अनिल भैया का नाम लेकर अखबारों के दफ्तरों में जा सकता था। पर उसे यूँ किसी के नाम का सहारा लेकर जाना अच्छा नहीं लगा क्योंकि वह भोंदू नहीं था। दूसरे भैया भी साहित्य की एक धाराविशेष से जुड़े हुए थे। उसे यह अच्छा नहीं लगता था कि वह भी एक धाराविशेष के सीमित दायरे में, उसकी माँगों और परिभाषाओं के अनुरूप ही लिखे। वह तो साहित्य को अजस्त्र निर्झरिणी मानता था। वह जिधर का रुख करेगा, वहीं की हवा-माटी की गन्ध समेटता चलेगा।

अमित भैया से भेंट होने से उसे खुशी हुई। वे भी पत्रकारिता की लाइन में थे और अपने अक्खड़ स्वभाव के कारण कभी किसी अखबार में टिक नहीं पाते थे, जिस कारण उनका बायोडाटा उनके बगल में लटके चमड़े के झोलानुमा बैग में उनके साथ-साथ हमेशा घूमता रहता था। उसकी मंशा पर वे हँसे और बोले—"अब साहित्य सिर्फ गुलाब की कलियों और शबाब की लाली तक ही नहीं रह गया है प्यारे। आगे बढ़ो। आँखें खोलो। हमारे पुराने जमाने के कवियों ने चारणी परम्परा चलाकर जो चूतियापा किया है, उसने हम सब की आँखों पर ऐसा भ्रम फैला दिया है कि सटा पेट और झुकी रीढ़ हमें दिखती ही नहीं। पर इनसे उबरने की जरूरत है। गरीब की रोटियों पर भी लिखो और कैब्रेगर्ल के थिरकते नितम्बों और उछलती छातियों पर भी। देखो कि कहाँ क्या दूरी है उनमें।" फिर वे हँसे—"हाः हाः थिरकते नितम्ब और उछलती छातियाँ। इन्हें तुम शुद्ध जुबान में भी बोल सकते हो और जितना ही इनका प्रयोग करोगे उतने ही यथार्थवादी कहाओगे।"

उसका मन और भी भारी हो गया—दलदल में फँसे व्यक्ति जैसा जो दलदल शरीर में लिपट जाने से घिना रहा हो और कुछ न कर पाने से अप्रसन्न भी हो रहा हो। अश्लील शब्दों का प्रयोग करने से साहित्यकार यथार्थवादी बन जाता है—साहित्य और समाज का यह समीकरण उसकी समझ में नहीं आया। उसने देखा कि अमित भैया बात-बात में निस्संकोच उन ठेठ शब्दों का प्रयोग कर रहे थे जिसे एक आम आदमी अकेले में भी जुबान पर लाने में हिचकिचाए।

पर फिर भी वह उनके साथ चलता रहा। वे उसे ले गए उस अखबार के दफ्तर में, जो अपने निर्भीक प्रकाशन के लिए प्रतिबद्ध था। उसका कहना था कि जितना निष्पक्ष समाचार वह छापता है, उतने ही निष्पक्ष रूप से रचनाओं का चयन करता व छापता है कि वह जुझारू रुझान रखता है कि वह नए लोगों की चेतना जगाने में सदा से अग्रणी रहा है···

अमित भैया ने वहाँ जिनसे परिचय कराया वे वहाँ के कर्ता-धर्ता थे—नाटे-मोटे से व्यक्ति जिनकी नाक बोलने के दौरान बिचकती रहती थी। यही नहीं, वे एक अच्छे

कवि भी थे और उनकी पहली ही कविता-पुस्तक ''जलती बाती'' पुरस्कृत हो चुकी थी। वे भी उसी अनिल भैया और अमित भैया के ग्रुप के ही थे क्योंकि उसने देखा कि अमित भैया उनसे बड़ी बेतकल्लुफी से बातें कर रहे थे। अमित भैया ने उसका परिचय अनिल के भाई के रूप में करवाते हुए पीछे से जोड़ा कि यह भी लिखता-पढ़ता है और दिल्ली में तकदीर आजमाने आया है, तो उसे अच्छा नहीं लगा पर यह सोचकर चुप रहा कि आखिर को वह छपेगा तो अपनी ही प्रतिभा के जरिए। भैया के नाम पर तो वह एकाध बार छप जाएगा, पर निरन्तरता तो उसकी अपनी काबिलियत से ही आएगी। भुवनेशजी ने बड़ी तत्परता से हाथ मिलाया, चाय पिलवाई और कहा कि वह दूसरे दिन आए तो वे उसकी योजनाओं पर विचार भी करेंगे और अपनी योजनाएँ भी बताएँगे।

इसलिए वह उनसे मिलकर बहुत खुश था। उसे अपनी निराशा की गहराती धुन्ध छँटती दिखाई दी। भुवनेशजी से दुबारा मिलने तक उसने अपने आपको स्थिर और मजबूत किया। अपनी रचनाओं पर दस बार गौर किया; रचनाओं को कई-कई बार संशोधित किया। खुद को वह तितली-सा रंगीन और फूल-सा हल्का अनुभव कर रहा था।

दिल्ली आकर उसने भी खादी का कुर्ता खरीद लिया और जीन्स के ऊपर पहनने लगा। एक शान्ति-निकेतनी झोला ले लिया और पैरों में कोल्हापुरी चप्पल डाल ली। अब वह भी एक अलग किस्म की चीज दिखने लगा था। मण्डी हाउस के चक्कर लगाने भी उसने शुरू कर दिए। ये सब गुर उसे अमित भैया ने बताए थे—''पहला इम्प्रेशन तो आपसे ही बनता है कि आप साले कैसे लगते हो देखने में—चुगद के नाना या चूतिया। अमित भैया को चूतिया शब्द से शायद बहुत ही प्यार था। पर वह इसे सुनकर सिकुड़ जाता और तब उसकी हड़ीली काया में खादी का कुर्ता और भी ढीला होकर झूलने लगता।

दूसरी बार वह भुवनेशजी से मिला। उन्होंने उसकी रचनाएँ देखीं। दो-एक रख लीं, अपनी योजना के अनुसार उसे कुछ विषय दिए। वह निरभ्र आकाश में चमकते सूर्य-सा प्रसन्न और सन्तुष्ट हुआ। उसे पहलेवाले लोग जब याद आए तो सर को झटका दे दिया। उसे लगा कि नहीं, दुनिया में सब उन्हीं के जैसे नहीं हैं।

वह जुट गया उनके दिए विषयों पर लेख तैयार करने में। रचनाओं को लिखता, काटता-छाँटता। वह कुछ ऐसी चीज तैयार करना चाहता था जिससे केवल वे ही खुश न हों, अपितु जब वह पाठक वर्ग तक पहुँचे तो वह भी सोचने को विवश हो जाए, क्योंकि आखिर वह लिख तो पाठकों के लिए ही रहा है न !

एक रचना लेकर जब वह भुवनेशजी के पास गया तो वहाँ पहले से ही एक

नामी साहित्यकार बैठे थे। गरमागरम कॉफी का दौर चल रहा था। उन्होंने कॉफी के लिए औपचारिकतावश पूछा और उसने विनम्रतापूर्वक इन्कार कर दिया। वे दोनों इधर-उधर की बातों में तल्लीन रहे। अचानक भुवनेशजी को खयाल आया और वे उसका परिचय करवाते हुए बोले—"ये रीतेश हैं, अनिलजी के भाई। और ये काशी पाण्डेजी हैं।" वह न केवल उनके बारे में सुन ही चुका था, अपितु उनकी रचनाएँ पढ़ भी चुका था और अखबारों में, पत्रिकाओं में पढ़ता रहता था। भुवनेशजी ने उससे परिचय कराया तो मन-ही-मन उसने आभार प्रकट किया।

उसने भुवनेशजी को रचना देते हुए कहा कि वे इसे देख लें तो वह आगे और भी लिखे, पर उन्होंने हिम्मत दिलाई—"अरे देखना क्या ? आप बाकी चीजें भी तैयार करके ले आइए। उन सबको देखने के बाद मैं आपको नियमित रूप से काम देता रहूँगा।" काशीजी ने भी उसे अपने दफ्तर में आने की दावत दी। वह गद्‌गद हो उठा।

फिर तो काशीजी ने भी उसे काम दिए। वह मेहनत करता रहा। एक-एक करके रचनाएँ दोनों के पास जमा होने लगीं। अब वह उनके छपने के इन्तजार में था। यह इन्तजार उसे ऐसा लग रहा था जैसे खून-पसीना एक करके पाली हुई अपनी सन्तान को बहुत बड़ा आदमी बनते देख रहा हो। पर जैसे उस सन्तान से माँ-बाप की जो अपेक्षाएँ होती हैं वैसी ही अपेक्षा अब उसकी भी इन रचनाओं से जुड़ गईं। और वे अपेक्षाएँ थीं उसकी रोटी, एक खद्‌दर का कुर्ता, एक छतवाला घर। रचनाओं के प्रति ईमानदार रहने के लिए उसने तय कर लिया कि वह नौकरी नहीं करेगा। अब तक उसकी सामान्य दोस्ती एक-दो लोगों से हो चुकी थी और उन्होंने उसे नौकरी करने की सलाह दी थी। एक ने गारण्टी भी दे दी नौकरी दिलवाने की। पर उसने अपना इरादा साफ-साफ जाहिर कर दिया कि नौकरी करने से वह गुलाम हो जाएगा। वह तो निर्बन्ध रूप से लिखना चाहता है। दोस्त हँस दिए—"अरे, इस पर तो राइटर का भूत सवार है।" नौकरी दिलवाने की पेशकश करने वाले ने कहा था—"बिचारा ! नया-नया आया है। कर लेने दे इसे अपना शौक पूरा। फिर तो सर के बल दौड़े चले आएँगे सरकार मेरे।"

वह दो-दो-तीन-तीन दिनों के अंतराल पर दोनों के पास जाने लगा। कभी तो भुवनेशजी किसी फेस्टिवल विशेष में उलझे होते, कभी किसी चर्चित व्यक्ति की मृत्यु पर उनसे सम्बन्धित विशेष अंक निकलते होते तो कभी कुछ और। वे कहते—"आप घबड़ाइए नहीं। आपकी रचनाएँ कम्पोज़ हो चुकी हैं। बस अगले अंक में आ जाएँगी।"

काशीजी कभी रूस तो कभी हंगरी तो कभी जापान की कार्यालयीन यात्रा पर होते। एकाध बार मिले तो कहा—"अभी इन कामों⋯उन कामों में इतना फँसा रहा कि आपकी चीजें देखने का मौका ही नहीं मिला। आप अमुक दिन आ जाएँ। उस समय मैं ज़रूर बता दूँगा।" वह उस समय जाता तो पता चलता कि वे लखनऊ तो ग्वालियर तो भोपाल की यात्रा पर गए हुए हैं। बड़ी मुश्किल से एक बार भेंट हुई

तो उन्होंने कहा—"अब ऐसा है कि रचनाओं पर अन्तिम निर्णय तो सम्पादक द्वारा ही लिया जाता है (जबकि अपने पन्ने वे ही देखते थे, ऐसा बाद में उसे किसी ने बताया था) मैंने उनके पास भेज दिया है। देखिए, क्या होता है।"

अनिर्णय की स्थिति और हताश मन लिए वह डेरे पर पहुँचता, जहाँ उसके साथी उसकी राह देख रहे होते। उसके चेहरे पर निराशा की स्याही पुती देख सभी उसकी हालत समझ जाते। नौकरी दिलानेवाला कहता—"अरे ओ लेखक के बच्चे। तेरे लिखने से यह समाज और हिन्दुस्तान नहीं बदलने का। तू भूखा मर भी जाएगा तो इस दुनिया का क्या बिगड़ेगा। कोई एक बूँद आँसू भी तेरे लिए गिराना नहीं चाहेगा। जिस साहित्य-वाहित्य की बात तू कर रहा है, उससे क्या बदलाव आ जाएगा ? बोल तो ? अपने सर का भूत उतार। नौकरी पकड़ और दाल-रोटी खाकर जीवन गुजार। हमारी-तुम्हारी इससे ज्यादा कुछ करने की औकात ही नहीं है। यहाँ सभी पन्जेवाले बिल्ले घूमते हैं। किनसे लड़ेगा तू ? छोड़ यह सब और चल कल तू मेरे साथ।"

भुवनेशजी के आश्वासन पर वह अगले अंक की प्रतीक्षा बड़ी बेचैनी से करता। उनका आश्वासन द्रौपदी का चीर हो गया। इस बीच उन्होंने उसे कहानी की एक पुस्तक दी समीक्षा के लिए। उसके डूबते मन को तिनका पकड़ाया—"उनकी भी अपनी मजबूरियाँ होंगी, जिसकी वजह से देर हो रही है। वे जरूर छापेंगे। नहीं तो तुम्हें किताब देते ही क्यों ?"

इस बीच अमित भैया ने एक कहानी लिखी। उन्होंने कहा—"मेरी कहानी छपे-न-छपे। कोई फर्क नहीं पड़ता। मैं उसे चार-पाँच प्रतियों में टाइप करवाकर चार-पाँच लोगों में बाँट देता हूँ। वे ही क्रमबार कहानियाँ पढ़ते हैं, एक-दूसरे को देते हैं और उस पर फिर चर्चा करते हैं और तब एक दिन बहस हो जाती है कहानी पर। इतना सब हो जाने के बाद छपने की जरूरत ही कहाँ रह जाती है ! और..."

"और पाठकवर्ग भैया ? जो छपने पर ही आपकी कहानियाँ पढ़ पाएँगे, उन तक कैसे पहुँचेगी आपकी कहानी ?"

"अरे पाठकों के लिए कहीं कहानी होती है भला ? वे साले तो चाय का कप पीते हुए पढ़ेंगे और चाय का प्याला रखते हुए भूल जाएँगे। कहानी या रचना पर बहस तो ये लोग ही करते हैं, ये ही जिन्दा रखते हैं उसे और जो चीज छपने से पहले ही चर्चित हो जाए, उसके छपने की तो गारण्टी हो ही जाती है।"

और अगले हफ्ते अमित भैया की कहानी भुवनेशजी के अखबार में छप गई। उसे लग गया कि साहित्य आज कुछ खास लोगों की मुट्ठी में आ गया है। वे ही जिसे चाहें उछालें, जिसे चाहें गिरा दें। अमित भैया की कहानी छपने से पहले वह काशीजी से मिला था। उन्होंने मुस्कुराते हुए कहा—"अमित ने एक कहानी लिखी है, काफी अच्छी है।" उंसने कहा कि अभी उसने पढ़ी नहीं है, पर छपने पर तो पढ़ ही लेगा। अपनी रचनाओं के बाबत पूछने पर कहने लगे—"वो...ऐसा है कि वे सब अभी

सम्पादकजी के पास ही हैं। वहाँ से लौटकर अभी आई नहीं हैं। उसे लगा कि वे सम्पादक के कन्धे पर बन्दूक रखकर खुद गोली दाग रहे हैं—धाँय ! धाँय ! उसके परखचे उड़ रहे हैं और वह उन उड़े हुए अंगों को समेटकर गठरी में बाँधकर भाग रहा है।

वह भुवनेशजी से मिला। अमित भैया की कहानी पिछले ही अंक में छप चुकी थी। वे बोले "आपने अमित की कहानी पढ़ी ? काफी यथार्थ है उसमें; जबकि वह उस कहानी में कहानी नाम की चीज खोजते हुए पुल और चूहे में ही उलझकर रह गया था। उसने अपनी रचनाओं के बारे में पूछा। उसके स्वर में मुलायम-सा प्रतिरोध भी था—"मेरी रचनाओं के लिए तो आपको वक्त ही नहीं मिल पाता। आप तो तमाम विशेषांकों में ही उलझकर रह जाते हैं। न जाने कबसे पड़ी हुई हैं वे। मेरे कितने दिनों बाद अमित भैया की कहानी आई और वह छप भी गई।"

वे मुस्कुराते रहे। फिर बोले—"वो···ध्यान से उतर गई थी बात। कोई बात नहीं, अगले अंक में तो आपकी एक रचना जरूर ही आएगी···हाँ, हाँ, मैंने आपकी वह पुस्तक-समीक्षा पढ़ी। काफी अच्छी लिखी है आपने।"

इस बीच उसने अन्य अखबारों और पत्रिकाओं में भी दौड़ लगानी शुरू कर दी और अब एकाध जगह उसकी रचनाएँ छपने भी लगी थीं, पर वे काफी नहीं थीं। नौकरी दिलाने वाला मित्र अभी भी उसे टोकता और चिढ़ाता। शुरू-शुरू में उत्साह में आकर वह उन सबसे दिन-भर की घटनाएँ बयान कर जाता और भुवनेशजी की बात तो बड़े ठोस ढंग से बयान करता। मित्र जानबूझकर अगला अंक ले आता और उसके आगे फैला देता—"ले बेटा, खा अपने भगवान के आश्वासन की खीर।" उसे लगता कि उसकी ठोस आवाज पोली हो गई है। अब तो डर के मारे वह बताता ही नहीं था। पर बाहर निकलकर किसी ऐसी जगह पर अखबार देखता जहाँ मित्र के आने की आशंका न रहती। पन्ने खोलते समय उसके हाथ काँपते रहते और हृदय की धड़कन बढ़ जाती जैसे अपनी ही चीज को ढूँढ़ने वह किसी बेगाने के घर में घुस आया है।

उस दिन फिर वह मिला काशीजी से, जो हाल ही में भुवनेश्वर से होकर आए थे। उसने उनका हालचाल पूछते हुए समारोह के बारे में पूछा। अब तक दिल्ली में आए उसे डेढ़ वर्ष से अधिक हो चुका था। और वह काफी कुछ यहाँ का मिजाज समझने लगा था। उसने निश्चयात्मक स्वर में अपनी रचनाओं के बाबत पूछा। काशीजी ने चौंककर नजरें उठाईं। जैसे उसके स्वर को तोलना चाहते थे। फिर खिड़की के एक कोने पर लगे जाले पर अपनी नजरें टिकाते हुए बोले—"ऐसा है कि सम्पादकजी सहमत नहीं हुए, इसलिए···"

"कोई बात नहीं। ऐसा तो चलता ही रहता है। आप मेरी रचनाएँ लौटा दें।" उसकी नजर भी उस जाले पर गई और झटके से उसने नजरें हटा ली उस पर से।

"वो···मैं एक-दो दिनों में दे दूँगा। अभी-अभी भुवनेश्वर से लौटा हूँ न, इसलिए···पूरी बात सुने बगैर ही वह बाहर निकल आया इस यकीन के साथ कि रचनाएँ

उसे अब नहीं मिलेंगी। अब तक उसे जो काम मिले थे अन्य जगहों पर तो वहाँ उसके काम की तारीफ हुई थी। इससे उसके अन्दर का खोया आत्मविश्वास लौटने लगा था। घर लौटा तो उसने अपने नाम का एक लिफाफा देखा—भुवनेशजी ने उसकी रचनाएं डाक द्वारा लौटा दी थीं। वह आहत हो गया। उसे दुख पहुँचा—इस बात से नहीं कि उन्होंने उसकी रचनाएं लौटा दीं, बल्कि इस बात से कि उन्होंने अब तक उसे धोखे में रखा। उसने तय किया कि न तो अब से वह वहाँ जाएगा और न ही वहाँ के लिए काम करेगा। क्या फायदा काम करने से ! उनकी फरमाइश पर लेख तैयार किया और उसे ही वापस कर दिया ! इतनी मेहनत अगर वह अपनी किसी कहानी पर करता तो एक अच्छी कहानी तैयार हो जाती। भले ही वह न छपती, पर सृजन का सन्तोष तो होता।

अगले महीने तक उसकी अन्य रचनाएँ भी डाक से लौट आईं। अब उसे हँसी आ गई, साथ ही भुवनेशजी की दोहरी मानसिकता और कायरपन पर क्षोभ भी हुआ। अब तक उसने उनके अखबार को उनके अपने जाले के गिर्द ही घूमते पाया था। उसे हैरत हुई कि इतना अच्छा कवि जो सत्ता और व्यवस्था से विद्रोह और आम आदमी के शोषण के विरोध में आग उगलने का साहस दिखाता है, वह इतना कमजोर कैसे हो जाता है कि इतनी बार मिलने पर भी उसने यह नहीं स्वीकारा कि वह उसकी रचनाएँ छाप नहीं रहा, छाप नहीं सकता और वापस कर देता रचनाओं को। रचनाओं की सीधी-सीधी वापसी से उसे इतना दुख तो न पहुँचता।

तकरीबन छह माह बाद एक साहित्यिक समारोह में उसकी भेंट उनसे हुई। देखते ही बोले—"अरे आजकल तो आप बहुत लिख रहे हैं। हमारे यहाँ भी कभी-कभी आते रहिए।"

"और अस्वीकृत रचनाएँ डाक द्वारा प्राप्त करते रहिए।" उसने जोड़ा तो वे हँस दिए। अब उससे न रहा गया! पूछ ही बैठा—"अच्छा भुवनेशजी, एक बात समझ में नहीं आई कि जब आपको मेरी रचनाएँ छापनी ही नहीं थी तो आपने इतने दिलासे क्यों दिए कि कम्पोज़ की हुई है कि अगले अंक में आएँगी और यह और वह। उसके बाद भी मेरे हाथों में आप मेरी अस्वीकृत रचनाएँ थमा देते तो भी मैं उसी समय समझ जाता कि आपके मठ में मेरे जैसों का कोई स्थान नहीं। मैं आपसे लड़ता तो नहीं ही, क्योंकि आपके पास बचाव के अनेक तीर हैं।

भुवनेश की ऑडिटोरियम के बाहरी द्वार पर खड़े मुस्कुराते रहे—गड़बड़ाते से, जैसे उन्हें विश्वास ही न हो रहा हो कि कल का यह छोकरा उन्हें भी ऐसा कह सकता है। पर वे पहुँचे हुए सन्त की तरह मुस्कुराते रहे। कला और साहित्य का वह इलाका कारों की हैडलाइटों से चकचका रहा था और हॉर्नों की आवाज अपने-अपने मालिक

के वजूद को दर्शा रही थी। भुवनेशजी हँसते हुए बोले–"अच्छा भई, फिर मिलेंगे।"

और वह उसे लगा कि बचपन में फूलों के जो पत्ते डरावनी शक्लों में उसके पास आते थे, वे सब के सब फिर से उसके सामने आ रहे हैं। उसने एक का मुखौटा नोचा तो भुवनेशजी नजर आए, दूसरे में काशी जी, तीसरे में मासिक पत्रिका के सम्पादक, चौथे, पाँचवे···और अब वह थक चुका था बुरी तरह से। उसे नौकरी दिलानेवाले अपने मित्र की याद हो आई। उसने शीघ्रता से माथे को झटका और चौक पर आकर एक कड़क चाय का ऑर्डर दे दिया।

"तुम प्रेम नहीं कर सकतीं लिली !"

ठण्डी हवा के झोंके ने उसे सिहरा दिया। तब भी सिहरन होती थी। उसके रोएँ रूई के फाहे की तरह खड़े हो जाते और हृदय के तार बज उठते। ठण्डी हवा उसे इतनी पसन्द थी कि जाड़े में जहाँ लोगों के हाड़ हिल जाते, वहीं उसके अन्दर से आनन्द का सोता फूट पड़ता। लोग कहते—"तुम कहीं हिम मानवी तो नहीं !"

वह बस स्टैण्ड पर खड़ी थी और थकावट से चूर थी। कायदे से उसे ऑटो कर लेना चाहिए था। मगर ऑटो की लाइन बस की लाइन से भी लम्बी थी। फिर थके बदन को और भी थका डालने में उसे एक अजीब-सा सुकून मिलता।

बस आने पर वह चढ़ी और खिड़की वाली सीट पर बैठ गई। यह सीट उसे बड़ी आरामदायक लगती। एक तो हवा मिलती जिससे थकान से सोए शरीर की नस-नस जागने लगती। दूसरे यह सीट आरामदायक रहती है। आँखें बन्द कर लो और पूरी दुनिया से कट ऑफ ! कोई उतरे, कोई चढ़े। यहाँ तक कि उसे अपने स्टॉप की भी फिकर नहीं थी। बस जहाँ खत्म होती थी, वहीं उसका भी पड़ाव था।

"तुम प्यार नहीं कर सकतीं लिली ! एक सरगोशी अचानक उसके कानों में हुई। वह चौंक पड़ी—बगल में एक बूढ़ी महिला आकर बैठ गई थी। उसने मूली खरीदी थी। मूली के हरे पते उसकी कोहनी का स्पर्श कर रहे थे।

जाड़े के दिन थे।

बस भर गई थी। ड्राइवर भी अपनी सीट पर आ गया था। अब, चन्द पलों में ही चल देगी यह बस।

हाँ, वे भी जाड़े के दिन थे। धूप सेंकते हुए मटर की फलियाँ छील-छीलकर खाना कितना अच्छा लगता हैं। लोग उसे बकरी कहते। अपने लिए यह नाम उसे अच्छा लगता। वह हँस पड़ी। धूप निखर गई थी।

ऐसे ही धूप-बादल से भरे दिन में वह लाइब्रेरी पहुँची। हवा में ठण्डक थी। धूप की गर्मी उसमें ऊष्मा भरती और बादल सूरज को ढँककर उस गर्मी को कम कर देता। आज वह क्या पढ़ेगी ? सोशल कस्टम ? नहीं, एन्थ्रोपॉलॉजी !

"आपने भी स्पेशल में एन्थ्रोपॉलॉजी ले रखा है"वह सकपकाई। लाइब्रेरी में जैसे पं. रविशंकर की बजाई सितार की धुन बिखर रही थी।

"आइए मैं आपको इस पर किताबें सेलेक्ट करके देता हूँ।"

किताबें लेते वक्त एक हल्का-सा स्पर्श उसके पूरे शरीर को झुरझुरा गया।

लिली ने उसे देखा—चार्मिंग भी नहीं। टॉल एण्ड डार्क भी नहीं। पर कुछ था जरूर। छत से लटकते पंखे मद्धिम गति से नाच रहे थे।

समय भी नाचते-नाचते कितना आगे बढ़ जाता है—लिली ने सोचा। उसने आँखें खोलकर देखा। बस अभी काफी इधर ही है। वक्त लगेगा अन्तिम स्टॉप तक पहुँचते-पहुँचते।

सुबह, दोपहर, शाम, रात-समय का यही चक्र उसकी भी नियति है।

वह स्पर्श अभी भी उसे याद है। वह प्रेम, प्रेम के वे दिन, लम्बी-लम्बी खत्म न होनेवाली बातें। दिन का शोर तब आरती की घण्टी-सा लगता। साँझ की लाली पूजा के फूल की तरह लगती। कोमल, नर्म हवा उसे सहला जाती—"तुम कितनी अच्छी हो लिली !"

हालाँकि उसने कभी ऐसा कहा नहीं। विषय से कभी आगे बढ़ता तो देश और समाज पर पहुँचकर उसकी यात्रा की डोरी टूट जाती। वह चुप हो जाता। पर, इस चुप्पी में भी जैसे उसकी आँखें बोलती रहतीं। दरअसल उन दिनों, उन दोनों ने केवल बातें ही कीं—कभी खत्म न होनेवाली बातें—रील में लिपटे धागे जैसी लम्बी-लम्बी बहसें। अगर सूरज शाम की घण्टी न बजाए तो वे युगों-युगों तक बहस करते रहते।

उसकी बातों में पहाड़ की ऊँचाई और झील की गहराई और गम्भीरता थी। वह घण्टों सोचती, क्या वह सचमुच उससे प्रेम करती है ? खुद को आजमाने के लिए वह तय करती कि उससे नहीं मिलेगी। मगर ऐसा न होना उसे विश्वास दिलाता था कि वह सचमुच उससे प्रेम करती है। एक सीधी-सी मुहब्बत ! भोली और मासूम सपनों से भरी मुहब्बत।

और एक दिन वह कटघरे में थी। उस पर प्रश्नों की बौछार तीर की तरह बरस रही थी—तुमने सोच कैसे लिया कि तुम यह सब कर सकती हो ? यह क्या फिल्म है कि लड़का-लड़की मिले और घर से भाग लिए या फिर एक दूजे के लिए गाते हुए प्राण दे दिए ? क्या तुमको यह पता नहीं कि तुम एक लड़की हो ? अगर तुम लड़का होती तो शायद हम सब एकबार सोचते भी। परन्तु तुम तो लड़की हो। अपनी मर्यादा, अपनी सीमा कैसे भूल गई और फिर यह भी कैसे सोच लिया तुमने कि हम तुम्हारी मर्जी पर अपने राजीनामे की मुहर लगा देंगे ?"

बस रूक रही थी। यात्री उतरते और चढ़नेवाले चढ़ जाते। वह भी एक पड़ाव से दूसरे पड़ाव पर भेज दी गई। वह आ गई अपने साथ एक स्पर्श की धरोहर लिए। जब भी वह उस स्पर्श को याद करती, चौंक जाती। उसका दिल धड़कने लगता। वह घबड़ाकर चारों ओर देखने लगती कि कहीं कोई यह न समझ जाए कि वह उस छुअन को याद कर रही है।

वह बहुत उदास हो गई। बारिश की भीगी शाम-सी उदास। उसकी पढ़ाई छूट गई। हाथों में मेहँदी लग गई। सामाजिक सरोकार के तहत वह मुस्काई, शरमाई और विदा होते समय सबके गले लग-लगकर रोई। मगर इन सारे समय उसे लगता रहा कि इन सबके भीतर की जो सम्वेदना होती है, वह कहीं नहीं है। उसकी आँखें थीं और आँसुओं से भरी थीं, पर उसमें विदाई का दर्द नहीं था।

ऐसा ही शादी की पहली रात में भी हुआ। सेज थी, सिंगार था, वह भी थी, वे भी थे—कयामत की घड़ी भी आई जब उसकी तारीफ के कशीदे काढ़े गए और प्रेम का गुलदस्ता पेश किया गया। वह शरमाई भी, ना-नुकुर भी की—पर फिर भी यह सब करते हुए वह अन्दर से भावना-शून्य थी। उसके हृदय में कामना का कोई ज्वार ही नहीं उमड़ा और सब कुछ हो भी गया।

उसकी सारी-की-सारी संवेदन-शक्ति उँगली के उस स्थान पर सिमट आई थी, जहाँ उसे वह स्पर्श मिला था। शेष सारे शरीर और मन से वह जड़ हो गई थी। वह सबके लिए सबकुछ करती। पर उसे लोगों से, स्वयं से जैसे कोई सरोकार ही नहीं रह गया था। सिर्फ ठण्डी हवा ही थी जो उसे थोड़ा चैतन्य बनाती और उसके अपने होने का बोध कराती। वह हवा की आभारी थी।

हवा से उसे अब भी वैसा ही सरोकार था। जाड़े की भीषण ठण्डी रात में भी अगर वैसी हवा उसे मिलती तो उसे लगता उसकी पाषाण-सी देह में पानी के सोते फूट पड़े हैं और उसके चेहरे पर नन्हीं-नन्हीं फुहारें पड़ रही हैं। ओस के बूँद जितनी ही छोटी थी वह छुअन; पर··· प्यार क्या इतना पुरअसर होता है।

वह जब मायके गई तब सबने उससे पूछा—पति कैसे हैं ? उसने कहा—पति तो परमेश्वर होता है। परमेश्वर से भक्ति की जा सकती है प्रीत नहीं। लोगों को उसकी बातें समझ में नहीं आईं। दरअसल वह कहना चाहती थी कि अब वह प्रेम नहीं कर सकती किसी से। उसे तो अब सारे सम्बन्ध निबाहने भर हैं और इसमें वह कोई कोताही नहीं बरतेगी। किन्तु प्रेम; जिसके उच्चारण मात्र से हृदय जलतरंग की तरह बज उठता है, जिस दिन दुबारा फिर से बज उठेगा, वह समझ जाएगी कि उसे प्रेम करना आ गया है।

वह पति को पूजती। सास-ससुर का आदर करती। देवर-ननद का खयाल रखती। सास हँसती, वह भी हँस देती, देवर मजाक करता, वह भी उसमें शरीक हो जाती, पति गजरे लाता, वह बालों में लगा लेती। वह एक आदर्श बहू, भाभी और पत्नी थी। पर वह खुद जो थी, तन्हाँ थी और व्याकुल थी। उसका जलतरंग बज नहीं रहा था।

अपने दोनों प्रसव में वह खूब चिल्लाई, छटपटाई। छठी में ननदों को नेग दिया। बच्चों को दूध पिलाया। उसकी छातियाँ दूध से भरी रहतीं पर हृदय खाली रहता।

वह ऊबने और डरने लगी। उसे लगा कि वह पागल हो रही है। वह सास से पूछने लगी—"माँ जी, मैं आपको पागल तो नहीं दिख रही ?" घरवाले घबड़ा गए।

उसने डॉक्टर की दी दवाएँ खाई और हिदायतों का पालन किया।

बस एक हिचकोले से रूक गई थी। सामने एक बच्चा आ गया था। ड्राइवर गाली दे रहा था। जवाब में बच्चे की माँ भी गालियाँ सुना रही थी।

वह भी गाली दे देती थी जब कोई मनचला उसे छेड़ने की कोशिश करता। उसी ने उसकी गाली की आदत छुड़ाई थी। मजाक भी किया था। अब तुम हो ही इतनी सुन्दर कि लोग तुम्हें नहीं तो क्या किसी बन्दरिया को छेड़ेंगे। वह हँसी थी और हृदय मे जलतरंग बजा था।

वह ऊपर से सामान्य, मगर भीतर से असामान्य होती जा रही थी। कभी-कभी वह जाहिर भी हो जाता। मसलन अपने हाथ में घड़ी होते हुए भी किसी से समय पूछ लेना, चलते-चलते अचानक इतने जोर से हँस पड़ना कि राह चलते लोग ठिठककर उसे देखने लगते। उसे अपनी जिन्दगी सड़क की अन्तहीन लम्बाई जैसी दीखती। सड़क, जिस पर चलकर लोग अपनी मंजिल पर पहुँचते हैं। वह भी तो सड़क हो गई थी। घरवालों और उसकी इच्छाओं के बीच की डोरी।

उसके व्यवहार की असहजता घर के लोग भी महसूसने लगे थे। लोगों ने गौर किया कि वह हर चीज को अपनी एक उँगली के एक खास हिस्से से छुलाती है। तब उसके चेहरे पर आशंका के भाव होते हैं और छुलाने की प्रक्रिया खत्म होते ही उसका चेहरा निराशा की कालिमा में डूब जाता है। फिर तो ऐसा हुआ कि चीजें ही नही, घर के हर सदस्य से अपनी उँगली छुलाई। सबने उससे पूछा। वह सकपकाई, पर जवाब न दे सकी।

दरअसल अपने मरते जा रहे हृदय और आत्मा से वह बुरी तरह घबड़ा गई थी। उसे लगा कि यह म्रियमाणता सड़क जैसी ही अन्तहीन है या फिर उस रास्ते जैसी जो कहीं खत्म होती भी तो उसके आगे तय करने जैसी कोई चीज नहीं रह जाती और आदमी वहीं ठिठककर रह जाता है। उसका जीवन भी जैसे कहीं ठिठक गया था। जब उसे लगा कि ऐसे मरते और वीरान होते जा रहे हृदय के साथ तो वह चार कदम भी नहीं चल पाएगी तो उसने अपने हालात पर गौर किया और पाया कि उसके जीवन में उस जलतरंग की कमी है।

आखिरी स्टॉप आ गया। पैसेन्जर उतरने लगे। वह भी सब्जी व अन्य सामान के थैलों सहित उतर गई। उतरते-उतरते उसने बस की सीट पर उँगली का वह हिस्सा रखा। आशंका उसके चेहरे पर चिपकी और फिर उस पर विषाद पुत गया।

घर में सास सारा काम खुद कर लेती। पति भी यथासम्भव समय पर आते और उसके साथ समय बिताते। बच्चे छोटे थे, फिर भी समझ गए थे कि मम्मी की तबीयत ठीक नहीं रहती, इसलिए उसके सामने झगड़ते नहीं थे और उसकी बातों का जवाब बड़ी शान्ति से दिया करते थे।

घर में जो कुछ आता, वह उसके लिए स्पर्श सामग्री बन जाता, यहाँ तक कि मेहमान

भी। वह बेचैन थी और भयभीत। अब वह पूरे तन-मन से चाह रही थी कि उसका वह जलतरंग उसे मिल जाए ताकि उसका जीवन रेत की ढूह बनने से बच जाए। उसने पेड़-पौधे, कुर्सी-टेबल, चिड़ियाँ, तोते, यानी चर-अचर सबसे उम्मीद पाल रखी थी।

वह काफी दुखी हो गई थी और निराश भी। अब उसे शाम के अन्धेरे से डर लगता। सड़क की चौड़ाई उसे चौड़ी खाई नजर आती। पेड़ों के पत्ते किसी दुष्ट जादूगर के डण्डे लगते।

वह अपने कमरे में यूँ ही लेटी हुई, अपने जीवन की चादर का ताना-बाना देख रही थी। मौसम बदलीनुमा था। धूप मद्धम थी। हवा गुम। वातावरण उमस से भरा हुआ था। पसीने और गर्मी से उसका बदन चिपचिपा हो रहा था। बदली छाई होने से रोशनी कम थी। पर्दे खींचकर और भी अन्धेरा कर दिया। उसके माथे की लट उसके गाल पर आ गई थी।

अचानक उसे अपने भीतर कुछ बजता-सा महसूस हुआ। वह चैतन्य हो उठी और अनुमान लगाने लगी कि यह क्या हो सकता है। उसने अनुभव किया कि यह तो वही जलतरंग है। वह चौंकी, पर चौंककर उठी नहीं। वैसे ही पड़े-पड़े अपनी स्थिति का अन्दाजा लगाने लगी। उसने पाया कि वह लेटी हुई है और उसकी उस उँगली का वह खास हिस्सा उसके सीने पर है। वह मारे खुशी के पागल हो उठी। उसने उँगली के उस हिस्से को बदन के हर भाग से छुलाया। जलतरंग बज रहा था। उसने उस हिस्से को घर की हर चीज से छुलानी शुरू कर दी। यही नहीं, सास के बदन से छुलाया, बच्चों और पति के शरीर से भी छुलाया। जलतरंग बज रहा था। वह "मिल गया" की स्थिति में आ गई।

परदा हटाकर उसने खिड़की खोल दी। मौसम खुल गया था। हवा भी चल रही थी। हवा का एक झोंका अन्दर आकर कमरे को ताजगी से भर गया। उसकी लट उसके गाल पर लहराने लगी।

यह तो वही है जिसकी उसे तलाश थी। मगर, ऐसा कैसे हुआ ? इतने दिनों से वह बेचैन थी। उसे महसूस हुआ कि मूल रूप से वह अपने आपको ही भूल चुकी थी। आज उसे अपनी याद आई है, अपने पर उसे प्यार आया है। उसके जीवन का भी कोई-न-कोई मकसद है, यह समझ में आया है। खुद को उसने जान लिया है। स्वयं से प्रेम करना सीख लिया है। उसके हृदय में एक ज्वार उमड़ा और सास-ससुर, पति, बच्चें, घर सब उसमें आ गए। सबको देखकर, महसूस कर उसके हृदय में फिर से कुछ उमड़ा। उसने फिर से वह जगह छुई। छुअन की ललक मिट चुकी थी। परन्तु जलतरंग का बजना लगातार जारी था। उसने फिर से सबको देखा और अपने आपको भी। जलतरंग बज ही रहा था। वह मन-ही-मन बोल उठी—"कौन कहता है कि वह प्रेम नहीं कर सकती !"

बियाबान से लौटकर

वह एक समझदार और दरियादिल औरत थी, ऐसा उसके जाननेवाले कहते थे। वह एक गाँव में पैदा हुई थी। आठ भाई बहनों वाले उस परिवार में वह छठे नम्बर पर थी। एक छोटा भाई और एक छोटी बहन उसे दीदी कहते थे।

पिता की नौकरी ट्रांसफरवाली थी। राज्य सरकार की नौकरी थी। छोटी थी मगर हर दूसरे तीसरे साल तबादला—छोटे से राज्य के छोटे-छोटे कस्बानुमा शहरों में, जहाँ नौकरी पेशा वालों को अधिक इज्जत बख्शी जाती थी। लिहाजा आठ बच्चों वाले उसके बाप और तंगहाली में जीते उसके परिवार को भी यह इज्जत हर नए शहर में मिलती जहाँ परिवार तबादले के बाद जाकर बसता।

चूँकि लड़कों की शादी अपने समाज मे देर से होती है और लड़कियों की जल्दी—लिहाजा उसके ऊपर की तीनों बहनों की शादियाँ भी जल्दी-जल्दी हो गईं। उसकी शादी की उम्र आते-आते पिता रिटायरमेंट के करीब पहुँच चुके थे और दोनों बड़े भाई कमाने लगे थे और उनके लिए रिश्ते आने लगे थे।

बहनें पढ़ी नहीं थीं अधिक, मगर भाइयों को पढ़ते देख उसने भी पढ़ने का इरादा बुलन्द रखा और अब जब भाई कमाने लगे तो वह भी काम करने का इरादा रखने लगी। चुनाँचे रोजगार समाचार में अपने लायक नौकरी ढूँढ़ना और तदनुसार आवेदन करना उसी दिनचर्या में शुमार हो गया।

गो कि उसका इरादा नौकरी के बाद शादी करने का था, मगर पिता अपनी सेवानिवृत्ति से पूर्व सभी बेटियों को निपटा देना चाहते थे; इसलिए उसकी इस इच्छा को दिलासा की चादर कि "नौकरी" तो तुम शादी के बाद भी कर सकती हो" से ढँककर उसे घूँघट सहित डोली में बिठा दिया गया।

उसने अपने नए घर में अरमानों के पलंगपोश, मेजपोश बिछाईं और प्यार के गुलाब से पति की कामनाओं के गुलदस्ते को गमकाने लगी। बड़े प्रेम से पति के लिए चाय, नाश्ता तैयार करती। उनके बैग, पतलून, जूते सम्भालकर सलीके से देती और इस क्रम में उभर आई थकान के सारे रेशों को भीतर ढकेल दफ्तर जाते पति को पूरे शरीर से मुस्कुराकर विदा करती।

पति के दफ्तर जाते ही थकान का लबादा और भी बोदा होकर उस पर तारी

हो जाता, जिसे दूर करने के लिए वह चाय-पर-चाय पीती जाती। एक दिन यकायक उसने महसूस किया कि दरअसल यह थकान नहीं, मनहूसियत और बोरियत है जो दिन-रात मोटे कम्बल की तरह उस पर लदी रहती है।

उसे लगा कि घर के काम के अलावा अगर वह बाहर की दुनिया से भी खुद को जोड़े तो मनहूसियत की जो रस्सी उसे जकड़े जा रही है, उससे मुक्त हो सकती है। उसने विवाह से पूर्व कई नौकरियों के लिए आवेदन किया था। नौकरी की जरूरत अब वह शिद्दत से महसूसने लगी, क्योंकि इसमें सबसे बड़ा फायदा उसे यह नजर आया कि बोरियत मिटेगी। दूसरे फायदों में थे—शहर के लोगों के मिजाज देखना, उनके तेवर समझना और इन सबसे ऊपर दो प्राणियों की कमाई—यानी गृहस्थी की गाड़ी तंगहाली से न गुजरकर खुली सड़क पर दौड़ा नहीं करेगी तो भी कम-से-कम आराम से चल तो सकेगी ही।

तकदीर की बात कि इधर उसने नौकरी के लिए सोचना शुरू किया और उधर बिल्ली के भाग्य से छींका टूटने जैसे दो-चार जगहों से साक्षात्कार के लिए बुलावे भी आ गए और कुछ ही महीनों बाद दो से नियुक्ति के प्रस्ताव भी। उसने पति से राय मशविरा किया। दोनों नौकरियों के गुण-दोष देखे और सर्वाधिक फायदेवाली जगह ज्वायन कर ली।

नौकरी करने के पहले ही उसके घर में तीसरा प्राणी आ चुका था। मगर आम औरतों की तरह वह अपने भावी या वर्तमान मातृत्व में रम नहीं पाई थी। मनहूसियत, बोरियत, नौकरी का तनाव, अकेली कमाई में महानगर के खर्चे के राजमार्ग से बचकर किफायत की किसी सँकरी गली की खोज, जच्चगी में भी मोल-मुलाई, सेब-सन्तरे में भी काट-छाँट। बच्चा कब और कैसे पेट में बड़ा हुआ, चलने लगा, कैसे उसकी छातियाँ दूध से भरीं और दवा देकर सुखा दी गईं; वह कुछ भी नहीं समझ सकी।

उसने पढ़ा था कि मातृत्व स्त्री का सबसे बड़ा धन है, पर वह इस धन के होते हुए भी इससे वंचित थी। चूँकि सास अच्छी और समझदार थी, इसलिए जच्चगी के बाद बच्चे को यह कहकर ले गई कि जब वह बड़ा और स्कूल जाने लायक हो जाएगा तो ले लेना।

दफ्तर वालों ने उसे आजाद पंछी की उपमा दी। उसे घर पहुँचने की जल्दी नहीं होती, क्योंकि उसका पति भी काम से देर से लौटता। मगर फिर भी वह दफ्तर में अधिक देर तक नहीं रुक पाती। घर लौट आती और फिर चाय की मनहूस चुस्कियों में खुद को बोदा कर देती।

जब तक बच्चा स्कूल न जाने लगा, उसने दूसरे बच्चे के बारे में सोचा भी नहीं। हालाँकि सास समेत सबने यही नेक सलाह दी थी कि यदि दूसरे बच्चे की सोच रही हो तो इससे भी निपट लो—साथ-साथ पल जाएगा। सास शरीर और मन दोनों से समर्थ थीं और उनका खुला प्रस्ताव था—बच्चे को मैं पाल दूँगी। किन्तु एक बच्चे के

विछोह को ही झेलने में वह असमर्थ थी। दूसरा भी पास में नहीं रहेगा, इस दहशतनाक कल्पना से वह काँप उठती। उसने तय किया कि जिन्दगी के थोड़े व्यवस्थित होते ही वह दूसरे के बारे में सोचेगी। मगर वह स्वयं को अन्दर से अव्यवस्थित पाती, बेचैन छटपटाहट से भरी।

परिवार एक आम मध्यमवर्गीय की मद्धम तान में चलने लगा था। सबकुछ व्यवस्थित सलीके से। समय से पति और वह दफ्तर तो जाते ही थे, बेटा भी अब स्कूल जाने लगा। मगर फिर भी कुछ था जो उसके अन्दर छटपटा रहा था। वह कुछ और भी चाह रही थी—परन्तु इसे कैसे प्रकट करे, उसके लिए यह समस्या थी।

अब उसके मन में एक नई इच्छा कुलबुलाने लगी जिसकी सुगबुगाहट से वह कभी मुस्कुरा पड़ती और कभी उदास हो जाती। यह नई इच्छा वैसे ही उसके मन में उगी जैसे आसमान में चाँद-तारे उगते हैं और धरती पर फसल। वह इच्छा इतनी बलवती रही कि तमाम व्यावहारिक समस्याओं के बावजूद वह तीव्र से तीव्रतर होती चली गई।

उसने पति से बात की, किन्तु वह साफ मुकर गया। उसकी अपनी दलीलें थी जिसमें देश की बढ़ती आबादी और महँगाई शामिल थी। उसका कहना था कि क्यों देश को और भी आबादी के बोझ से दबाया जाए। इस महँगाई में जबकि अपना ही पेट पहाड़ है, एक और का आगमन वह बर्दाश्त नहीं कर सकता।

औरत की कल्पना अकालग्रस्त खेत की किसी फसल की तरह मुरझाने और फिर सूखने लगी। वह पाती कि उसके आसपास की जितनी भी औरतें हैं, सबके दो-दो, तीन-तीन बच्चे हैं। उनमें से अधिकांश औरतें बाहर काम करने जाती हैं। वह देखती कि उन सबके जीवन में कोई हलचल नहीं है, इस बात को लेकर कि वे घर-बाहर, बच्चे सब कैसे सँभालती हैं, बल्कि वे सब-की-सब उसे ही बड़ी अजीब नजरों से देखतीं। उसे माँ की बात याद आती जब वह कहती थी कि जिस औरत को बच्चा नहीं होता, वह तो बाँझ कहलाती है, परन्तु जिसे एक ही होकर रह जाए, वह भी एकाँझ ही कहलाती है। और यह एकाँझपन बाँझपन जैसा दुखदायी तो नहीं परन्तु बहुत अच्छा भी नहीं माना जाता है।

एक-दो औरतों ने उससे इस बाबत पूछा। एकाध ने डॉक्टर को दिखाने की सलाह दी, किसी-किसी ने गण्डे-तावीज भी आजमाने को कहा। हालाँकि बढ़ती आबादी और महँगाई से वे सब-की-सब परिचित थीं, फिर भी हम दो हमारे कम-से-कम दो की मान्यता पर विश्वास रखती थीं। कहना न होगा कि वह औरत भी इस बात को माननेवालों में से एक निकली।

यद्यपि लोगों के सवाल के जवाब को या तो वह टाल जाती या पति के वाक्य दुहरा देती, पर एक बच्चा उसके मन की कोख में पलने लगा। उसे अपनी छातियाँ भारी लगने लगतीं और पेडू में फुदकन सी होती जब दो-तीन माह का गर्भ पहली हरकत करता है। अखबारों-पत्रिकाओं में छपे माँ और बच्चे की सेहतवाला हर कॉलम वह पढ़

जाती। दुकानों पर टँगी नन्ही-मुन्नी पोशाकें उसे मन्त्रमुग्ध कर देतीं। आती-जाती हर हामला को देखकर अनजाने में ही अपना पेट छू लेती। उसे लगता कि वही हामला है। उसे वे सब स्त्रियाँ बला की खूबसूरत नजर आतीं।

वह इस बात में यकीन रखती थी कि बच्चे को माँ का दूध मिलना ही चाहिए। उसे इस बात की कसक भी रही कि अपने बेटे को वह जी भरकर अपना दूध न पिला सकी। उसे दुख था कि एक नन्हे-मुन्ने के आगमन की जो सिहरन भरी खुशी होती है, उससे वह वंचित रह गई। पोतड़े धोने या बच्चे द्वारा साड़ी गीली कर देने की सुख भरी अनुभूति उसे नहीं मिल पाई। बच्चे की नींद सोना और बच्चे की नींद जागना, इस मुहावरे को भी नहीं जी सकी। इसलिए···हाँ, इसीलिए वह पुनः एकबार सबकुछ जीना चाहती थी, महसूसना चाहती थी। उभरा हुआ पेट, उसे आँचल से छुपाने की नाकाम कोशिश, पेट पर चढ़ आई साड़ी, उठने बैठने में आलस्य, थोड़ा-सा ही खाने पर साँस का फूल जाना; ओह माँ ! कितनी सारी चीजें हैं महसूसने को, जीने को।

इधर पति का विरोध बढ़ता गया, उधर उसकी इच्छा सीढ़ी-दर-सीढ़ी ऊपर चढ़ती गई। उसने चुपके से माँ न बन सकनेवाले सारे उपायों को निरस्त कर दिया। हालाँकि कभी वह भी सोचती कि इस महानगर में दूसरे बच्चे की सोचना मूर्खता है और यह उसे भारी पड़ेगा—लेकिन दूसरे ही पल तमाम दो-दो, तीन-तीन बच्चों वाली माताएँ उसके सामने आ खड़ी होतीं जिनमें कार्यरत महिलाओं से लेकर घरेलू औरतें तक सब शामिल थीं।

एक दिन वह बहुत खुश पाई गई जबकि पति का मुँह सूज गया। पहले तो उसने परवाह नहीं की, मगर बाद में पति को मनाने व समझाने में लग गई। डॉक्टर के पास जाने की पति की हिदायत को उसने ठुकरा दिया, पर उसे आश्वासन दिया कि अब जब मैं कंसीव कर गई हूँ तो मुझे वे तमाम चीजें अनुभव करने दो जो मैं चाहती हूँ।

बच्चा पेट में फुदकने लगा। उसके ब्लाउज का आकार बढ़ गया। वह खादी भण्डार से जाकर दो-तीन खादी के कुर्ते खरीद लाई। कुछ ढीले-ढाले ड्रेस सिलवा लिए, सेब, सन्तरा, काजू, बादाम, नारियल—किसी में कोई कमी नहीं छोड़ी, वह रम गई खुद में, अपने गर्भ में।

गर्भ जैसे-जैसे बढ़ता गया, वह पुलक से भरती गई। बेडौल शरीर के बावजूद गर्भवती स्त्रियाँ इतनी सुन्दर हो जाती हैं, यह अब उसने जाना।

इन तमाम अनुभवों की मखमली घास से गुजरते हुए भी वह एकबार भी गर्भस्थ शिशु के बारे में नहीं सोचती कि वह क्या होगा, कैसा होगा ? सोचना नहीं चाहती थी, क्योंकि पति को दिया आश्वासन उसे याद था।

छह मास बीत गए। बच्चा अब पेट में खूब चलने लगा। वह लेटती तो उसे

पेट के ऊपर से शिशु के सारे क्रिया-कलाप नजर आते। वह मुस्कुरा उठती। वह पेट को यूँ सहलाने लगती जैसे वही शिशु हो। एक अनोखी गुदगुदी से उसका मन भर उठता जिसमें ममता की महीन फुहार होती।

ऐसे ही एक दिन वह अपने गर्भ वाले संसार में खोई हुई थी। अचानक शिशु ने बड़ी तेज हरकत की। इतना कि शरीर के साथ-साथ उसका मन भी डोल गया। पति को दिए आश्वासन के अनुसार प्रसव के बाद वह बच्चे को भूल जाएगी, किसी जरूरतमन्द को दे देगी। जन्म के बाद इस बच्चे से उसका कोई नाता नहीं रह जाएगा, क्योंकि वह सिर्फ महसूस करना चाहती थी कि शिशु कैसे पेट में फुदकता है, कैसे चलता है, कैसे छातियाँ दूध से भारी होने लगती हैं, कैसे चलने-फिरने में आलस्य आता है, कैसे···

परन्तु इसके बाद ? इसके बाद क्या कुछ भी नहीं ? प्रसव के बाद की अनुभूति ? दूध तो उतरेगा मगर किसे पिलाएगी वह ? क्या फिर से दूध सुखाने वाली दवा का सहारा लेना होगा ? वह पोतड़े धोना, साड़ी गीली हो जाना—आधी रात में जग आए शिशु के मुँह में दूध देना—बच्चे की मालिश, नहलाना-धुलाना—गर्दन सम्भालकर उठाना, बढ़ते बच्चे के साथ-साथ बढ़ती हरकतें और खुद उनके सामने बच्चा हो जाना। उसकी मुस्कान, उसकी तुतली जबान, पेट के बल खिसकना, खड़े होने की कोशिश, डगमगाते पैरों से चलना, नन्हें-नन्हें हाथ पैर, नन्हीं देह पर नन्हीं-नन्हीं पोशाकें, झबले-गद्दियाँ तैयार करना—एक शिशु अपने आप में एक कितना बड़ा संसार होता है कि बाकी दुनिया की सारी चीजें भुला भी दी जाएँ तो भी जीवन में कोई कमी महसूस नहीं होती।

गर्भस्थ शिशु ने एक बार फिर हरकत की। उसे लगा जैसे शिशु उससे कुछ कहना चाह रहा है। वह एकदम से उदास हो गई। तीन माह बाद जब वह उसे जन्म दे देगी तो फिर इससे उसका कोई सरोकार नहीं रह जाएगा। वह जान भी नहीं पाएगी कि वह लड़का था या लड़की। वह अब कहाँ है, किसके पास है। मान लो कि किसी परिचित को भी दिया तो भी वह उसके लिए आन्टी भर रह जाएगी—उसे लगा कि उसके कलेजे का सबकुछ किसी ने हँसोथकर बाहर निकाल लिया है और वह भीतर से बिल्कुल खाली-खाली महसूस कर रही है—बिल्कुल रीता हुआ।

तो क्या बस इत्ते से के लिए ही उसने कंसीव करना चाहा था कि वह अन्दर से सबकुछ महसूस कर सके। वह दुविधा में पड़ गई। एक तरफ पति को दिया आश्वासन और दूसरी तरफ उसका होनेवाला शिशु। शिशु ने एकबार फिर हरकत की, जैसे पूछना चाह रहा हो—अपनी इच्छा की पूर्ति के लिए मुझे क्यों बलि का बकरा बनाया ? क्या बच्चे माँ-बाप की इच्छापूर्ति का सिर्फ साधन मात्र हैं ? माँ-बाप के रहते हुए भी मैं क्या अनाथालय या किसी दूसरी जगह पाला जाऊँगा—सिर्फ इसलिए कि तुम मेरा बोझ वहन नहीं कर सकते ? पेट के भीतर तो मुझे बड़ी खुशी से ढो रही हो और संसार

में आते के साथ ही मेरी दुनिया बदल दी जाएगी···

वह असमंजस में फँस गई। शिशु पेट में चलता रहा। बड़ावाला बेटा बगल में बैठा पढ़ाई कर रहा था। वह रट रहा था—"जॉनी-जॉनी यस पापा···टेलिंग लाइज···ओपन यो माउथ···"

उसने दफ्तर में आवेदन कर दिया प्रसूति अवकाश के लिए। उसके पास छुट्टियाँ मिलाकर तकरीबन 7-8 माह थीं, जिसके सहारे वह घर में रह सकती थी—अपने बच्चे के साथ। मगर···वह वेदना से भर गई।

हालाँकि वह नवें महीने में चल रही थी, फिर भी अलसाई हुई नहीं थी। उसका अंग-प्रत्यंग एक अनजानी स्फूर्ति से भरा हुआ था। सास आ गई थीं और अपने भावी पोते या पोती के आगमन की सुखद कल्पना में डूब गई थीं। वे उसके इस निर्णय से बेहद खुश थीं—बेपनाह—जैसे वे खुद ही माँ बनने जा रही हों। बेटे-बहू के बीच हुए इस समझौते से वे अनभिज्ञ थीं।

जब वह अस्पताल के लिए चली तो मन में अन्धड़-तूफान उठ रहे थे। पिछले एक महीने से पति के चेहरे पर तनाव की जो नसें बढ़ने लगी थीं, वे अब घटने लगी और आश्वस्ति का भाव उसके चेहरे पर आने लगा था। बेटा फिर से नर्सरी राइम रट रहा था—जॉनी जॉनी···ओपन यो माउथ···

वह दर्द से छटपटा रही थी। किन्तु इस दर्द में भी कितना आनन्द है। अच्छे परिणाम की आशा में इन्सान बड़ी-से-बड़ी पीड़ा भी झेल लेता है। दर्द की लहर तेज होती तो वह सास का हाथ कसकर पकड़ लेती। टैक्सी चली जा रही थी। उसके भीतर कुछ और भी उमड़-घुमड़ रहा था। रास्ते में कोई कुछ नहीं बोल रहा था। बस केवल बेटे की नर्सरी राइम उसके कानों में गूँज रही थी—ओपन यो' माउथ हा-हा-हा।" उसके दिमाग में हथौड़े की तरह कुछ बज रहा था।

"सुनो जी। मैं बच्चा रखूँगी" टैक्सी से उतरते ही उसने पहला वाक्य यह बोला। पति का चेहरा विवर्ण हो उठा। फिर ऐसे भाव आए जैसे उसे उसी की आशंका थी। सास कुछ न समझ पाने के कारण कभी इसका मुँह देख रही थी, कभी बेटे का। उसने जल्दी-जल्दी सास को बताना शुरू कर दिया—लेबर रूम में जाने से पहले वह सबकुछ सास को बता देना चाह रही थी। बताने के दरम्यान उसके चेहरे पर पसीना यूँ छलका पड़ रहा था, जैसे अभी ही वह प्रसव की पीड़ा से गुजर रही हो। पर अब वह निश्चिन्त हो गई अलबत्ता सास का चेहरा गुस्से से लाल हो उठा। लेकिन उसके भीतर का तूफान शान्त हो चुका था। उसे विश्वास था कि सास अब सबकुछ सम्भाल लेंगी।

"ओपन यो माउथ···हा हा हा"—वह लेबर रूम में घुस रही थी और मन-ही-मन मिलने वाली छुट्टियों का हिसाब लगा रही थी। एक नई दुनिया अब उसकी मुट्ठी में थी। नया सूरज, नया चाँद। उसे लगा कि बेटा नर्सरी राइम नहीं पढ़ रहा था, बल्कि

उसे अपना मुँह खोलने पर मजबूर कर रहा था। अपने छोटे से बेटे के प्रति वह कृतज्ञता के भाव से भर गई। उसे यकीन था कि जब शिशु का मुँह उसका पिता देखेगा तो वह भी कठोर बना नहीं रह पाएगा। तभी पीड़ा का एक वेग उठा और एक महीन क्रन्दन से वातावरण भर गया। औरत को अपने मुँह खोलने का इनाम मिल गया था। बन्द होती आँखों से उसने नवजात कन्या को देखा और ऐसे निश्चिन्त होकर सो गई, जैसे खतरों से जूझते हुए कोई एकदम से किसी सुरक्षित जगह में जा पहुँचता है और तब उसका तन-मन शिथिल हो उठता है।

ताजमहल

"ऐ, रोटी लाई है ?"

"हाँ,"...अब क्या हो गया ? खाते क्यों नहीं ?"

"टटा (सूख) गई है। थोड़ा दाल रहता तो उसमें भिजाकर खाने से गारा नहीं लगता।" (गले में नहीं फँसता)

"तुम भी पगला लेखा काहे बतियाते हो ? निस्तब्ध भोर में तो रोटी बनाई थी। खोइछा में बाँधे-बाँधे भोर से बेरहटिया हो गया तो टटाएगा नहीं तो क्या रुई बना रहेगा ? आ दाल कइसे लाती ? ई रोटी थोड़े है जो अँचरा में बाँध रखती।"

"फिर भी..."

"अच्छा लाओ, पानी से भिजा देती हूँ। पानी में नून डालकर सान दूँ। अच्छा लगेगा।"

"सान दे। तुम्हारे हाथ से तो जहर भी अच्छा लगेगा।"

"भक् !"

"ई बताओ ! ई काम कब तक चलेगा ?"

"पता नहीं, जब तक बिंडिंग तैयार नहीं हो जाएगा तब तक तो चलता ही रहेगा। काहे ?"

"कुछो नहीं। सोच रही थी कि जब तक ई बनता रहेगा, हम दोनों को रोटी भी मिलती रहेगी।"

"अरे अइसा सपना काहे देखती है ? बिंडिंग दो बरिस तक बनेगा तो इसका का ठिकाना जो दो बरिस तक हमको ठीकेदार साहब रखे ही रहेंगे ?"

"तो हियाँ से भी निकाल देंगे ?"

"अरे मनमर्जी उनका। ऊ चाहे तो राजपाट बाँट दें, चाहे तो सन्दूक में बन्द कर दें...पर तुम मुँह काहे धुआँ बना रही है ? अभी तो निकाला नहीं न ! जब निकालेंगे तब देखा जाएगा। चलो, हँस दो तनी !"

"भक् !"

“सुनरी, ई दवाई खा लो···और कल तुम आराम करना। कल मैं असगरे काम पर जाऊँगा।”

“तो मैं क्या घर में धान कुटूँगी ? मैं भी जाऊँगी। हियाँ असगरे पड़े-पड़े मन उजबुजाएगा। हुआँ कम-से-कम तुमको देखती तो रहूँगी न !”

“कैसा जी है सुनरी ?”

“ठीक हूँ। पर उठा नहीं जा रहा। आज तो भंसा (रसोई) भी नहीं बना पाई। दसो बेर उठने को हुई पर पेट की पीर जइसे मुट्ठी में झोंटा पकड़कर खींच लेती थी।”

“तुम बेवकूफी मत करो। मैं बना लूँगा···लो, खिचड़ी बनाई है। तुम भी खालो। कल फिर डागदर बाबू से दिखा देंगे।”

“काहे एतना पइसा जियान कर रहे हो ? छओ महीना तो हो गया दवाई खाते-खाते, डागदर लोग को कुछो बुझाता है ! उसको तो अपना पइसा से मतलब है।”

“तू पइसा का फिकर काहे करती है ?”

“अरे, जान-परान एक करके तुम कमा रहे हो, और सब हमरे पर लुटा रहे हो। हमको ठीक होना· होता तो अब तक हो नहीं गए होते !”

“···अपना मुँह देखो तनी। सूखकर चोंचा हुआ जा रहा है। दिनभर हुआँ खटते हो, फिर हियाँ आकर चूल्हा में माथा झोंकते हो और मैं साँड जैसी बैठी-बैठी भकोसती रहती हूँ।”

“आज जी कुछ हरियाया जइसा लगता है। है न सुनरी ?”

“भक् !”

“कित्ते दिन बाद तू “भक्” बोली है। सच कहता हूँ, ई “भक्” तुम्हारे मुँह से इतना बढ़िया लगता है कि क्या बताऊँ !”

“तुम ई बताओ कि बिंडिंग का काम कइसा चल रहा है ? आज नौ महीना हो गया हमको घर में पड़े-पड़े। तब उसको कुर्सी भर उठा छोड़कर आई थी। अब तो छत भी पटा गया होगा।”

“अरे सुनरी, ऊ बिंडिंग का बात मत कर। तुम जब बढ़िया हो जाएगी न, तब हम तुमको उसमें एक दिन घुमाने ले जाएँगे। इत्ता बढ़िया बिंडिंग; एकदम से राजमहल जइसा।”

“ई राजमहल क्या होता है ?”

“बतहिया ! राजमहल नहीं बूझती है ? अरे, राजा का महल, जिसमें राजा-रानी सब रहते हैं। बड़का-बड़का घर, बड़का-बड़का जंगला (खिड़कियाँ)–सीसा लगा

हुआ—बड़का-बड़का दरवाजा आ झाड़-फानूस, दामी-दामी सामान सब।"

"तुम भीतर गए हो कभी कौनो महल में ?"

"लो, अरे दरभंगा महाराज का राजमहल बिसर गई ?···पर तुमको भी का पता। तब हमारा-तुम्हारा बियाह थोड़े न हुआ था। बेला में राजा साहब का कितना महल सब है ! तहिया हमारा बियाह नहीं हुआ था। हम गए थे एक बार छोटकी रानी के महल में। घरझड़इया में। बाप रे बाप ! कितना तो उसमें कोठरी था। हमको तो उतना गिनने भी नहीं आता था। बड़का-बड़का कोठरी आ सब दामी-दामी सामान से सजा हुआ। उस महल में एक ठो कोठरी था, जिसमें लोग कहते थे कि रानीजी इसमें फोटो खिंचाती थीं। एक ठो बड़का घर था जिसमें कहाँ तो साहब लोग के आने पर डेन्स होता था···बकिर एक ठो बात हमको नहीं बुझाया। उतना बड़का महल में एको ठो अइसा जगह नहीं बुझाया जहाँ रानी सब फारिग होने के लिए जाती हों···पर महल तो महल था···अब तो ऊ सब कुछो नहीं रहा। राजकुमार सभे कुछ कहाँ तो गोरमिन्ट को दान दे दिए, महल सब भी। अब तो उसमें इनभरसिटी खुल गया है।"

"इनभरसिटी ?"

"हाँ सुनरी ! उसमें कहाँ तो खूब ऊँची-ऊँची पढ़ाई होती है···सुनरी ! आओ, कान में एक ठो बात कहें···अपना जब बेटा होगा न तो उसको भी इनभरसिटी में पढ़ाएँगे।"

"भक् !"

"तुमको अपना डीह-सिमान याद नहीं आता ?"

"आता है सुनरी। खूबे आता है। ऊ पहाड़ी पोखरा था न, उसमें खूब छुपक-छुपक के नहाते थे। सावन-भादो में जब दाही (बाढ़) आता था तो बड़का-बड़का पोठी, चेंगरा मछली सब अइसे न सड़क पर दहाती चलती थी कि लगता था रास्ता घूमने निकली हो। उस बख्त तो किसी को बन्सी-काँटे की जरूरते नहीं पड़ती थी। रस्ते चलते लोगों के हाथ में दू-चार ठो मछली लगिए जाती थी···आ, हमारे घर के लग (पास) एक ठो बेर का गाछी था। सो हमलोग बेर के गाछी पर चढ़-चढ़कर बेर तोड़ते रहते थे। कच्चा-कच्चा बेर, हरियर-हरियर, कसा-कसा (कसैला), पर तभीयो नहीं छोड़ते थे। बानर जैसा भँभोड़कर खा जाते थे। जामुन का भी ओही हाल रहता था। पर तुम काहे के लिए पूछ रही हो सुनरी ?"

"अइसे ही। बहुत दिन हो गया न गाँव छोड़े ! डेढ़ बरिस हो गया हियाँ आए हुए। आज मन बहुत औना (अकुला) रहा था। सो, गाँव, माय, बाबू सब याद आ गए···तुमको पता है, हमको हुआँ पर पटनावाली चाची बहुते मानती थी। हमी दूध उनके हियाँ लेकर जाते थे न ! हमको कहती थीं—"सुनरी, हम तुमको पटना ले चलेंगे। चलेगी

न !'' अपना नए-नए साड़ी-बेलाउज सब हमको दे देती थी। अभियो देखो, उन्हीं का दिया बेलाउज पहिने हुए हैं। एक बेर जब हम फटा हुआ बेलाउज पेहनकर उनके घर चले गए थे तो ऊ हमको इतना डाँटी थी कि बस ! कहने लगी कि तू बाजार आती है दूध देने। बाजार का छौंड़ा सब कितना खराब होता है, तू नहीं जानती ! खबरदार जो आज के बाद अइसा बेलाउज पहनकर आई। फिर उसी दम तीन ठो बेलाउज दे दी हमको। एकदम पार्वती जी लेखा (जैसी) थीं। ऊ···सुनो, हम लोग गाँव कब चलेंगे ?''

''अरे पहिले तुम ठीक तो हो लो नहीं तो तुम्हारी पटनावाली चाची हमको जिन्दे गाड़ देगी। कहेगी कि सुनरी की सारी सुन्नरता शहर में ले जाकर नाश कर दी। हड्डी-हड्डी निकालकर उसका, तब हियाँ लाए हो। सच सुनरी···बस एकेगो साध है—तुम जल्दी से ठीक हो जाओ···अरे, क्या हुआ ? सुनरी, तुम रोने क्यों लगी सुनरी ?···अइसे मत करो सुनरी···तुम्हारा आंपू हमसे बर्दाश नहीं होगा···''

''केतना अभागे हैं हम। अइसा घरवाला कितना भाग से मिलता है। गौरी पूजकर आते तब भी साइद नहीं मिलता। पर हम करमजली तुमको एको सुख नहीं दे पाए। डेढ़ बरिस से तुम्हारे माथे पर बोझा अइसा पड़ी हूँ। छुतहर घैला जैसा, जो न फूटता है और न जिसे भरा जा सकता है। और तो और, तुमको बेटा भी नहीं दे सके कि उसको तुम इनभरसिटी में पढ़ाते।''

''अरे, फेर अल्ल-बल्ल बकने लगी न ! हम तुम बुढ़ा गए क्या अभिए से ? बेटा कहीं भागा थोड़े जा रहा है। तुम अच्छी हो जाओगी तो जरूरे बेटा दोगी, हमको बिस्वास है।''

''अब हम दवाई नहीं खाएँगे। डागटर का दवाई तो पहले ही फैदा नहीं करता था। अब तो औरो नहीं। अब तो दवाई देखकर होता है जो इसके बदले कोई जहर ला दे तो वही खा लें। भगवान जो मुदइया पेट में डाल दिया है, उससे तो कम से कम निजात मिल जाती न !''

''चिन्ता मत करो सुनरी। भरोसा रखो, सब ठीक हो जाएगा।''

''बिंडिंग पूरा होने में अब कुछे दिन रह गया है। तुम देखोगी न सुनरी तो तुम्हारी शपथ, बेहोश हो जाओगी···ओह, फिर दरद हो रहा है न !''

''नहीं, नहीं। बस ऐसे ही भौंह जुड़ गया तो तुमको लगा कि दरद उठ गया है···हाँ, ई तो बताओ जो ऊ बिंडिंग काहे के लिए बन रहा है ? सरकार बना रही है ? आफिस खुलेगा कि बड़का लोग सब उसमें रहेंगे ?''

''दुनिया में एक से एक लोग होते हैं सुनरी ! हमारे पास इतना पइसा नहीं जुटता था कि गाँव में रहते। सो करम के मारे हियाँ चले आए। सोचे, एक बखत भी खाकर राजी-खुशी रह लेंगे। बकिर भगवान को ई भी नहीं सोहाया। तुमको बीमार

बना दिया। अरे, जब बीमारी देबै किया तो इतना पइसो तो देता कि तुमको बढ़िया डागदर से दिखाते···आ एक ओर अइसा-अइसा लोग हैं जिनके लिए पइसा हाथ का मैल है।"

"···जानती हो, ई जो बिंडिंग बन रहा है, न ई बिंडिंग नहीं महल है महल ! सचमुच···"

"महल ? मगर किसका ? तुम्हारी ऊ दरभंगावाली छोटी रानी का ?"

"दुर बतहिया ! ई जो महल है, ऊ हियाँ का एक ठो बहुत बड़ा सेठ बनवा रहा है। उसकी घरवाली दो बरस पहिले गुजर गई, सो उसी के याद में इसको बनवा रहा है। ठीकेदार साहब कह रहे थे कि इसके भीतर वही-वही चीज सब रहेगा जो सेठ की घरवाली को बहुत पसन्द था। ठीकेदार साहब कहते हैं कि ई दूसरा ताजमहल है दूसरा !"

"ताजमहल किसको कहते हैं ?"

"ऊ तो हमको भी नहीं मालूम। बकिर ठीकेदार साहब के मुँह से बहुते बेरी ताजमहल-ताजमहल सुनकर एक दिन हम पूछे कि ताजमहल कौन चीज है ? ठीकेदार साहेब भभाकर हँसने लगे जैसे हम उनको कोई हँसीवाला बात कह दिए हों। फिर बोले—बहुत पहिले एक ठो बादशाह माने राजा था···क्या तो नाम बताए थे ठीकेदार बाबू—उसकी भी घरवाली थी, जिसको ऊ खूब मानता था, एक बार रानी बहुत बीमार पड़ी—तुम्हारी ही जइसा बीमार।"

"राजा के पास तो इफरात पैसा होता है न ? तब भी रानी ठीक कैसे नहीं हुई ?"

"अरे सब कुछ पइसा से ही थोड़ा न होता है। करम का लिखा भी तो कौनो चीज होता है···पर तुम मुरझा काहे गई सुनरी ? हम तुमको थोड़े कुछो बोले हैं···हाँ, तो ऊ ताजमहल वाला किस्सा सुन। राजा उसका बहुत इलाज कराया मगर ऊ ठीक नहीं हुई। तब एक दिन ऊ बोली कि हम तो मर जाएँगे और तब आप मरद की जात, हमको बिसार दीजिएगा। अब राजा लगे रोने। आखिर सब मरद एक ही जैसे तो नहीं होते हैं न ! सो राजा रोने लगे। फिर बोले—"हम तुमको कबो नहीं भूलेंगे। हम तुम्हारे लिए एक ठो···क्या तो बोले ठीकेदार साहब···तो हाँ, एक ठो मकबरा बनवाएँगे—खूब सुन्दर मकबरा···इसके कुछ दिन बाद रानीजी गुजर गईं। राजा तो जइसे पगला गया। फिर ऊ तो बचन दिया था न ! सो ठीकेदार साहेब कह रहे थे कि देस-देस से कारीगर आए, मजूर आए, समान सब आया···सो गई सुनरी ?···नहीं···हाँ, फिर···ऊ राजा जो ऊ···मकबरा···बनवाया ओही ताजमहल कहाता है। ठीकेदार साहब बोले—बूझे चनरा, ताजमहल माने परेम की निशानी।"

"तो ई बिंडिंग भी परेम की निसानी में बन रही है। कि नहीं ?"

"हाँ, लगता तो अइसा ही है। बकिर बात है सुनरी उस बिंडिंग में। पर हमको

ठीकेदार साहब बोले जो इस को बिंडिंग मत बोलो। इसको महल कहो। इसका नाम पड़ेगा-चम्पामहल।"

"चम्पा ! ई तो फूल का भी नाम है न ! हम कबो देखे नहीं हैं इस फूल को। मगर झूमर खूबे गाते थे—"चम्पाकली अइसी खिली, गुलदस्ते में छा गई बहार !"

"सो जाओ सुनरी, कल फिर डागदर साहब के पास जाना है।"

"हम अब नहीं जाएँगे। ठीक-ठाक होना नहीं, खाली डागदर के पेट रूपी बखारी में रुपैया झोंकते रहो।"

"अरे ठीक कैसे नहीं होगी ? डागदर कौनो मुफ्त में पइसा लेता है। दवाई भी तो देता है। अच्छा, अब सो जाओ।"

"जानती है सुनरी ! आज महल···चम्पामहल तैयार हो गया। सबकुछ उसमें सेठ की घरवाली की पसन्द का लगाया गया। ठीकेदार साहब कह रहे थे कि सब चीज विलायत से आई है। दूसरे-दूसरे मुलुक से।"

"मुलुक ?"

"मुलुक नहीं बूझती है ? सात समन्दर पार से। क्या बताएँ सुनरी हम तुमको—अइसा चमकौआ पत्थर पूरे महल में लगाया गया है जो दिन में जब उस पर रौद (धूप) आता है तो आँख चुन्धरा जाता है आ रात में बिजली में ऊ चम-चम चमकता है कि बस ! और सुनरी, इजोरिया रात में तो ऊ दूध से नहाया लगता है। हमको तो लगता है कि ऊ पहिलका राजा का ताजमहल भी अइसा ही सुन्दर होगा। नहीं ? पर ठीकेदार साहब तो कहते थे कि ई उससे भी सुन्दर है। देख, एक ठो पत्थर का टुकड़ा हम तुमको दिखाने के लिए लाए हैं। है न कितना चमकौआ···क्या हुआ ? तुम्हारे मुँह पर धुआँ कइसे छा गया ? दरद हो रहा है ?"

"नहीं···(ओह, मर गए। हे भगवानजी, अब नहीं सहा जाता) नहीं, दरद नहीं हो रहा। पर मन होता है जो हम भी देखते ऊ चम्पामहल ! ई पत्थर का एगो टुकड़ा इतना चमचमा रहा है जैसे ऐना (आईना) तो ऊ पूरा का पूरा महल कितना चमकता होगा ?"

"सुनरी, तुम देखेगी उसको ?"

"हाँ, मन तो है, पर जाएँगे कइसे ? अब तो दू डेग भी नहीं चला जाता।"

"तुम इसकी फिकर मत करो। हम तुमको गाड़ी में बैठाकर ले जाएँगे।"

"गाड़ी में ?"

"हाँ, कहते हैं न ऑटो—उसमें !"

"बकिर उसमें तो बहुते पैसा लगेगा न !"

"अरे आज तुम्हारा चनरा राजा है राजा···और तुम हमारी रानी।"

"भक् !"

"और नहीं तो क्या ? देखो, हमारे जेबी में क्या है ?"

"पचास ठो रुपिया ? कहाँ से लाए इत्ता रुपया ?"

"आज चम्पामहल का घरबास था···देखो, कइसी अजीब बात है। घरबास तो तब होता है न जब उसमें रहने कोई आता है। पर रहेगा उसमें कोई नहीं···लेकिन, हुआ था घरबास। बड़का-बड़का लोग आए थे। खूब मेला-तमाशा हुआ। आज ऊ सेठ साहब भी आए। अपने हाथ से सबको बख्शीश बाँटी। एक-एक प्लेट मिठाई भी हम लोगों को मिला। सब तो हुएँ खा लिए। पर हम तनी-सा मिठाई तोड़कर मुँह जुठिया लिए···अब तुम भी खाओ और हमको भी खिलाओ। कितना दिन हो गया तुम्हारे हाथ से कुछो खाए हुए।"

"मुझसे अब कहाँ कुछो खाया जाता है, जो कुछ भी पेट में जाता है, मिरचाई जइसा लगता है। हाँ, खाऊँगी। पर पहले तुम खाओ। आओ, हम तुमको खिलाते हैं। आज मेरा भी मन कैसा-कैसा कर रहा है···तुमको अपने से सटाए रखें···अलग न करें।"

"पहिले तो हम सोचे कि इस रुपैये से तुम्हारे लिए एक ठो लाल रंग का किनारीवाला साड़ी आ छींट का बेलाऊज खरीदकर लेते चलें। पर फिर सोचे कि नहीं, पहले तुमसे पूछेंगे कि तुमको कौन रंग का साड़ी चाहिए, फिर खरीदेंगे।"

"(ओह मेरे रामजी ! अब नहीं सहा जाता ई दरद !) ना-ना ! साड़ी खरीदने का कौनो जरूरत नहीं है। रहने दो, बखत-कुबखत काम आएगा···अच्छा ई बताओ अब जब चम्पामहल तैयार हो गया तब तो तुम लोगों का बूझो कि काम से छुट्टी ! अब कल से कहाँ जाओगे ?"

"ऊ···रुको···जरा पानी पी के आता हूँ···मिठाई गले में फँस गई थी···हाँ, क्या बोली ? कल से ? अरे। कोई-न-कोई काम मिल ही जाएगा कहीं-न-कहीं। जब तक तुम मेरे पास हो न, हमको कौनो चिन्ता नहीं है···मगर अब तुम्हारे लिए साड़ी नहीं खरीदेंगे।"

"क्यों ?"

"अब इस पैसे से कल हम तुमको चम्पामहल दिखाने ले जाएँगे। हम-तुम जब उसको एकसाथ देखेंगे न तो थोड़ी देर को समझेंगे कि ऊ पहिलेवाला राजा-रानी भी हमीं थे और अब ई सेठ-सिठानी भी हमीलोग हैं। अब सो जा, बहुतेक रात हो गई है···कल भोर में उठना भी है न !···ई पत्थर तो रख दे।"

"नहीं। इसको हाथे में लेकर सोऊँगी।"

"अरे, इतना दिन निकल आया ? रात बतियाते-बतियाते बहुत देर हो गई थी सो आज नींद सबेरे खुली ही नहीं···पर चलो, कोई बात नहीं। आज हमको काम पर थोड़े न

जाना है, जो दौड़ा-दौड़ी मचाएँ ! दिन निकल आया तो निकल आए···!···अरे सुनरी ! तुम भी एकदम निसभेर होकर सोई पड़ी है। उठो, जाना नहीं है क्या ? तुम उठो, मैं तब तक फारिग होकर आता हूँ···लो, मैं आ भी गया और तू वैसे-के-वैसे ही सोई पड़ी है। लगता है, सपने में ही चम्पामहल देख रही है। अरे बतहिया, आँखें खोल—खुली आँखों से जब देखेगी न तब कहेगी कि क्या चीज है ई चम्पामहल ! और सुन तुमको तो औरो खुश होना चाहिए कि उसको बनाने में तेरे चनरा का भी हाथ लगा है। उसका खून-पसीना भी उसमें मिला हुआ है···मेरा ही क्या···हम जैसे सभी मजूरों का···उन सबों के पसीने की एक गन्ध आएगी उसमें से···कम-से-कम तुम तो उस गन्ध को सूँघ सकोगी न !···लो मैंने तुम्हारे लिए पानी भी गरम कर दिया···अब उठो भी···अभी तक पत्थर हाथ में दबाए पड़ी है···अच्छा उठ जा···ओहो, आज तो तुम पूरी रानी बनी हुई है। अपने से नहीं उठेगी···अच्छा, हम ही उठाते हैं···''

''(सुनरी···तुम चम्पामहल नहीं देख सकी। तुम बोली थी न कि रुपया बखत-कुबखत के लिए रख दूँ। तुम अगमजानी (अन्तर्यामी) तो नहीं थी सुनरी ? मैं तो लाल किनारी की साड़ी खरीदना चाहता था···साड़ी तो आई, पर उसको पहिनकर तुम मुस्कुराती और कहती ''भक्'' तो·····गाड़ी भी आई, पर ऊ चम्पामहल की ओर नहीं बढ़ी। तुम्हारे जीतेजी हम तुमको कुछो नहीं दे पाए। तुम्हारा इलाज भी ठीक से नहीं करवा पाए। अभी ही हम तुमको क्या दे देंगे ? क्या है हमारे पास जो दे देंगे ? बोलो सुनरी···क्या दे देंगे···आँ···)''

''(बोलें ? ऊ महलवाला पत्थर नहीं दिया था मेरे हाथ में ? ऊ रानी आ सेठानी तो अपने महल का पत्थर नहीं देखी थी। पर हम तो जीतेजी देख लिए थे। तुम्हीं दिखाए थे न ! इतना भी नहीं बूझे ? भक् !)

रहना नहिं देस बिराना है

बड़की माय की खुशी का आज कोई ओर-छोर न था। बूढ़ी, झुर्रियों से भरी आकृति पर प्रसन्ता की ऐसी लाली दौड़ रही थी जिसमें अगर कोई झाँकता तो उनकी जवानी की साँवली सलोनी मूरत उस पर पैबस्त हो जाती जब बड़की माय गोटा लगी पीली साड़ी पर बनारसी चद्दर का घूँघट काढ़े, बाँस के चंगेरे में डग-डग भरती इस घर की देहरी पर उतरी थी और मोहल्लेवालियों ने गाया था–

"दुलहीन धीरे-धीरे चलियऊ ससुर गलिया
ससुर गलिया हो भैंसुर गलिया
उनके घूँघटा में लटके सोने की लड़िया।"

आइ-माइ-दाइ ने बड़की माय के साँवले रंग पर नाक-भौंह सिकोड़ी थी। गोरी, पर नाक से चपटी रामपट्टी वाली चचिया सास ने तो कह ही दिया था–"अरे, लोग तो पतोहू अन्हार घर में इजोत के वास्ते लाते हैं, हियाँ तो उल्टे बात है। भैयाजी (जेठ) तो जगमग दीवाली में अमावस उठा लाए हैं।" इतना कहती रामपट्टीवाली बड़े अभिमान पूर्वक अपने हाथ-पाँव देखने लगी थी।

मगर जल्दी ही अमावस की यह कालिमा छँट गई, जब बड़की माय के गुण-सुभाव की चाँदनी घर से छन-छनकर पूरे मोहल्ले और फिर गाँव भर में फैल गई। बड़की माय की सास मँगरौनीवाली ने रामपट्टीवाली अपनी देवरानी के मुँह के आगे हाथ नचाते हुए कहा था–"ऐं, रूप तो चार दिन का चीज है। रूप में और रण्डी के नाच में कोनो अन्तर थोड़े है। जैसे उसका जवानी चार दिन का, वइसे ही मौगी-मेहरका रूप भी चार दिन का होता है। असली बात तो गुण है, जो सोना चाँदी जइसा झलकता रहता है। कोई आकर परतर (तुलना) तो करे हमारी कनियाँ से।"

पतोहू बनकर आई बड़की माय सास की नजरों से धीरे-धीरे अन्दर उतरती उनके दिल में बेटी बनकर इतने गहरे समा गई कि लगा, अगर बड़की माय इस घर में नहीं आती तो उनकी कोख अधूरी ही रह जाती।

बड़की माय की आँखें पनिया गई थीं। भगवान ने सारे सुख दे रखे थे। माँ से भी बढ़कर सास की छत्रछाया, पति का दुलार और पाँच-पाँच बच्चों की माँ कहलाने

का सुख। फिर क्यों आँखें पनिया गई ? बड़की माय अब बूढ़ी देह और काँपते हाथों से कुछ टटोलती रहतीं। शायद घर की दीवारें, ताखे, आलमारी। भण्डारघर मे बखत-कुबखत चली जातीं। छोटकी बहू तेज थी—जबान की भी और निगाहों की भी। कई बार टोक चुकी थी—"माता जी, आपको घड़ी-घड़ी भण्डारघर में जाने का कौन जरूरत पड़ता है। अरे बैठे-बैठे राम नाम जपिए। हमलोग आपको भर थरिया परोसबे करते हैं, आपका ऐंठ-कूठ (जूठन) उठयबे करते हैं। तब कौन सोना का ईंटा ओहि में धरा हुआ है जिसके लिए घड़ी-घड़ी दौड़ लगाती रहती हैं।"

बड़की माय धीरे-धीरे लौट आतीं। आँखें फिर से पनिया जातीं। इन पनियाई आँखों से पहले धुँधला-सा कुछ दीखता। फिर धीरे-धीरे आकृति साफ होती तो दिखाई देती जुगल किशोर की छवि, छोटा जुगल—नंगी देह पर धूप में मालिश करती हुई। जब पैदा हुआ था तब नाइन, डगरिन सबने तीसरे बेटे के होने की खुशी में चाँदी के झुमके की माँग की थी। लोगों ने बधावा गाया था—

"रुपइया माँगे ननदी लाल के बधाई
एके रुपइया मोरा ससुर के कमाई
अठन्नी ले लो ननदी लाल के बधाई।"

बड़की माय दो बेटों के बाद इस बार बेटी की आस लगाए बैठी थीं। इसलिए जुगल के आने पर उन्हें खुशी नहीं हुई। रामपट्टीवाली चचिया सास की दोनों पतोहू तीन-तीन बार बेटियाँ ही जनम चुकी थीं, सो उनकी ईर्ष्या का कोई पारावार नहीं रह गया, इस तीसरे बेटे की पैदाईश पर। मगर खुद बड़की माय गर्भावस्था से ही मन में एक सिया-सुकुमारी की मूर्ति गढ़े बैठी थीं, यहाँ तक कि दादी, यानी उनकी सास भी बोल पड़ीं—आदमी जब तक कन्यादान नहीं करता, तब तक सभी पुन्न उसको नहीं मिलता है। हमारे नसीब में तो कन्यादान का सुख नहीं लिखा था। सोचा था पोती का ही कन्यादान करके गंगा नहा लूँगी। मगर भगवान की लीला…"

उसी जुगल में लड़की का रूप देखते-देखते बड़की माय उसमें ऐसी एक मेक हो गईं कि बस वे और जुगल। और जुगल भी उनके पीछे-पीछे परछाई की नाईं घूमता रहता। बाद में उन्हें एक बेटी और फिर एक बेटा और भी हुए। परन्तु तीन बेटे के बाद पैदा हुई इस भागमन्ती तेतरी बेटी से वे मन का वह तागा जोड़ न पाईं जिससे वे जुगल से बँधी थीं। बड़की माय शान्त और संयत सुभाववाली थीं। जुगल से अपने अतिरिक्त लगाव के मोरपंख को मन की सन्दूकची में बन्द करके रख छोड़ा था। उन्हें भय था कि अगर यह सन्दूकची खुली तो लोग इस मोरपंख की सतरंगी आभा सह नहीं पाएँगे। शायद अन्य बच्चे भी इसे बर्दाश्त न कर सकें। मगर मन था कि हर पल जुगल पर अटका रहता। चोरी-छिपे ही वे इस निरीक्षण में लगी रहतीं कि जुगल ने क्या खाया, क्या पिया, क्या पहना, क्या ओढ़ा !

इधर किताबों और अक्षर के मायाजाल में जुगल किशोर की मति सरस्वती से मन्थरा बनकर रह गई। बड़की माय खुद निरक्षर थीं, सो जब कभी माँ-बाप या भाई बहन की याद आती, सखी बहिनपा की बात मन में किलकती, तो इच्छा होती कि चिड़ई की तरह उड़कर उनतक पहुँच जाएँ। और जो यह सम्भव नहीं तो पाँती में अपने दिल की, अपने सुख सौभाग्य की एक-एक बात लिखे। उसके सुख के सूरज को यूँ चमकते-दमकते देख ऐसा कौन माँ-बाप होगा जिसका हियरा न जुड़ाएगा। मगर बड़की माय की यह साध मन के एक कोने से उठकर दूसरे कोने तक फैलती और फिर वहीं अटक-भटककर दम तोड़ देती। काश कि वह भी चार अक्षर पढ़े रहती तो सम्पर्क की वह ताग तो न कटती जो स्याही में डूब-डूबकर मोती के मानिन्द कागज पर टँक जाती है। इसलिए उन्होंने तय कर लिया था कि मोटिया-झोटिया पहनकर भी, एक साँझ उपास पड़कर भी बाल-बच्चों को पढ़ाएँगी। बड़की माय के पिछले जनम का पुन्न-परताप कि इस जन्म के उनके सुभाव-बात की मिसरी; सभी बच्चे अपनी-अपनी पढ़ाई में लगे थे। मगर, तकदीर की बात कि जुगल किशोर की बाल बुद्धि में ही किसी ने सनीचर की बुद्धि घुसा दी।

गोकि जुगल किशोर ने अपने कस्बे से बाहर का इलाका देखा तक नहीं था, फिर भी स्कूली किताबों में गाँधीजी और नेहरूजी जैसे महापुरुषों के बारे में पढ़कर और उनकी विलायत यात्रा को ध्यान में रखकर उसने यही निष्कर्ष निकाला कि यह कस्बा और जिला क्या, यह देश ही रहने लायक नहीं है। उसे अपने लोगों, कस्बे, शहर सबसे चिढ़ हो आई, जैसे मरीज को उबले खाने को देखकर होती है।

भोली-भाली और सुमन्दर जैसी गहरी ममता से भरी बड़की माय को उसका यह व्यवहार किसी की मति-गति फेर देने जैसा लगा। वे बूझ गईं कि उनके सुख-सौभाग्य के चाँद-सूरज पर किसी डायन-जोगिन की गरहनिया (ग्रहण वाली) नजर पड़ चुकी है। वे व्रत उपवास की ओर मुड़ गईं। ओझा मन्तर पर ध्यान देने लगीं। बड़का बाबू ने डाँटा तब ओझा गुनी का चक्कर तो छोड़ दिया, मगर व्रत उपास तभी छोड़ने का प्रण लिया, जब उनके अनुसार उनके जुगल की मति-गति लौट आवेगी।

बड़का बाबूजी व्यावहारिक बुद्धिवाले इन्सान थे। बड़की माय के जुगल के प्रति के अतिरिक्त स्नेह को वे जानते थे। इसीलिए बड़की माय की उद्विग्नता से भी वे अन्जान नहीं थे। जुगल की प्रवृत्ति किस ओर को है, यह भी वे समझ चुके थे। वे जान चुके कि जुगल आँधी की तरह का एक तेज झोंका है। उसे बाँधकर रखने की सोचना ही मूर्खता है। वे बड़की माय को भी समझाते—"बच्चे बड़े हो रहे हैं। अब आजकल वह जमाना नहीं रहा कि बीस बरस के बेटे को भी लोग अपने हाथ का कौर बनाकर खिलाते थे। अब तो समय है कि बच्चे जो कहें, माँ-बाप उनकी हाँ में हाँ मिलाएँ। और अपना जुगल तो बहुत ही होशियार है। देखना, तेरी सारी मनोरथ वही पूरी करेगा।"

भारत, जो जुगल के लिए इण्डिया था, उसे रास नहीं आ रहा था। वह

जल्दी-से-जल्दी यहाँ के दबे-पिसे माहौल से दूर खुली हवा में साँस लेना चाहता था। लेकिन इस ख्वाब के साथ-साथ उसे इस हकीकत का भी पता था कि इसके लिए उसे ही सारी जुगत बिठानी है, माँ-बाप प्यार के खजाने तो लुटा सकते हैं, परन्तु पैसे नहीं। आमद ही उतनी नहीं थी। जो कुछ भी करना था—अपने बलबूते पर। इसलिए मैट्रिक पास कर लेने के बाद उसने फैसला सुना दिया—अब वह पटना में रहकर पढ़ेगा। खर्चे की चिन्ता नहीं। बाबूजी जितना दे सकेंगे ठीक है। बाकी का इन्तजाम वह कुछ काम-धन्धा करके कर लेगा।

अन्य चारों भाई-बहनों से भिन्न सुभाव—बात का होते हुए भी बड़की माय के लिए यह सन्तोष की बात थी कि जुगल उनकी आँखों के सामने है। परन्तु अब ? उनकी आँखें सावन-भादो बन गईं। मन काले बादल जैसा भारी हो गया। उनका मन करने लगा कि जुगल फिर से नवजात हो जाए और वे उसे अपने आँचल में वैसे ही छुपा लें, जैसे हवा-बात लगने के डर से उसके नन्हेपन में वे उसे अपने आँचल के नीचे छुपा लेती थीं।

पटना में इन्टर करने के बाद जुगल दिल्ली आ गया। दुहरी मेहनत करने लगा—पढ़ाई और पैसे के लिए ट्यूशन या कोई और धन्धा। बड़का बाबू सामर्थ्य भर पैसे भेजते थे। जुगल का काम उससे चल सकता था। लेकिन उसकी आँखों में पल रहे सपनों की कीमत बड़का बाबू के भेजे पैसों से बहुत अधिक थी।

और एक दिन अच्छी-सी डिग्री और अपनी संचित कमाई लेकर जुगल किशोर यानी जे. के. ने आकाश की ऊँचाई मापने का संकल्प लेते हुए एअर इण्डिया के विमान में कदम रखे और तब से आजतक पलटकर नहीं देखा।

वही जुगल आज इतने वर्षों बाद भारत लौट रहा था। बड़की माय उँगली पर बरस गिन रही थीं—पूरे बीस बरस। इस बीस बरस में कितना कुछ बदल गया। बड़े दोनों बेटे भी अच्छा पढ़ लिख गए थे। बड़का जनार्दन दिल्ली में था और जगमोहन कलकत्ता में, बेटी भी सुखी-सम्पन्न घर में व्याह दी गई थी। दामाद पटना में था—बैंक का मैनेजर। केवल छोटका बेटा ही गाँव में था। गाँव के स्कूल की मास्टरी के साथ-साथ बड़का बाबू के हिस्से की खेती कराता था। महीने की पगार और खेत का अनाज-पानी, साग-सब्जी; छोटका जगत नारायण के पास जनार्दन और जगमोहन से ज्यादा पैसे थे। लेकिन छोटकी पतोहू एकदम से लौंगिया मिर्चाई थी। जिठानियाँ, ननद जब कभी आतीं तब सुनाने से न चूकतीं कि उसके मरद की वजह से ही घर का खेत-खलिहान बचा हुआ है। जेठ लोग तो घर और बूढ़े-बूढ़ी का ध्यान धरे बगैर ही अपने-अपने सपनों के देश में उड़ गए। वे ही लोग हैं जो न केवल जर-जमीन देख रहे हैं, बल्कि बूढ़ा-बूढ़ी को भी ढो रहे हैं। वह बातों-बातों में ही यह जताना न चूकती कि किसी ने भूले से भी खेत-पथार में अपने हिस्से की बात की तो वह कोरट-अदालत करने से भी न चूकेगी।

सदा से कम बोलनेवाली बड़की माय छोटकी की इस तरह की बातों से सहमकर

और भी चुप हो जातीं। मगर बेटों के जाने के बाद छोटकी को टोकती—"चार दिन के खातिर अपना डीह पर आते हैं, तो बोल-कुबोल से भर देती हो दुल्हीन ! आखिर उनका भी तो हक बनता है।"

"कइसा हक ? गर्मी में चमड़ी जलाकर और जाड़े में हाड़ गलाकर खेती करे हमारा मरद और भकोसने को ऊ सब। हम तो नहीं जाते किसी के दुआरी पर। और जो आपको इतना ही माया, मोह है तो ऊहे लोग के पास काहे नहीं चली जाती हैं। हमारे ही कपार में काहे बँधाई हुई हैं आप लोग !"

बड़की माय चुप हो जाती। मगर कलेजे में टीस उठती रहती। चार दिन के खातिर बाल-बच्चे आते हैं, उनको मन भर खिला-पिला भी नहीं सकती। बेटे छोटकी के स्वभाव से परिचित थे। कलियुगी छाँह से दूर थे, सो माँ-बाप के प्रेम में बँधे हुए थे। जब भी आते, माँ-बाप से चलने का आग्रह करते। गए भी थे बड़का बाबू और बड़की माय, परन्तु दिल्ली और कलकत्ते में बेटों के ओहदे तो बड़े-बड़े, मगर घर छोटे-छोटे, जहाँ दोनों को अपना दम घुटता बुझाता। बेटे-बहू हर किसम का इतना खयाल रखते कि लगता ये लोग उनके माँ-बाप नहीं, वे लोग ही इनके माँ-बाप है। मगर अपने गाँव का खुला-खुला घर आँगन, खुली हवा, झूमते पेड़-पौधे, हरे-भरे खेत-खलिहान सब जैसे आ···ओ, की आवाज के साथ उन्हें बुलाते रहते।

दशहरा बीत गया और दीवाली के लिए घर की झाड़-बुहार में हाथ लगाने जा रहे थे बड़का बाबू, जब उनको जनार्दन की चिट्ठी मिली। बुढ़ा गए थे बड़का बाबूजी। कुछ भी थामते थे तो हाथ काँपने लगते। जनार्दन की लिखाई पहचानते थे। तृप्ति होती थी, जब बेटों की चिट्ठी आती। खुद तो कई-कई बार पढ़ते ही, बड़की माय को भी बुला लेते और उन्हें सुनाते। आज भी मन बारिश जैसा भीग उठा। काँपते हाथों से जब चिट्ठी खोली और पढ़ने लगे तब पूरी देह जैसे थरथरा गई। भय और खुशी दोनों ही अवस्था में आदमी को कँपकँपी छूट जाती है। बड़का बाबू के साथ भी यही हो रहा था। मारे खुशी के वे अपने पर काबू नहीं रख सके। लड़खड़ा गए। पास में ही चौकी थी, उस पर बैठ गए। कलेजा धौंकनी की तरह उछल रहा था। पहले तो उसे ही काबू करने में कुछ पल बीत गए। फिर दिल को थामते हुए फिर से पत्र पढ़ा। विश्वास नहीं हुआ। फिर से पढ़ा, तब जाकर उन्हें यकीन हुआ। जनार्दन ने लिखा था—"जुगल अपने बीबी-बच्चों के साथ देश घूमने आ रहा है। बहू वहीं की है और एक बेटा और एक बेटी है। दस-पन्द्रह दिन रूकेंगे, गाँव भी आएँगे।"

अमेरिका में जुगल को बड़ी मेहनत करनी पड़ी और जब उसे फैक्ट्री में मशीन पोछने से लेकर होटलों में गिलास धोने तक का काम करना पड़ा तब अमेरिका से उसका मोह-भंग हो गया। फिर कनाडा, इटली वगैरह भटकते-भटकते वह फ्रांस पहुँचा। फ्रांस में उसने अपने पैर जमाने का निश्चय किया। लिण्डा ने उसका बहुत साथ दिया। लिण्डा वहाँ के एक कॉलेज में इतिहास के प्राध्यापक की बेटी थी। लिण्डा भी इतिहास

पढ़ती थी। एशिया का इतिहास उसका प्रिय विषय था और एशिया महाद्वीप को पढ़ते-जानते कब और कैसे वह भारत के प्रति आसक्त हो गई, खुद वही नहीं जान पाई। जे. के. से जब उसकी मुलाकात हुई तो उसे भारतीय जानकर वह उसकी ओर झुकती चली गई। जे.के. ने धीरे-धीरे एक्सपोर्ट का काम स्वतन्त्र रूप से करना शुरू कर दिया। काम करते-करते जब वह थक जाता, तब लिण्डा उसे अपने हाथों से गरमागरम कॉफी बनाकर पिलाती। धीरे-धीरे दोनों को ही लगने लगा कि वे एक दूसरे के बगैर नहीं रह सकते। दोनों के पास इसके लिए अपने-अपने कारण थे। जे.के. को विदेश की भूमि पर कोई अपना चाहिए था और लिण्डा को भारत प्रेम के कारण यह भारतीय पसन्द था। उसने सोच रखा था कि शादी के बाद वह कम-से-कम एकबार भारत जाएगी ही। लिण्डा के माता-पिता को भी जे.के. पसन्द था। परन्तु उन्हें यह देखकर बड़ी हैरत होती कि भारत की चर्चा चलने पर जे.के. या तो उदासीन भाव से दूसरी तरफ देखने लगता या बात का रुख दूसरी ओर को मोड़ देता।

फिर भी लिण्डा को यकीन था कि शादी के बाद वह जे.के. को भारत चलने के लिए राजी कर लेगी। मगर इस मामले में जे.के. चिकना घड़ा साबित हुआ। दोनों में इस बात पर जब तीखी तकरार होती तब लिण्डा रूठकर अपने पिता के पास चली जाती। पीछे-पीछे जे. के. आता। लिण्डा के पिता दोनों को समझा-बुझाकर वापस भेज देते।

लिण्डा भी जिद्दी और धुन की पक्की थी। इधर से बात बनते न देख उसने दूसरा रास्ता अख्तियार किया। बेटे और बेटी के नामकरण के मामले में ठन गई। जे. के. उनके रिचर्ड और स्टैला जैसे नाम रखना चाहता था जबकि लिण्डा अड़ गई कि दोनों के नाम पराग और ज्योति रहेंगे। इस बार उसने साफ धमकी दे दी कि अगर जे. के. ने उसकी बात नहीं मानी तो वह बच्चों को लेकर अन्यत्र चली जाएगी और फिर कभी वापस नहीं लौटेगी।

बाबूजी ने कैलेण्डर देखा। बीस तारीख को जुगल दिल्ली पहुँचेगा। क्या संयोग है। बीस बरस पहले 20 तारीख को ही वह देश छोड़कर गया था। तब मई का महीना था। आज लौट रहा है तो बीस बरस बाद बीस तारीख को ही। उनके बूढ़े चेहरे पर कोमल मुस्कान उभरी। अब वे घर की अच्छी तरह से झाड़-बुहार करवाएँगे। नए सिरे से पुताई कराएँगे। दरवाजे, खिड़कियाँ भी रँगवाएँगे। बड़की माय का कलेजा तो केले के भालर की तरह काँप-काँप जा रहा था। कैसे देख सकेंगे वे जुगल को बीस बरस के बाद ! उनकी छाती तो धड़कना ही बन्द कर देगी। उन्हें डर लगने लगा इस बात से कि साथ में विलायती बहू और बच्चे हैं। जब जुगल–जो उनका अपना खून था–को ही यह घर, यहाँ की माटी न भाई तब वह विलायती मेमिन ! छोटकी बहू ने बाण छोड़ा था–"अइसे तो माँगने पर चमड़ी मिल जाती थी मगर दमड़ी नहीं, वहीं आज बुढ़ऊ की टेंट में कहाँ से इत्ता पइसा आ गया जो घर को महल बनाए जा रहे हैं।

और मैं कहे देती हूँ कि विलायती होगी तो अपने घर की। मुझसे नहीं होगा कि उसके नहाने-पैखाने का पानी मैं रखने जाऊँगी। छोटी हूँ तो क्या हुआ, अपने बाप की मैं भी दुलारी हूँ।"

लिण्डा ने अपने भारत प्रेम की जीत बच्चों मे भी डाल दी थी। लिण्डा को जहाँ कहीं भी भारतीय व्यंजन की विधि दिखाई देती, वह उसे बनाने की कोशिश करती। जे.के. अलबता चिढ़ उठता। कभी-कभी तो वह तलाक ले लेने की सोचने लगता। मगर लिण्डा इतनी अच्छी और प्यारी पत्नी थी कि उससे अलग रहने की वह कल्पना भी नहीं कर पाता। और बच्चे तो उसकी जान ही थे। इधर पता नहीं क्यों, जब कभी वह बच्चों को प्यार करता, सामने बड़का बाबू और बड़की माय की मूरत आ जाती; खासकर बड़की माय की।

ज्योति को अपने स्कूल में भारतीय परिधान पर एक लेख लिखना था लिण्डा और ज्योति के नाना ने उसकी हर सम्भव सहायता की। परिधानों की विविधता और छटा देखकर ज्योति हैरान रह गई। उसने पराग को अपना लेख दिखाया। लिण्डा के भारत दर्शन के सपने के साथ अब वे दोनों भी जुड़ गए।

पराग और ज्योति लिण्डा से ज्यादा जे.के. के दुलारे थे। इसलिए अब तक लिण्डा को टालता आ रहा जे.के. बच्चों को नहीं टाल सका। विमान जब भारत की जमीन छू रहा था तो उसे वह दिन और उस दिन का रोमांच याद हो आया, जब वह पहली बार विमान में चढ़ा था। बच्चों की जिद के आगे झुककर वह भारत आ तो गया था, मगर उसने तय कर लिया था कि वह यहाँ आकर तटस्थ ही बना रहेगा। इसलिए विमान से उतरते वक्त उसका चेहरा शुष्क और भाव विहीन था, जबकि लिण्डा और बच्चों की खुशी उनके चेहरे बयान कर रहे थे। लिण्डा ने तो विमान से उतरकर बाकायदा धरती को हाथ से छुआ जैसे वह यकीन कर लेना चाहती हो कि यह भारत की ही धरती है।

इन्दिरा गान्धी अन्तर्राष्ट्रीय हवाई अड्डे पर जनार्दन सपरिवार आए थे। अन्दर-ही-अन्दर वे भी दहशत और अनिश्चितता से भरे हुए थे कि पता नहीं, बीस साल बाद जे.के. उसके साथ कैसे पेश आएगा। बचपने में अपनी किताबी अंग्रेजी के बल पर वह जनार्दन को ऐसे फटकार देता था, जैसे वही उसका बड़ा भाई हो। वे डर रहे थे—पहचान तो लेंगे न।

और सचमुच पहचान लिया। उम्र का बस फरक था—बाकी तो चेहरा-मोहरा वैसा ही था। जनार्दन ने उसे गले से लगाना चाहा परन्तु जे.के. ने हाथ आगे बढ़ा दिया। जनार्दन को झटका-सा लगा, परन्तु वे सम्भल गए। लिण्डा और बच्चों ने जनार्दन के पैर छुए तो जनार्दन तनिक गड़बड़ा से गए। जनार्दन की पत्नी और लिण्डा तथा जनार्दन और जे.के. के बच्चे एअरपोर्ट से घर तक पहुँचते-पहुँचते दूध में शक्कर की तरह हो गए। केवल जे.के. ने ही एक दूरी-सी बनाए रखी—ठंढी और बेजान-सी दूरी।

जब काफिला गाँव पहुँचा तब परछावन की तैयारी करके भी बड़की माय परीछ नहीं सकीं। वे दुबक गईं। बहुत इसरार के बाद जब वे आईं तब हाथ-पाँव थरथराने लगे। बड़ी बहू ने उन्हें सम्भाल लिया। और कोई वक्त होता तो बड़की माय शायद कोई गीत ही गुनगुना देतीं—

"शुभे हो शुभे, अइलई शुभके लगनवाँ शुभे हो शुभे।"

मगर अभी तो वह केले के नए पात की तरह काँप रही थीं। उनका जुगल किशोर उनके सामने था और वे उसे नजर उठाकर देखने में भी खुद को लाचार पा रही थीं। बड़का बाबू ने उनके कन्धे थपथपाए—"क्या सोच रही हो जुगल की माँ ?" पहले वे उन्हें जनार्दन की माँ कहकर बुलाते थे। बाद में जुगल के प्रति उनके ज्यादा मोह को देखकर उन्हें जुगल की माँ कहने लगे थे—"बहू-बच्चों को दरवाजे पर ही खड़ा रखोगी कि अन्दर भी ले जाओगी। थके हुए होंगे, लोग। खिला-पिलाकर आराम करने दो।"

लिण्डा और बच्चों ने फ्रांस में ही अपने प्रयत्नों से हिन्दी सीखी थी। गो कि उनका उच्चारण साफ नहीं था। धाराप्रवाह बोलने में वे असमर्थ थे। किताबी बातों के अलावा हिन्दी के स्थानीय रूप, बोली, शैली, शब्दों से निहायत ही अपरिचित थे; फिर भी वे अपनी बात कह लेते थे।

जल्द ही अपने व्यवहार से लिण्डा और बच्चों ने घर में सबका मन जीत लिया। यहाँ तक कि छोटकी बहू भी अब लिण्डा को मेमिन के बजाय दीदी कहने लगी। जुगल भैया सपरिवार आ रहे हैं; यह सुनकर बहन सुरेखा भी पति और बच्चों के साथ आ गई। उधर जयकान्त भी कलकत्ते से सपरिवार आ गया। बड़की माय की हाँफती-काँपती जान में जैसे नए सिरे से ताकत भर गई। वे घिरनी की तरह गोल-मोल घूमती रहतीं; मगर क्या मजाल कि थकान की हल्की-सी रेखा भी उनके चेहरे पर झलक जाए। उनका दिल तो जैसे विशाल सागर बन गया था जो पाँचों बच्चों को सपरिवार यहाँ देखकर खुशियों की तरंगें भर रहा था।

घर भर खुशियों की बारिश में सराबोर था। लिण्डा भी साड़ी पहनकर सास, ननद, जिठानियों के पीछे-पीछे घूमती रहती। उसने हाथ से खाना सीख लिया था, फिर भी थोड़ी परेशानी होती थी—खासकर रोटी तोड़ते वक्त। मगर वह इससे दुखी नहीं थी। केवल जे.के. ही था जो घर के इस वातावरण में भी सबसे अलग-थलग और कटा-कटा था। गाँव के लोग उसे और उसके विदेशी पत्नी व बच्चों को देखने ऐसे आते रहे जैसे वे किसी मूर्ति के दर्शन के लिए जा रहे हों। वे उसके ठाठबाट से ऐसे सहम जाते, जैसे गोरी पल्टन एकदम से उनके सामने आ गई हो।

फ्रांस से लिण्डा सबके लिए ढेर सारी चीजें लाई थी, शगुन के अनुसार यहाँ भी सभी ने लिण्डा को मुँह दिखाई दी थी। बड़की माय ने जब अपना सीताहार, जो

उन्होंने जुगल की बहू के लिए रख छोड़ा था, लिण्डा को दिया तो पहले तो वह समझ हीं नहीं पाई कि वह इतने बडे, इतने भारी हार का क्या करेगी ? परन्तु प्रकट रूप से वह कुछ बोली नहीं।

बच्चों ने दिल्ली में ही दीवाली के लिए कपड़े वगैरह खरीद लिए थे। ज्योति ने लँहगा सेट खरीदा था। जब दीवाली के दिन उसने उसे पहना तब बड़की माय से रहा नहीं गया। झट से अपनी सन्दूकची खोल चाँदी की हँसुली और पहुँची लाकर उसे पहना दिये। ज्योति ऐसी निखरी कि जे.के. को भी सोचना पड़ा कि भारतीय परिधान में कोई इतनी भी खूबसूरत लग सकती है।

"सामा खेले गेलियई माई
कनियाँ भौजो के अँगना हो
अहे कनियाँ भौजो लेली लुलुआई
छोड़ाई ननदो आएल अँगना हो।

पाँच दिन बाद सामा-चकेवा (भाई के लिए बहनों द्वारा खेला जानेवाला मिथिला का एक अत्यन्त लोकप्रिय पर्व जिसकी समाप्ति कार्तिक पूर्णिमा को होती है) खेलना शुरू होनेवाला था। सुरेखा अचानक यह गीत गुनगुना उठी। उसे अपना बचपन याद आया जब मुहल्लेवालियों के साथ देर रात तक वह सामा-चकेबा खेलती और गाती थी–

"मोरो भैया कैसे आवे
घोड़वा चढ़ल मुसकइते आवे
रूमाल से मुँह पोछते आवे।"

हर बहन की कल्पना में उसका भाई वीर, बाँका, सजीला और राजा हुआ करता था। वह भी जब यह गीत गाती तो न चाहते हुए भी उसके चारों ओर जुगल किशोर जैसे छा जाता। एक परिधि बनाकर उसे घेर लेता। आज यह सब याद आने पर उसका गला भर आया।

जे.के. अन्दर लिण्डा से जल्दी वापस चलने को कह रहा था और लिण्डा कुछ दिन और रुकने का आग्रह कर रही थी। दरअसल इधर तीन-चार दिनों से जे.के. को अपने अन्दर कुछ पिघलता-सा महसूस हो रहा था। इतने दिनों से मन की जिन भावनाओं को बन्जर बनाकर रखा था, अभी एकाएक लगने लगा था जैसे उन पर बारिश की मीठी फुहारें पड़ रही हों और बन्जर धरती क्रमशः नम और सोंधी होने लगी हो। वह मन के इस हिस्से को बन्जर ही रहने देना चाहता था। वह नहीं चाहता था कि जिस भाव भूमि को सायास सुखा दिया गया हो, उसे फिर से हरा-भरा किया जाए। मगर वह न जाने कौन सी ताकत थी जो उस बन्जर भूमि पर निरन्तर चोट कर रही थी।

घर का ऐसा कोई भी व्यक्ति नहीं था जो जे.के. के आगमन से खुश नहीं था। यहाँ तक कि हमेशा जली-कटी सुनानेवाली छोटकी भी प्रसन्न थी और लिण्डा और बच्चों के काम खुशी-खुशी कर देती थी। पहले तो उसे लगा था यह उसके पैसे का कमाल है। मगर जब किसी ने भी उसकी आमद-खर्च के बारे में कुछ न पूछा, यहाँ तक कि लिण्डा द्वारा दिए उपहारों को थामते वक्त भी सभी ने उसके आ जाने का शुकर मनाया था, तो वह एक बड़े मोहभंग से उबरा। इसलिए अपने अन्दर की कमजोरी जब उस पर हावी होने लगती तो वह लिण्डा और बच्चों पर वापस चलने का दबाव देने लगता।

दीवाली अपने चरम पर थी। ज्योति, पराग और सभी बच्चे धूम धड़ाके में मगन थे। लिण्डा भी बड़की माय की दी हुई बनारसी साड़ी और सीताहार पहनकर इधर-उधर घूम-घूमकर, जलते दीपक और छूटते पटाखों, चमकती फुलझड़ियों को देख-देखकर आनन्दित हो रही थी। साड़ी की अभ्यस्त न होने के कारण वह धीरे-धीरे चल रही थी जिससे ऐसा लग रहा था, जैसे किसी नववधू के पाँव उस घर में पड़ रहे हों। छोटकी ने पैरों में महावर भी लगा दिया था जो उसके छोटे-छोटे गोर-गोरे पैरों पर बड़ा जँच रहा था। बड़की माय को वह गीत याद आ गया जब वह चँगेरी में डग धरती कोहबर घर तक पहुँची थीं और स्त्रियों ने गाया था–

दुलहीन धीरे-धीरे चलियऊ ससुर गलिया।

जे.के. को भी 'तेरी प्यारी-प्यारी सूरत पे किसी की नजर ना लगे'' गीत याद आ गया। इस उम्र में और यह गीत ! वह खुद ही जैसे झेंप गया। झेंप मिटाने के लिए वह दूसरी ओर को मुड़ा तो सामने से सुरेखा आती दिखाई दी। एक भले घर की खाती-पीती स्त्री लग रही थी सुरेखा–वह सुरेखा नहीं, जो अंग्रेजी में गलत स्पेलिंग लिखने के कारण जे.के. के हाथों जमकर पिटाई खाती थी। अब तो वह दो बच्चों की माँ और एक जिम्मेदार गृहिणी थी। उसके दोनों बच्चे भी लगभग पराग और ज्योति की उमर के ही थे। सिर्फ छोटका जगत नारायण के बच्चे ही कुछ छोटे थे। फिर भी वे सबके सब एक जगह घुसकर अपना संसार बसाए हुए थे जिसमें किसी भी बड़े की समाई नामुमकिन थी।

तुलसी चौड़ा के सामने मंगलदीप रखकर कुल्हिया-फाँड़ा भरती सुरेखा की आँखों से टप-टप आँसू झरने लगे–''भैया, परदेस तो बहुत लोग जाते हैं, मगर इस तरह तो कोई नहीं जाता कि घर परिवार, माँ-बाप, भाई-बहन की कोई सुध ही न ले। देखो तो, आज बीस बरस के बाद तुम्हारा फाँड़ा भर रही हूँ, परसों भाईदूज की बजरी खिलाऊँगी···कोई भी राखी भाईदूज ऐसा नहीं गया है, जब तुम्हारी याद में मेरे आँसू न गिरे हों।'' भैया, माय बाबूजी अब बूढ़े हुए। उनका ख़याल करके ही सही, आ जाया करो। अपनी माटी, अपने लोग आखिर अपने ही होते हैं।''

देर रात तक जे.के. को नींद नहीं आई। जब से वह आया था। मन अशान्त और अन्तर्द्वन्द्वों से घिरा हुआ था। बचपन से मन में बिठाई बात को वह आज भी दृढ़ता से पकड़े रखना चाहता था, जबकि आज के हालात के सामने वह बार-बार मुट्ठी में भरे रेत की तरह फिसला जा रहा था। एक "अपने" की चाहत में हर इन्सान रहता है। वह भी था, तभी तो फ्रांस में वह लिण्डा के सम्पर्क में आया। उससे शादी की। उसके पिता उसे जितना स्नेह देते हैं, बड़का बाबू का प्यार क्या उसके बनिस्पत कुछ कम है ? वह भी तो पराग और ज्योति पर उतनी ही जान छिड़कता है, जितनी बड़की माय उस पर। फिर वह क्यों इस स्वाभाविक माँग से दूर भागना चाहता है ? वह कुछ तय नहीं कर पा रहा था। दो दिन बाद उसे जाना था।

दिन भर के काम और दीवाली के हंगामे के बाद थकी लिण्डा बेखबर सोई हुई थी। उसके चेहरे पर ऐसी निश्चिंतता थी, जैसे बड़ी देर का खोया बच्चा अपने माँ-बाप से मिल जाए। सुरेखा ने लिण्डा की सीधी माँग काढ़कर उसे सिन्दूर से भर दिया था। उस सिन्दूर पर वह अपनी उँगली फिराने लगा। धीरे-धीरे उँगली बिन्दी से होते हुए होठों तक आ गई। अचानक नींद में ही लिण्डा मुस्कुरा दी। उसकी इस मुस्कान को देख जे.के. भी मुस्कुरा उठा। भारत लौटने पर यह उसकी पहली मुस्कान थी और इस मुस्कान के साथ ही उसे लगा कि उसके सीने पर से कोई बहुत बड़ा बोझ उतर गया है।

भोर हो चली थी। दीवाली के दूसरे दिन की भोर एक अजीब-सा वातावरण लिए आती है--कल के धूम-धड़ाके के बाद की शान्ति। थकान उतरी न होने के कारण अलसाई देह, पटाखों और तेल के धुएँ की हल्की महक। जे.के. ने ज्योति से हिन्दी में पूछा—वापसी तो यूँ कल की है। पर यदि तुम कहो तो दस पन्द्रह दिन और रूक जाते हैं। इस बीच भाईदूज, छठ, सामा-चकेबा, अक्षय नवमी, कार्तिक पूर्णिमा सब देख लोगी ?"

जे.के. खुद ही हैरान रह गया जब सारे-के-सारे पर्वों के नाम एक के बाद एक उसके मुँह से निकलते गए। ज्योति ने बस इतना ही समझा कि ये त्यौहारों के कुछ नाम हैं। उसे जो बात सबसे ज्यादा समझ में आई, वह यह कि कल नहीं जाना है। यहाँ आने के बाद पहली बार "ये ऽ ऽ ऽ ऽ ऽ ऽ ऽ" करके चिल्लाई और जे.के. के गले से लिपट गई।

फिर तो सबने सुना—चारो भाइयों ने, सुरेखा ने, बहुओं ने, बच्चों ने। बड़का बाबू आँसू न रोक पाए तो गमछा सम्भालने का बाना धरते हुए आँगन से बाहर चले गए और बड़की माय ? उनके थके, माँदे, बुढ़ाए चेहरे पर ऐसी पीत आभा आई, जैसे वे अभी-अभी सोइरी से बाहर निकली हों, अभी-अभी सभी ने हँसी-ठिठोली की हो और बधावे गाए हों—

"बाबा लुटावे अन-धन सोनवा
अम्मा लुटावे हाथ के कँगनवाँ
कि बाजे बधाई, घर आए रामा हो।"

बड़की माय को लगा कि उनकी छाती दूध से भर गई है और वह आँखों के रास्ते टप-टप धरती पर चू रहा है। धरती से एक सोंधी गन्ध उठ रही है, जिसमें सब-के-सब डूब गए हैं। पहली बार जे.के. उठा और बड़की माय के पास जाकर खड़ा हो गया तथा धीरे से बोला—"माय, अब आज से तुम ऐसा कोई भी व्रत उपवास नहीं करोगी जो तुम मेरे लिए करती आई हो।"

सदा की तरह बड़की माय कुछ न बोली मगर इसमें अजगुत क्या है ? धरती भी कभी कुछ बोलती है क्या ?

नाता

उस मोहल्ले में एक मर्द और एक औरत आकर टिक गये। वे कौन थे, कहाँ से आए थे, क्या करते थे, उनका आपस में क्या रिश्ता था, मोहल्ले के ठेकेदारों ने इस पर शोध करना अपना-अपना उत्तरदायित्व समझ लिया और अपनी-अपनी ठेकेदारिनों को भी बाकायदा इसमें शामिल कर लिया। यों भी ये सभी ठेकेदारिनें इस तरह के अन्वेषणों में अपने-अपने ठेकेदारों से बढ़-चढ़कर भागीदारी निभाना अपना जन्मजात और परम नैतिक कर्तव्य समझती थीं। हालाँकि सूरज, चाँद, तारे सिर्फ इसी मोहल्ले के नहीं थे, पर उन्हें साक्षी बनाना उनका फर्ज था। उस मोहल्ले के अवशेष एकाध ठूँठ पेड़, मरियल और सड़ियल कुत्ते जो भूँकते कम, गन्ध अधिक छोड़ते थे और घरों की छतों, छप्परों पर हरदम काँव-काँव करते रहने वाले कौए सबके सब इसमें शामिल कर लिए गए।

यह अभियान जोरों से चल पड़ा। लोगों ने दिन में तारे और रात में सूरज देखने शुरू कर दिए। नौजवानों ने शायरी की किताबें खरीद लीं। प्रौढ़ तोता-मैना के किस्से बन्द पेटी में से निकाल-निकाल हाथों से हवा और आँखों से सेंक देने लगे। वृद्ध हाथ में तुलसी माला फेरने और मुँह से 'सूली ऊपर सेज पिया की' उचारने लगे। परन्तु कुछ फायदा न हुआ। मर्द अहले सुबह निकल जाता, कन्धे पर कभी चमड़े का तो कभी सर्वोदयी थैला लटका कर। उसके अधघुँघराले बालों में कभी कन्घी की हुई होती, कभी वे यूँ ही बिखरे रहते। दाएँ हाथ की दो अँगुलियों के बीच जलती सिगरेट फँसी होती और आँखें जैसे किसी विचार-सागर में गोते लगाती होतीं। आसपास खड़े लोगों के चेहरों पर आयी प्रतिक्रिया से वह बेखबर रहता। लक्ष्यबेधी बाण की तरह उसकी नजर सिर्फ सड़क पर होती। उसके निकल जाने के बाद मोहल्ला जैसे किसी तन्द्रा से जगता, फिर सब अपने-अपने घरों में समा जाते। आधे-पौन घण्टे तक घरवालियों को डाँटते-दुत्कारते, बच्चों की पिटाई करते और फिर उन्हीं घरवालियों के हाथों की पकाई दोजख भराऊ पोटली लिए एक-एक कर निकल जाते और दिनभर के लिए मोहल्ले पर हुकूमत करने के लिए अपनी बीबियों को छोड़ जाते। फिर वे सबकी सब परदा-नशीन औरतें अपने-अपने परदे घर के अँधेरे कोने में पटक निकल पड़तीं अपने अभियान पर। बच्चों की धत् और मरदों की लात के बाद वे सबकी सब एक मुँह हो जातीं।

एक-एक कर के वे सबकी सब उस औरत के पास से हो आयीं 'जी मैं कमला की माँ···मैं बन्तों की अम्मा···मैं फातिमा की अम्मी···मैं केसर के घर से···मैं इलायचीवाले की···अपने माथे की अदृश्य नेमप्लेट उसे दिखाकर उसकी शल्य चिकित्सा को भिड़ जातीं—'आप कहाँ से आयी हैं ?···कि पुराना शहर क्यों छोड़ दिया···कि यह मोहल्ला बड़े भले आदमियों का है···आपको यहाँ कोई तकलीफ नहीं होगी···हमलोग किस वास्ते हैं···'' और फिर बीज की टोह 'वो···भाई साहब···आपके···'

'कोई नहीं हैं'—यह 'कोई नहीं' उन पर एटम बम की तरह फटा। बीबियाँ होंठ दबाने लगीं, मुँह बिचकाने लगीं, ठुड्ढ़ी पर हाथ रख-रख हैरत जताने लगीं। हाथ चमका और आँखें बचाकर एक-दसूरे को इस राजदारी में शामिल करने लगीं। सूरज-मेघ सब को साक्षी बनाया जाने लगा—'हे सूरज देवता, अरे अइसा कोप बनकर चमको उस पर कि जुअनढाही की जुआनी ढह जाए। छाती उतान कर चलती है तो मन तो होता है कि चाकू लेकर जाएँ और काट आएँ। भला जनी जात भी ऐसे मुँह उघाड़कर, छाती तानकर चलती है। हे इन्नर महाराज, बज्जर बनकर बरसो उस पर। ठोर पर मारे लाली पोतकर मरदों को फँसाती चलती है, सो तुम्हारे धार में उसकी जुआनी ही नहीं, वह भी भसिया जाए।''

अन्दर के मोर्चे को फतह पाते न देख बाहरवालों ने किला सम्भाला—'कभी एक-एककर तो कभी झुण्ड में वे उस रास्ते खड़े होने लगे और मर्द से दुआ-सलाम करने लगे—'हें हें हें' आप शायद नए-नए इस मोहल्ले में आए हैं···देखिए, आपको कोई तकलीफ हो तो हमसे बताइएगा, बखत-कुबखत हम पड़ोसी काम न आएँगे तो लानत है हम पर···आप कहाँ काम करते हैं···यहाँ कैसे आना हुआ···और वो···साथ में···आपकी 'फैमिली'···''

''जी नहीं, वो कोई नहीं है।''

'जल्दी ही इस कोई नहीं,' 'कोई नहीं' का बाजार इतना गर्म हुआ कि उसकी आँच में पूरा मोहल्ला भट्टी में पड़े लोहे की तरह भभूका हो गया। पूरे मोहल्ले में एक भी ऐसा न बचा जो उस धिपते लोहे पर सद्भावना की एक बूँद भी डालता। शुरू में एकाध ने कोशिश की, पर बाद में खुद ही काजल की कोठरीवाले हो गये।

और एक दिन धर्म की रक्षा के लिए सारे-के-सारे लोग उठ खड़े हुए। समाज के ठेकेदारों ने ऐलान किया, अपनी कण्ठी, अपने जनेऊ छू-छूकर सौगन्ध खाई और उद्घोष किया कि यह शरीफों का मोहल्ला है। यहाँ सब शरीफ लोग रहते हैं। बहू-बेटियों वाला मोहल्ला है यह—हम ऐसे लोगों को यहाँ हरगिज नहीं रहने देंगे, जो समाज के नाम पर कलंक हों। सबने एकमत से स्वीकारा कि बात तो सोलह आने में सवा सोलह आने सच है। दोनों के बीच कोई तो नाता-रिश्ता होना ही चाहिए न कि भाई-बहन हैं कि बाप-बेटी हैं कि मिया-बीबी हैं-आखिरकार समाज इन्हीं रिश्तों से तो बना है। बगैर रिश्तों के, बगैर इस तरह के सम्बन्धों के भी इन्सान रहा है क्या ? वे केवल

इन्सान हों और उनके बीच महज इन्सानियत का नाता हो, भला ऐसा भी कहीं हुआ है आज के जमाने में। चुनांचे सबने उनसे इस मोहल्ले को छोड़ देने का फरमान जारी कर दिया। धमकी दी कि वे लोग जल्दी ही न गये तो हमसे बुरा कोई न होगा। हम यहाँ रहने आए है, रण्डी का नाच देखने नहीं।

बावजूद धमकियों, फजीहतों के उन्हें वहीं बना रहना था, वे बने रहे—यमदूत की तरह। लोग अपने सीनों पर मूँग दलता महसूस करने लगे। उन्हें अब हवा रेगिस्तानी अन्धड़ की तरह लगती, फूल, अँगारे और पत्तियाँ विष बुझे तीर।

जब वे अपने सीने पर मूँग दलता सहन न कर सके तो उनका सामाजिक बहिष्कार कर दिया गया। उनसे बोलचाल बन्द, उनसे किसी भी तरह का कोई सम्पर्क बन्द, उनके या उनके घर की तरफ देखना भी बन्द।

और इसके साथ ही पूरब जाओ, पश्चिम जाओ, उत्तर जाओ पर दक्षिण न जाओ वाली मानव प्रवृत्ति प्रबल हो उठी। नीतियों की चौकस निगाहें घात लगाए बैठी बिल्लियों से भी तेज हो उठीं। हाथ और जीभ सब की धार तेज-से-तेजतर हो उठी। मुँह से गालियों, श्रापों की बौछारें फूटने लगीं। बच्चे ओखल में पड़े अनाज पर मूसल की चोट की तरह धम-धम, गुम-गुमा-गुम पीटे जाने लगे। रसोईघरों से छोलनी, चिमटे की तेज-तेज आवाजें आने लगीं, वे बीच-बीच में ऐसी चीखतीं जैसे उन्हें भूत ने जकड़ लिया हो।

फिर भी वह शरीफों का मोहल्ला था, जहाँ हर काम पूरी शराफत से होता था। वहाँ के मियाँ अपनी बीबियों पर लात-डण्डे भी पूरी शराफत के साथ बरसाते थे, क्या मज़ाल कि कोई दूसरा चीं-चपड़ कर दे। उन्हें फतवा दे दिया जाता था कि भैया जाओ, अपना काम करो। यह हम मियाँ-बीबी का आपसी मामला है। तुम्हें किसने हमारे बीच में टाँग अड़ाने को बुलाया। वहाँ बाप-बेटे दोनों ही एक-दूसरे को माँ-बहन की गालियों के साथ सम्बोधित करते। जवान होते छोकरे अपने हाथों की कसमसाहट और बदन की सुगबुगाहट आँखों और मुँह के रास्ते निकालते। कई तो ऐसे थे जिन्हें ऐन लड़कियों के गुजरते वक्त ही प्राकृतिक आवश्यकता से फारिग होने की जरूरत आन पड़ती।

मर्द और औरत जो अब क्रमशः बेशरम, बेगैरत, बेलज्जत और कुलटा, रण्डी, छिनाल हो गये थे, बहरहाल कोढ़ में खाज की तरह वहीं डटे रहे। मर्द वैसे ही अहले सुबह निकलता रहा, लोग भी अपनी-अपनी बीबियों के हाथों की तैयार की गयी दोजख भराऊ पोटली लिए एक-एक कर निकलते। हर एक की चाल उस घर तक पहुँचकर धीमी हो जाती। इधर-उधर देखकर कभी दरवाजा खटका दिया जाता, कभी खिड़की से झाँक लिया जाता। वापसी में शाम को सब एक नियत स्थान पर, जो मोहल्ले का चौराहा था और जहाँ चाय की एक बिना शेडवाली दुकान थी और जिसकी बगल में अधनंगी औरतों और फिल्मी हीरोइनों की तस्वीरों से पटी पान की दुकान थी, मिलते।

वे चाय-पान कम पीते-खाते, उन तस्वीरों को ज्यादा घूरते और लाल हो जाते। फिर उस दिन के 'हीरो' की दिलेर दास्तान पूरे जोशोखरोश के साथ सुनी जाती, जिसमें झूठ के बलगम इतने भरे होते कि कहनेवाले का गला बार-बार फँस जाता। इनसे बचने और अपनी बात को वजनदार बनाने के लिए वह कभी गिलौरियों से मुँह भर लेता, कभी तस्वीरों को घूरने लगता।

और आखिर में इन सब का लब्जो-लुआब यही कि साहब बहुत अन्धेर मच रहा है, इस तरह के लोग इस मोहल्ले में आकर बसने लगे हैं। हमारी बहू-बेटियों की इज्जत अब खतरे में पड़ी हुई है। भला औरत-मर्द के बीच 'कोई नहीं' जैसा कुछ हो सकता है क्या ?

मोहल्लेवालियाँ अपनी बेटियों को कानी आँख भी उस मकान की तरफ न देखने देतीं। अपने-अपने मर्दों से संत्रस्त सारा गुस्सा उस औरत पर निकालतीं और बाद में मर्दों को यह कहकर बेदाग छोड़ देतीं कि ऐसी-ऐसी औरतें जब खुद ही मर्द की धोती में बँधने को आ जाएँ तो भला इसमें उनका क्या दोष ? उन सब की भी समझ में यह नहीं आता था कि एक औरत और एक मर्द के बीच आपस में कोई रिश्ता हो कैसे नहीं सकता ? और अगर वाकई वे लोग एक-दूसरे के कोई नहीं है तो साथ क्यों रह रहे हैं ? और जो रहना ही था, तो यही जगह मिली थी उन्हें रहने को ? हमारी ही बेटियाँ रह गयी थीं बिगाड़ने को। वे सब उसकी मौत की कामना के साथ-साथ उसकी मौत की कल्पना भी करने लगतीं।

शुरू-शुरू में उनके घर की खिड़कियाँ खुली रहतीं जिनके भीतर से रेशमी गुलाबी जालीदार पर्दा नजर आता। दरवाजा भी खुला रहता। पर धीरे-धीरे दरवाजा और फिर खिड़कियाँ भी बन्द हो गयीं।

रेशमी गुलाबी जालीदार पर्दा छुप गया। मगर दरवाजे पर थप-थप और खिड़कियों पर कंकड़ी फेंके जाने की ढुब-ढुब आवाजें नहीं गयीं। एक दिन खिड़की पर कील ठोंके जाने की ठक-ठक आवाज आई। रेशमी गुलाबी जालीदार पर्दा भी उन कीलों के साथ-साथ ठुक गया।

मोहल्ला एक तरह की चहल-पहल, आपाधापी से भर गया। कबर में पैर लटकाए बूढ़े बगैर लाठी के चलने की कोशिश करने लगे, अधियाई उम्रवाले बालों को रँगते और रोज-रोज दाढ़ी बनाने लगे। जवान होते छोकरे मूछों के कट और बालों के स्टाइल पर घण्टों गँवाने लगे। मोहल्लेवालियों के यहाँ से उबटन, भाप और तरह-तरह के क्रीम-पाउडरों की खुशबुएँ आने लगीं। भर-भर चुल्लू तेल माथे में थोपने और मुट्ठी भर सिन्दूर सर पर पूरने, भर-भर हाथ चूड़ियाँ पहननेवाले सर और हाथ बदल गये। रूखे बालों की ढीली चोटी या जूड़े पर सिन्दूर की पतली लकीर शोभा देने लगी और कलाइयों को चूड़ियों के गट्ठर के बोझ से मुक्त कर दिया गया। एक-दो चूड़ियाँ कपड़ों के हिसाब से पहनी जाने लगीं। अपनी माताओं के इस बदले रूप से किशोर वय की

बेटियाँ भी प्रभावित हुईं और दुगुने उत्साह से स्वास्थ्य और शरीर रक्षा के लिए जुट गयीं। सहेलियों के बीच आना-जाना बढ़ गया। पत्र-पत्रिकाओं से नए-नए परिधानों और सौन्दर्य रक्षक लेखों की कटिंग सजाई जाने लगी। मोहल्ले के एकमात्र 'सिबाका स्टोर्स' के अगल-बगल में 'न्यू बेंगल हाउस', 'टिप-टॉप टेलर्स', 'मर्सिया ब्यूटी पार्लर', 'जीतू रेस्टोरेण्ट' आदि खुल गये।

अब उस औरत ने भी काम पर जाना शुरू कर दिया था। वे दोनों ही अहले सुबह निकलते और गई रात लौटते। कभी छुट्टी रहती तो भी खिड़कियों पर कील ठुँकी रहती और दरवाजा भी पूरा-पूरा बन्द रहता। कभी देर से निकलने या जल्दी घर लौटने पर पान की दुकानवाली तस्वीरें घूरती सभी आँखें एकदम से उस तरफ को मुड़ जातीं और घरों के खिड़की-दरवाजे लाल-हरे-नीले-पीले रंगों से भर जाते।

आरम्भ में उन दोनों ने इन बातों पर ध्यान नहीं दिया था। पहले की तरह वे अपने-अपने कामों में लगे रहे। लेकिन बाद में मोहल्ले की पीछा करती निगाहों, फब्तियाँ कसती जुबानों और फुसफुसाते कानों से संत्रस्त हो उठे। जिस दिन औरत ने खिड़की बन्द की थी और लहराता रेशमी गुलाबी जालीदार पर्दा एकाएक थम गया था, उस दिन उसके गोरे, कान्तियुक्त चेहरे पर काले बादल पुत गये थे और मालदह आम की फाँक जैसी बड़ी-बड़ी आँखें झील-सी भर गयी थीं। उसके हमेशा हँसते रहने वाले ओंठ सिकुड़ और आपस में चिपक गये थे और शरीर की फुर्ती अस्पताल के रोगी की नाई शिथिल हो गयी थीं, पर जिस दिन उसने कील ठोंकी उस दिन तो जैसे आँखें समन्दर ही बन गयी थीं, वे कीलें उसे खिड़कियों पर नहीं, अपने दिल पर ठुँकती लगी थीं। उसकी आँखों से जैसे पानी की जगह लहू बहने लगा था। उसे याद आया था अपना पिछला शहर—उस शहर के लोग—वहाँ की नौकरी और शहर की भीड़ में मिला यह साथी—जो उसके लिए सब कुछ होते हुए भी, कुछ नहीं था और कुछ न होते हुए भी सब कुछ था। संयोग से इन दोनों की ही नई नौकरियाँ इस शहर में लगी थीं। दोनों के लिए ही यह शहर नया था और पहले से अच्छी नौकरी होने के कारण दोनों के दोनों ही इसे छोड़ना न चाह रहे थे। लिहाजा दोनों ने तय किया वे इस नई नौकरी को ज्वाइन करेंगे और चूँकि जगह नई है इसलिए दोनों एक ही जगह रहेंगे। एक से भले दो जैसी बातें होंगी। नई जगह के अकेलेपन, बोरियत आदि से बचेंगे और इकट्ठे रहने का सबसे बड़ा व्यावहारिक पहलू यह था कि इससे कुछ ज्यादा पैसे बचेंगे—साझा रहना, साझा भोजन। अब वह उसकी निगाह में उसका सच्चा मित्र, हितैषी और शुभचिन्तक था। पर इसके आगे ? इसके आगे की बात वह सोच ही नहीं पाई। सोचा भी नहीं था और ना तो सोचना ही चाहती थी। पर, यहाँ आकर अब वह अजीब-सी सांसत में फँस गयी थी। उसकी समझ में नहीं आता कि वह आदमी जिसके साथ वह यहाँ रहती है, उसे क्या कहे ? वह उसके बाप की उमर का तो नहीं कि बाप कहती। भाई शब्द के साथ जो भव्यता, मर्यादा आदि जुड़ी है, उसके निर्वाह में जब

तक खुद को या उसे सक्षम न पा ले, कैसे भाई कह दे और जीवनभर साथ निभानेवाले नजरिए से जिसे देखा ही न हो उसे पति भी कैसे घोषित कर दे ? प्रेमी ? जिससे लगाव होते हुए भी प्रेम न हो, उससे प्रेम भी कैसे किया जा सकता है। फिर यह समाज उनके इस रूप को क्यों कर स्वीकारने लगा ? दोस्त ? तो औरत-मर्द की दोस्ती—आग और फूस में भी भला दोस्ती हुई है क्या ? उसकी यह भी समझ में नहीं आता कि प्रेम की परिणति विवाह ही क्यों ? प्रेमी का पति में रूपान्तरण ही उसे इतना गलीज लगता जैसे किसी रमणीय बाग में टहलते-टहलते पैर गच्च से किसी दलदल में फँस जाए।

लगभग यही स्थिति मर्द की भी थी। इन तनावों को झेलते-झेलते उसकी पेशानी की नसें उभर आयी थीं और आँखों में सोच के काले बादल भर जाने से उसकी कालिमा आँखों के चारों ओर छा गयी थी। दुख उसे भी कम नहीं हुआ था, जब उसने बन्द खिड़की से सटे गुलाबी जालीदार पर्दे को किसी मरी हुई चिड़िया की तरह निस्पन्द पड़ा देखा और जिस दिन उसने खिड़कियों पर कील ठुँकी देखी तो हिम्मत जुटाते हुए उससे कहा कि अगर वह उचित समझती है तो वे चलकर शादी कर लेते हैं। इस पर लड़की की स्वच्छ जल-सी सूरत पर बर्फ की ठण्डी कठोरता फैल गयी और वह कब्र से निकली लाश की तरह लगने लगी—पीली, निष्प्राण और वह झुरझुरी से भर उठा।

उस शरीफ मोहल्ले की ऐसी शराफत से वे तंग आ चुके थे। मर्द ने जैसे स्वयं को अपराधी समझा और मोहल्ला बदल देने की सलाह दी। वह समझ गयी कि उसका अपराध-भाव उसे कोंच रहा है। उसने कहा कि खुद को अपराधी समझने की जरूरत नहीं है। अगर वह अपराधी हैं तो मैं भी बराबर की साझीदार हूँ। दरअसल यहाँ की मान्यताओं से इतर लोग जो कुछ भी करते हैं वह गलत हो जाता है। बात कुछ गहरी हो और बिल्कुल ही जमनेवाली न हो तो उसे अपराध की श्रेणी में बदलते लोगों को देर नहीं लगती। फिर अपने समाज का हर मोहल्ला शरीफ ही होता है। और हम जहाँ भी जाएँगे इन शरीफ बातों के शरीफ जवाब हमें देने ही होंगे। फिर-फिर खिड़की बन्द करने और कील ठोंकने से तो बेहतर है कि यहीं रहा जाए।

उस रात उस घर में देर तक खट-खट की आवाज होती रही। सारा मोहल्ला अहले से भी अहले जाग गया। कहना यह चाहिए कि सोया ही नहीं। चौराहे वाली बिना शेड वाली चाय की दुकान का चूल्हा बुझा हुआ था और पानी की गुमटी बन्द थी। भोर की उजास फैल रही थी। उसकी लालिमा सजीव-निर्जीव सब पर समान रूप से पड़ रही थी। चिड़ियाँ चहकने लगी थीं और पेड़-पौधे ओस से मुँह धो ताजा और स्वच्छ दिख रहे थे। सब वहाँ एक-एक कर जुटने लगे थे। सब ने देखा कि रेशमी गुलाबी जालीदार पर्दा हवा में उड़ रहा था और लहरा-लहराकर खिड़की की छड़ से लिपट-लिपट जा रहा था। अचानक अन्दर से दोनों के हँसने की जोरदार आवाज आयी।

बुझा हुआ चूल्हा सुलगने लगा था। पान की गुमटी खुल चुकी थी और दुकानदार चौराहे वाले नल के नीचे अपने कत्थेवाले पीतल के लोटे को इमली से रगड़-रगड़ कर झलका रहा था···दरवाजा खुला, बन्द हुआ, ताला भी लग गया। उन दोनों के कन्धों पर अपने-अपने कामवाले थैले थे। नल का पानी निरन्तर बहा जा रहा था जबकि लोटा चमकाकर पानवाला अपनी गुमटी पर वापस बैठ चुका था। चूल्हा सुलग चुका था और चायवाला उस पर केतली चढ़ा रहा था। किसी ने किसी से कुछ कहा नहीं, सुना नहीं, पर चौराहे पर एकत्र सबको एक झन्नाटेदार थप्पड़ की आवाज सुनाई दी और सभी अपने-अपने गाल सहलाने लगे।

बन्द आलमारी की धूल भरी दराज

रामनारायणजी आज कुछ देर से उठे। पत्नी उस समय तक नहा चुकी थी और आईने के सामने, जिसे दीवार से टिकाकर खड़ा किया गया था, केश झाड़कर सिन्दूर लगा रही थी। ऊँगली में लगे हुए सिन्दूर को उन्होंने होठों पर घिस लिया। होठों को लाल करने का यह तरीका उन्हें सबसे अधिक आसान और किफायती लगता है। रामनारायणजी बाहर आए तो देखा, धूप दीवाल को डेढ़ बित्ता पार कर गई थी और चिड़ियों की चुह-चुह और चीं-चीं से आँगन गूँज रहा था। हवा का एक तेज झोंका आया और उसने ओलती में रखी बाल्टी के पानी को हिला दिया। हिलते पानी की परछाईं टुकड़े भर धूप में झिलिर-मिलिर करने लगी।

यों तो रामनारायणजी बीच वाले तबके के आदमी थे जिसके लोगों की शक्लें कुछ वैसी ही पिटी-फँसी होती हैं जैसे चक्की के दो पाटों के बीच में फँसे दाने या फिर घर के उन कपों की तरह जो चौके के धुएँ से कलछौंहे, पीले पड़ गए होते हैं और जिनकी हैण्डिल के दोनों ओर तथा पेंदे में मैल की परतें जमी होती है और हैण्डिल इस तरह खड़ा रहता है, जैसे मास्टर ने किसी शैतान बच्चे के कान खींच-खींच कर उसे सामने से खड़ा कर दिया हो। कप के बेढंगेपन जैसी बेढंगी जिन्दगी का आम आदमी इतना अभ्यस्त हो चुका होता है कि न तो वैसे कप से उसे किसी तरह की कोफ्त होती है और न ही उसमें चाय पीने में कोई परेशानी।

मगर रामनारायणजी मध्यवर्ग के होते हुए भी थोड़े से अलग किस्म के थे। हालाँकि औसतन मध्यवर्गीय व्यक्ति धार्मिक किस्म का होता है, जो रामनारायणजी भी हैं। जाड़े के दिनों में जब सारा मोहल्ला रजाई में दुबका होता है तो मोटिया खद्दर की चादर ओढ़े वे घर से निकलते हैं, ठीक पाँच बजे गाते हुए—"तेरी गठरी में लागा चोर मुसाफिर गठरी में लागा चोर।" पाँच बजे सुबह के अन्धेरे शान्त वातावरण में उनकी आवाज दूर तक वातावरण को चीरती हुई चली जाती है और पिछवाड़े के बाएँ मोड़ के आखिरी छोर के अन्तिम मकान तक जाकर रुक जाती है। उससे आगे तक यह आवाज नहीं जाती। जाती भी हो तो पता नहीं चलता। पर उस पिछवाड़े के बाएँ मोड़ के आखिरी छोर के अन्तिम मकान में उस आवाज के पहुँचते ही हलचल शुरू हो जाती है। घर के भीतरी दरवाजे बार-बार खुलते हैं, किवाड़ उढ़काए जाते हैं, कभी पानी की गगरी

बोलती है, कभी गिलास की झन-झन होती है और लगभग दस बारह मिनट बाद उसका बाहरी दरवाजा खुलता है और फिर बाहर से ताला लग जाता है। चाबी के गुच्छे की झनक-झनक की आवाज बजते हुए धीरे-धीरे गुम हो जाती है। उस समय तक भी अन्धेरा इतना होता है कि कुछ देख पाना मुश्किल होता है। फिर बची रह जाती फूटती भोर की कटती निस्तब्धता, जिसे रामनारायणजी का स्तर और काटता होता है—'तेरी गठरी में लागा चोर...'

गर्मी में रातभर गर्मी, मच्छरों की भन-भन और बच्चों के चैं-मैं से परेशान लोग सुबह की मीठी बयार में झपकी लेने लगते और रामनारायणजी चार बजे भोर से ही गाना शुरू कर देते—"उठ जाग मुसाफिर भोर भई अब रैन कहाँ जो सोवत है..." पिछवाड़े के बाएँ मोड़ की आखिरी छोर के अन्तिम मकान में फिर से वही हरकत शुरू होती और चाबी का गुच्छा वैसे ही गुम हो जाता। कहते हैं, वह घर जगिया दाई का है जिसके लिए रामनारायणजी का स्वर घड़ी का काम करता है। लोग वैसे ही करवटें बदल-बदल कर सोते रहते हैं। रामनारायणजी वैसे ही गाते रहते हैं—"उठ जाग मुसाफिर..." गर्मी और जाड़े में उठने का घण्टे भर का अन्तर और गीत की भिन्नता से लोग हल्दी-मसाले के गन्ध की तरह परिचित हो गए हैं। ये दोनों गीत मोहल्ले के लिए भजन न होकर मौसमी गीत-से हो गए हैं।

एक निहायत निरीह-सी हस्ती होती है मास्टर की और वह भी कस्बेनुमा शहर के मास्टर की। आमदनी बढ़ाना चाहे तो बढ़ भी नहीं सकती। दस रुपए फी बच्चा और पचास रुपए महरी का होना शहर में मास्टरों की उपयोगिता को चाक-चाक करके रख देता है। रामनारायणजी भी मास्टर थे। पर उनमें और इनमें अन्तर था। यहाँ उड़ती हवाइयाँ, फटी बिवाई या भूखी चमड़ीवाले हाथ-पैर नहीं थे और न ही चिन्ता में डूबी रहनेवाली पन्द्रह वाट की पीली मद्धिम रोशनी-सी आँखें या तेजी से झड़ते जा रहे बालों का गन्जापन। यहाँ उस पुरातन सूक्तवाक्य "सरस्वती, लक्ष्मी का एक जगह वास नहीं" को झुठलाता मास्टर रामनारायणजी का मकान था। दुकान थी, बीबी थी और थी वह दुनियादारी जिसमें आदमी कौवा और चील न बने तो महामूर्ख कहलाए। सो, सुबह नहा-धोकर माथे में चमेली के तेल से काढ़ी-सजाई माँग निकालकर मलमल का कुर्ता और मिल ही महीन धोती पहनकर एक टाँग की धोती जाँघ तक उठाकर जब वे चलते तो बाजार से गुजर रही छोरियाँ सिर झुका लेतीं। बड़े-बुजुर्गों की गर्दन सारस की नाई दूसरी ओर को घूम जाती। कारण शायद उनके पिता का बड़ा-सा ओहदा, रुतबा, दबदबा रहा हो, भगवान जाने। इसलिए रामनारायणजी निरीह नहीं, निरीहों के जमीन्दार लगते। पत्नी प्रभावती देवी भी उनके अनुरूप ही थी—सफेद भक्क रंग, बंगाली आँखें, चौड़ा माथा और घने लम्बे केश; शायद कवियों की उपमा भी उनके सामने झूठी पड़ जाती थी। कहते हैं कि जब वे ब्याह कर आये तो उस छोटे से शहर में उनकी सुन्दरता की धूम मच गई थी।

जाने अनजाने इतने लोग इकट्ठे हुए कि उनकी मुँह दिखाई के रुपए से ही उनके गले का चेन तथा हाथ के कंगन बन गए। तब भई सस्ती का भी जमाना था और लोगों की नीयत भी इतनी खराब नहीं हुई थी।

रामनारायण बाबू हाई स्कूल के शिक्षक थे। इतिहास पढ़ाते थे। इतिहास पढ़ने वाले उनके छात्र जानते थे कि मास्टरजी स्वयं उनके लिए ही एक बड़ा-सा इतिहास थे। अगर वे तारीख अपनी कापी पर लिखकर न रखे हों तो उनके लिए यह भी बताना मुश्किल हो जाए कि वे कब क्लास में आए थे। पानीपत की लड़ाई, हल्दीघाटी का युद्ध और ईस्ट इण्डिया कम्पनी का भारत में प्रवेश के दिन सन् प्रकरण को याद रखने के क्रम में ही वे यह भी रट जाते कि मास्टरजी किस दिन उनकी कक्षा में आए थे और क्या पढ़ाया था। वैसे उनकी गाड़ी छोटी लाइन की ट्रेन की तरह सिन्धु घाटी की सभ्यता से इन्च भर भी आगे न खिसकती और स्टेशन-दर-स्टेशन पार करते उनके बच्चे आठवीं से ग्यारहवीं तक इसे ही पढ़ते हुए पहुँच जाते।

इतिहास के ये शिक्षक कभी-कभी अंग्रेजी और संस्कृत भी पढ़ाने आ जाते, जब उन विषयों के मास्टर अनुपस्थित होते। इतिहास, अंग्रेजी, संस्कृत सब ऐसे मिले-जुले रूप में प्रस्तुत होते कि छात्रों के लिए यह अन्तर करना बड़ा मुश्किल हो जाता कि वे कौन सा विषय पढ़ा रहे हैं ?

रामनारायण बाबू के कुछ खास गुणों में एक गुण यह भी था कि स्कूल तो खत्म होता था साढ़े चार बजे, पर वे हेडमास्टर मिश्राजी के वक्रग्रीवा बने चलते। शिक्षकों के स्कूल खत्म होने के बाद की बैठक में बैठा हर शिक्षक हेडमास्टर सूरजनारायण मिश्रा का बुध ग्रह बनने की चेष्टा में रत रहता। जिस दिन उन्हें इसकी अनुभूति होती वे पुलकित भाव से रात बारह बजे तक पूरे मोहल्ले में घूमते और 'मैं वन की चिड़िया बन के वन-वन डोलूँ रे" गाते।

बद्री बाबू मास्टर से उनकी खूब छनती थी। इकहरे बदन के बद्री बाबू छाते, की कमानी-सी तनी कायावाले सज्जन पुरुष थे। मलमल, सिल्क या कैम्ब्रिक का कुर्ता और शालीमार लट्ठे का पाजामा उनका ड्रेस था। कभी-कभी सेनगुप्ता और ब्रासलेट धोती भी पहनकर आते जिसकी लाँग इतनी नीची होती कि वह जमीन को छूती नजर आती। अर्धधुँधराले बालों में शुद्ध डाबर आँवला केश तेल डालकर सूत भर की वो तिरछी, लम्बी-सी माँग निकालते कि छात्राएँ आपस में फुसफुसाती नजर आतीं कि मन होता है बद्री सर की माँग में सिन्दूर डाल दें। मगर प्रकट में वे ही लड़कियाँ सूखे पत्ते की तरह काँपतीं। पान से भरे मुँह से बोलने वाले बद्री बाबू की कुदरती आवाज पहली बार सुनने वालों को फँसी-फँसी-सी लगती। उस पर से पान से गलगलाया हुआ मुँह।

तब उस हाईस्कूल में ड्रेस का रिवाज नहीं था। लड़के हाफ पैन्ट से लेकर फुलपैन्ट, पाजामा और धोती तक पहनकर आते थे। गर्ल्स हाईस्कूल दूर होने की वजह से नजदीकी

लड़कियों के नामांकन भी वहीं कराए जाते और वे भी स्कर्ट, फ्रॉक से लेकर साड़ी (शादीशुदा) तक में आतीं। मगर बद्री बाबू की उन कंजी बिल्लौरी आँखों में न जाने ऐसा क्या था कि जिस दिन उनकी क्लास होती क्या मजाल कि कोई लड़की स्कर्ट, फ्रॉक या स्लैक्स में आ जाए। यहाँ तक कि अगर कोई भूले से कान में बाली या टॉप्स पहने होती या बिन्दी लगाए होती तो भी क्लास में जाने से पहले झट से उतार देती। लगता कि भरी-पूरी फसल वाली धरती को एकदम से काटकर उजाड़ बना दिया गया हो।

ऐसा भी नहीं था कि वे बड़े अनुशासनप्रिय थे। पत्नी भरी जवानी में इकलौते दुधमुँहे को छोड़कर परलोकवासिनी हो गई थीं; पर लाख-लाख कन्यागतों की करोड़ों चिरौरियों के बावजूद दूसरी शादी नहीं की। बद्री बाबू की माँ ही बच्चे की भी माँ बनकर उसका पालन-पोषण करती रहीं। बद्री बाबू के अन्दर की वे सारी ज्वालाएँ जो उन्हें कचोटतीं या जलातीं, स्कूल में आकर लड़कियों को घूरने और क्लास में उन पर कमेन्ट्स पास करने में खर्च हो जातीं। कस्बाई स्कूल की उन कस्बाई लड़कियों में इतनी हिम्मत भी कहाँ कि वे शिकायत करतीं और करतीं भी तो किससे ? हेडमास्टर साहब की नाक के बाल बद्री बाबू और रामनारायण बाबू मध्यम वर्ग के अभिशाप को ढोते हुए भी उस तबके से काफी ऊपर उठ चुके थे। इसलिए लोगों को न तो उनकी जाँघ तक धोती उठाकर चलने से आपत्ति होती और न बद्री बाबू के लड़कियों पर फब्तियाँ कसने पर।

फिर भी बद्री बाबू में रामनारायण बाबू से बढ़कर एक विशेषता यह तो थी ही कि घण्टी के चालीस मिनट में चाहे वे तीस मिनट यों ही गुजार दें पर दस मिनट की पढ़ाई में ही पूरे चालीस मिनट की कसर निकाल लेते। यही एक कारण था कि उस कस्बाई शहर की कस्बाई लड़कियाँ उनकी क्लास में पहुँचती जरूर थीं। पढ़ाते भी तो थे अर्थशास्त्र जो खुद से पढ़कर समझने वाला विषय होता ही नहीं था।

तो भी जैसे हर नियम के साथ अपवाद होता है, वैसे ही एक अपवादी कन्या ने अपने पिता से इनकी शिकायत कर दी। अपवादस्वरूप शिकायत हेडमास्टर तक गई, पर बद्री बाबू अपवाद न बने। पूरी क्लास में चक्कर लगाते रहे, लड़कों को बेंत लगाए, लड़कियों को बेन्च पर खड़ा कर दिया। एक लड़के ने अपनी किताब पर किसी अभिनेत्री के फोटो की जिल्द चढ़ा रखी थी। बद्री बाबू उसे देखते रहे–देखते रहे फिर अचानक किताब उठाई और कहा–"तो हेमामालिनी तुमको बहुत अच्छी लगती है रे। तो ले, चिपका ले इसे छाती से" और किताब उसकी छाती से पाँच मिनट तक चिपकाए रखा। फिर उस कन्या को देखते हुए पिंजड़े में बन्द शेर की नाई दहाड़े–"ये आजकल की लौंडिया अपने आपको बड़ी शरीफ समझती हैं। अरे शरीफजादियों, बैठो फिर अपने घरों में, ऐसे स्कर्ट पहनकर टँगड़ी दिखाने और स्लैक्स

पर कसी कुर्ती पहनकर स्कूल में क्या करने आती हैं। सत्तर चूहे खा के बिल्ली रानी हज करने चली है।" पता नहीं लड़की पानीदार थी या उसके माँ-बाप, दुबारा स्कूल में उसकी शक्ल दिखाई नहीं दी और वह एक दिन गर्ल्स हाईस्कूल के ताँगे पर बैठी देखी गई।

रामनारायण बाबू मातबर पिता के पुत्र थे। पिता की मातबरी इतनी चलती कि एक दिन चौराहे पर एक रिक्शावाले और सवारी की लड़ाई हो गई। संयोग से वह सवारी इनकी पहचान का था। रिक्शेवाले को साले और माँ-बहन की गालियाँ से सुशोभित करते हुए अपना पदाघात उस पर करने लगे; पर स्थूल शरीर का वजन एक पैर सम्भाल नहीं पाया और उनके गिरते ही मोहल्ले में हंगामा और रिक्शावाले पर कहर बरपा हो गया। खैनी खाते रामनारायण बाबू भी मोहनज़ोदड़ो की संस्कृति बता रहे क्लास को वहीं छोड़कर भागे।

स्कूल में एक और मास्टर थे बाबू हरी प्रसाद, साइन्स टीचर। होम्योपैथी के शौक ने न तो उन्हें मास्टर ही रहने दिया जिससे मास्टरों का परम्परागत पेशा ट्यूशन अपना नहीं सके और प्रैक्टिस न चलने की वजह से डॉक्टर भी बने न रह सके। बस स्कूल से आकर होमियोपैथी की किताबें पढ़ते रहते। डायग्नोसिस अच्छी होने के बावजूद किस्मत ने उनकी डायग्नोसिस अच्छी नहीं की और वे इसी विडम्बना में जीते रहे।

जिस समय का यह वाकया है, उस समय तक उस स्कूल का सरकारीकरण नहीं हुआ था। पूरा मैनेजमेन्ट और मिश्रा ग्रुप सहित संस्कृत पढ़ानेवाले रघुवीर झा जो शब्दरूप कम और हर वाक्य के आगे-पीछे-बीच में पुत्-पुत् की ध्वनि निकाला करते थे, हरी बाबू के खिलाफ थे–सहायक मास्टर हैं बने रहे, कोई आपत्ति नहीं; जैसे हरिकीर्तन की भीड़ से एक बौना आदमी उठकर चल ही दे तो क्या हानि हो जाएगी। सहायक शिक्षक बने रहने से किसी के बाप का क्या आता-जाता है। आते हैं, जाते हैं तो आएँ-जाएँ–बड़े हरिश्चन्द्र बने फिरते हैं तो बनें। अपने को स्वाभिमान का पुतला समझते हैं तो समझें। हम भी उन्हें बिजूका से अधिक नहीं रहने देंगे। ये सीनियॉरिटी-फीनियॉरिटी क्या होती है। सब मैनेजमेन्ट के ऊपर है। है हिम्मत उससे लड़ने की तो चलो कोर्ट में, करो मुकदमा।

और आन की बात पर लड़ आए हरी बाबू पटना हाईकोर्ट तक मुकदमा। पटना के चक्कर लगाते-लगाते ऊनी चद्दर, घड़ी, टिफिन कैरियर सब कभी ट्रेन तो कभी सराय में गँवा आए। हर बार की उनकी पटना यात्रा परिवार को आशंका की खोखली जड़वाले पेड़ पर बिठा देती और वापसी सबके चेहरे पर उम्मीद की चिन्गारी टाँक देती। हरी बाबू का पूरा परिवार उनकी लड़ाई में शामिल था। न मास्टरी, न डॉक्टरी। आर्थिक खम्भा स्कूल की तनख्वाह, उसे भी मैनेजमेन्ट ने बन्द कर दिया। घर की जमा पूँजी मुकदमें की होली में फुँक गई और एक दिन अपनी डिग्री और खुशी से

चमकता चेहरा लेकर जब हरी बाबू लौटे तो देखा कि घर की खपरैल एक ओर से चूने-चूने को है। तब उनके रिटायरमेन्ट को सिर्फ एक साल रह गया था। हाईकोर्ट के ऑर्डर के आगे मैनेजमेन्ट भी कुछ नहीं बोल पाया। पर स्कूल के बाद की बैठक में सब शरीक हुए और कहकहे लगाए गए। मैनेजमेन्ट के प्रधान ने कहा कि अच्छा हुआ, हो गई डिग्री। हरी चाचा की लाज रह गई। हम लोग भी कम फायदे में नहीं रहे। अरे इसी तरह लटकाकर तीन साल गुजार दिया न उसका। नहीं तो दो साल के बाद सहायक हेडमास्टरी से हेडमास्टरी का क्लेम करता। और इतने दिन हमारे सीने पर मूँग दलता रहता। अब एक साल का क्या है ! वह तो एक करवट लेने में ही बीत जाएगा।

और सचमुच मैनेजमेन्ट ने करवट बदल ली। अब अपनी लेबोरेट्री में ही समाए रहनेवाले हरी बाबू को कार्यालय में कुर्सी मिली। छात्र उनकी क्लास में जाने लगे। हरी बाबू से बद्री बाबू बेटे-बेटी की खैरियत पूछने लगे और रामनारायण बाबू ने सहानुभूति जताई–अब का करेंगे मास्साब भी। कहाँ से पइसा लाएँगे जो बेटी का बियाह करेंगे। खेतो पथार तो नहीं है। मिश्राजी ने हरी बाबू को चाय पिलाई। लगा, स्कूल में बसन्ती हवा बहने लगी है।

हरी बाबू के रिटायरमेन्ट को डेढ़ महीने रह गए। छात्रों से चन्दा वसूला जाने लगा। हरी बाबू के विदाई समारोह के लिए। फी लड़का दस रुपए। पूरे स्कूल में ग्यारह-बारह सौ लड़के थे।

वह दिन भी आया जब हरी बाबू अवकाश प्राप्त कर कमर झुके बूढ़े की तरह वाले खपरैल में आ टिके। मिश्राजी ने रघुवीर झा को हरी बाबू के घर भेजा।

उखड़े कानवाले चिनके कप में चाय पीते हुए रघुवीर झा बोले–"पुत् मास्साब पुत्, हम सब आपको अच्छा फेयरवेल देंगे पुत्। मगर बहुत-से लड़के पुत् छुट्टी पर हैं पुत्। आते ही नहीं स्कूल में पुत् सो चन्दा जमा ही नहीं हो पाया है। हें-हें अभी तो वइसे भी पुत् सरस्वती पूजा का पुत् चन्दा वसूला जा रहा है न पुत्···

कोने की झुकी खपरैल उदास बेवा साँझ की तरह लग रही थी। हरी बाबू चुपचाप चाय सुड़कते रहे। धीरे-धीरे अन्धेरे का एक टुकड़ा उस झुके कोने पर चिपक गया। सूरज की डूबती किरण की ललछौंही आभा रघुवीर झा के चेहरे पर पड़ रही थी और उनकी परछाई से हरी बाबू पूरी तरह ढँक गए थे। अन्तिम घूँट भरने के बाद रघुवीर झा बोले–"अच्छा मास्साब चलें। हाँ, मगर आप नरभसाइएगा नहीं। हम सब पुत् आपें के साथ हैं पुत् ! अच्छा मास्साब परनाम।"

रघुवीर झा का पुनर्प्रणाम और सम्मिलित ठहाका स्कूल के ऑफिस से सटे उस कमरे में साथ-साथ हुआ, जहाँ सूर्य, बुध, ब्रहस्पति, शुक्र सभी ग्रह नक्षत्र इकट्ठे थे। देवपान से सूर्य की भाँति दीपित होते हुए मिश्रा जी बोले–"गया एक काँटा फाँस से। हुँह, विदाई समारोह चाहिए उनको।"

रामनारायण बाबू और बद्री बाबू ने एक दूसरे को देखा और भर मुँह मुस्कुराए। बद्री बाबू समोसा उठाते हुए बोल—"कोई हसीना ऐसी ही नमकीन होती है न जैसे ये समोसा। क्यों रामनारायण बाबू ! आपकी क्या राय है ? आप तो अनुभवी हैं। आपकी पत्नी भी तो···

रामनारायण बाबू ने एक रसगुल्ला उठाकर बद्रीबाबू के मुँह में ठूँस दिया और हो-हो कर हँसने लगे। हँसते हुए बद्री बाबू के मुँह से उसका रस चू गया। रामनारायण बाबू की जाँघ में खुजली होने लगी। धोती जाँघ तक उठाकर वे खसर-खसर खुजलाने लगे।

मुर्गे की टाँग और बीरबल की रजाई

मेरे पास एक मुर्गा था। वह कहाँ से और कैसे मेरे पास आया, यह एक अजीब-सी, पर दिलचस्प दास्तान है। अजीब-सी इसलिए कि मेरा उससे न कोई परिचय था न प्रेम, हम दोनों में कोई समानता भी नहीं थी। कहाँ कूड़े-कचरे में रहनेवाला मुर्गा और कहाँ नफासत की चेली मैं। पर हम दोनों में दोस्ती का एक न दिखनेवाला धागा बँध गया था और इस धागे की मजबूत गाँठ पर मैंने ही गिरहकटी की थी, इसलिए यह दिलचस्प भी है।

मेरी गली के दूसरे छोर पर रमजान मियाँ का घर था—मिट्टी के गिलावे से जोड़ी गई ईंट पर खपरैली छप्परवाला घर जो बारिश में घर और बाहर के अन्तर को समझना मुश्किल कर देता। तब बाल्टी का बाल्टी बरसाती पानी उनके घर से बाहर उलीचा जाता। उनके ढालान की भीत सरक गई थी और फर्श का प्लास्टर झड़ चुका था। पर वे उस चूती खपरैल और प्लास्टर झड़े फर्श तथा ढही भीतवाले घर को आवश्यकता से अधिक ही साफ-सुथरा रखने का प्रयास करते रहते। जब भी मैं कॉलेज जाने के लिए निकलती तो पाती कि रमजान मियाँ कभी दरवाजे के आगे उग आई घास को उखाड़ते रहे हैं तो कभी अपने हुक्के को चमकाने में लगे हुए हैं। कभी-कभी उनके हाथों में छोटी-मोटी बोरियाँ भी दिखतीं, जो कचरे से भरी होतीं और जिसे फेंकने के लिए वे आधा किलोमीटर का रास्ता पैदल चलकर तय करते। यों रमजान मियाँ अपने घर को चाहे जितना भी साफ-सुथरा रखते, पर मुसलमान का घर होने के कारण लोग उनके घर को बहुत-बहुत गन्दा और बदबूदार बताते। इसलिए अपने घरों के दोनों तरफ के नालों पर बने बाल शौचालयों को बड़ी आम नजर से देखनेवाले रमजान मियाँ के घर की तरफ से गुजरते ही नाक पर आँचल या रूमाल रख लेते। जिन्हें ऐसा करने में अपनी शराफत या अपना आधुनिकपन खोता दिखाई देता वे वहाँ साँस बन्द कर कदम तेज कर देते। रमजान मियाँ की तिरछी खपरैल और तामचीन के प्लेट से ढँकी टिन की बाल्टी और उस पर का चमकता बधना हर आने-जानेवालों की प्रतिक्रियाओं के मूक गवाह थे।

यों रमजान मियाँ का सभी आदर करते। बूढ़े रमजान भाई, जवान रमजान चाचा, बच्चे रमजान दादा या नाना कहकर उन्हें इज्जत बख्शते। धन्धे के नाम पर उनके यहाँ दूध, दही के व्यापार से लेकर शहद निकालने तक का धन्धा होता। वे मुर्गी भी पालते और गाय-भैंस भी। सब जानते थे कि रमजान मियाँ ईमान के पक्के हैं। चीजों में मिलावट करना दोजख में जाने के बराबर समझते हैं, इसलिए बच्चों को दूध पिलाना हो या शहद चटाना, घी लेना हो या गाय का दूध, रमजान मियाँ के घर से ही चीजें आतीं। जमाना बदलने लगा था और मुर्गा, अण्डे आदि अब सिर्फ विधर्मियों का ही भोजन न रहकर परम पवित्र ब्राह्मणों के परिवारों में भी खाया जाने लगा था, इसलिए इन चीजों की आपूर्ति के लिए रमजान मियाँ से अधिक लायक और कौन हो सकता था भला ! धीरे-धीरे स्थिति यहाँ तक आ गई कि उनके यहाँ के दूध, घी, शहद, अण्डे लेने में लोग फक्र महसूस करने लगे।

यूँ लोग खुद ही रमजान मियाँ के यहाँ जाते चीजें लेने-खरीदने, परन्तु सब-के-सब, चाहे वे ब्राह्मण-कायस्थ हों या तेली, हलवाई या डोम, चमार सभी उनसे दो गज की दूरी से ही बात करते। अब रमजान मियाँ बुद्धू तो थे नहीं कि इनके पीछे छुपी मंशा नहीं समझते। पर अपनी अनुभवी अधपकी दाढ़ी के भीतर से मुस्कुराते रहते और रब की ओर हाथ उठाकर सबके लिए दुआएँ माँगते और अपने ईमान को हमेशा बनाए रखने की इल्तजा करते। कभी-कभार उन्हें यह सोचकर बड़ी हँसी आती कि उनके यहाँ की चीजें न केवल खाने-पीने के ही काम में आती हैं, बल्कि पूजा-पाठ के काम भी आती हैं। भगवान को अर्घ्य देनेवाले ये बन्दे उनसे अर्घ्य लेकर उन्हीं से ऐसे परहेज करते जैसे गुड़ खानेवाले गुलगुले से करते। मगर ये सब सोचने और दुआएँ माँगने के सिवाय बाकी और कुछ वे नहीं करते। खुद मेरे घर में भी उन्हीं के यहाँ की गाय के दूध के प्रसाद से सत्यनारायण भगवान की पूजा होती। उन्हीं के यहाँ के घी से भगवान के आगे दीए जलाए जाते। तब दादी की दलील होती कि दूध-घी में छूत नहीं लगती। अतः उनके यहाँ की चीजों से पूजा करने में कोई परहेज नहीं। चीजों से लोगों को परहेज नहीं, पर उनसे था। और इसीलिए था कि वे मुसलमान थे। इसलिए इन बन्दों और अपने ईमान की दुआ माँगते रहनेवाले रमजान मियाँ इस बात से कभी-कभी गमगीन हो ही उठते।

इसी गमगीनी की एक साँझ जब रमजान मियाँ नमाज अदा कर रहे थे कि उनका एकमात्र मुर्गा चुपके से अपने दड़बे से निकलकर हवाखोरी को चल पड़ा। उस समय दिनभर का थका सूरज भागने की बेताबी में अपने रथ के पीछे लाल-लाल धुआँ छोड़ता जा रहा था और हवा भी सूरज की ताल में अपना ताल मिलाती बही चली जा रही थी। रमजान मियाँ के घर के सामने बहनेवाले पोखरे में उस साँझ की बहती बयार लहरें पैदा कर रही थीं और सँझाते समय में मौसम की गुनगुनाहट भर रही थी। हरे-हरे पानीवाले पोखरे में लाल हो रहे आकाश की पड़ती परछाई एक अजब-सा समाँ बाँध

रही थी। कुछ-कुछ रूमानी-सा। शायद इसी रूमानियत की पिनक में आज वह मुर्गा अपने दड़बे से निकल पड़ा था।

उसकी तारीफ़ यह थी कि वह एक जवान और तगड़ा मुर्गा था और उसके सिर पर की बड़ी-सी लाल कलगी बता रही थी कि वह सुन्दर भी है। वह मुर्गा गर्दन मटकाते हुए इस मस्ती में बीच सड़क पर बढ़ता चला जा रहा था जैसे सड़क-सड़क नहीं उसके बाप की जागीर हो। लाहौलविला कूवत, रमजान मियाँ जैसे निहायत शरीफ और सीधे-सच्चे इन्सान के घर ऐसा मुर्गा ! पता नहीं इसकी जीन्स कहाँ से आई होगी। वैसे भी रमजान मियाँ के लिए यह मशहूर था कि उनकी मुर्गियाँ कहीं जाती नहीं थी और अण्डे देने से लेकर उन्हें सेने तक वहीं रहती हैं बल्कि उसके पूर्व भी। इसलिए भी मोहल्लेवाले उनके यहाँ के अण्डों को बिलकुल शुद्ध मानते थे।

परन्तु यह मुर्गा ! रमजान मियाँ की नमाज खत्म हुई तब उनका ध्यान इस तरफ को गया और तब उन्होंने देखा कि मुर्गा कलगी हिलाता, गर्दन मटकाता चौराहा पार कर रहा है। एक ट्रक तेजी से आई और झटके से मुर्गे के पास आकर रुक गई। ड्राइवर ने इतनी जोर से ब्रेक लगाया था कि पहिए चीं ईं ईं ई की तेज आवाज के साथ एक बड़ा-सा झटका देकर रुक गए और इस झटके के आवेश में ट्रक ड्राइवर ने उसे और उसके मालिक दोनों की माँ-बहनों से अपने और उनके सम्बन्ध जोड़ने लगा। जवाब में मुर्गे ने ट्रक ड्राइवर को देखा और कुछ ऐसे देखा कि ड्राइवर के कण्ठ से निकलती गालियों का अखण्ड प्रवाह एकाएक थम गया और वह फटाफट अपने क्लीनर और ट्रक पर लदे माल को लेकर नौ-दो ग्यारह हो गया। रमजान मियाँ हैरतअंगेज आँखों से देखते रहे। गोया यहीं कहीं कुफ्र टूटा हो। एक बार तो उन्हें लगा कि कहीं इस मुर्गे में किसी शैतान की रूह तो नहीं आन बसी है। या खुदा ! अगर ऐसा हो गया तब तो कयामत ही आन समझो।

अब आगे-आगे मुर्गा और पीछे-पीछे रमजान मियाँ। वैसे तो मैं भी सिर्फ कॉलेज आने-जाने के समय ही दरवाजे पर नमूदार होती हूँ, मगर उस समय बाहर कुछ शोर-सा सुनकर दरवाजा खोला और अब जो मुर्गे और रमजान मियाँ के बीच का नजारा देखा तो देखती रह गई। मुर्गा इधर-से-उधर भाग रहा था और रमजान मियाँ भी उसे पकड़ने की कोशिश में उसी के पीछे इधर-उधर कर रहे थे। साँप की तरह लहरदार चाल में चलते-चलते मुर्गे ने मुझे देखा तो मैं घबड़ा-सी गई। जब तक अपनी इस घबड़ाहट से उबरती या रमजान मियाँ उसे काबू में करते, वह घर के अन्दर घुसकर सारे घर में ता-थैया करने लगा था। रमजान मियाँ की सारी तिकड़म बेकार गई। अन्त में मैंने ही कहा—"रहने दीजिए रमजान चाचा, मैं इसे पहुँचवा दूँगी।"

पर उस मुर्गे ने तो गीदड़ की तरह शहर की दौड़ लगाई थी। वह क्योंकर अब रमजान मियाँ के जंगल में वापस जाता ! लिहाजा उनकी सभी मुर्गियों का एकमात्र उद्धारक और उनकी साख बचाए रखनेवाला यह मुर्गा उनके हाथ से निकल गया।

इस बात को रमजान मियाँ तो क्या कोई भी बर्दाश्त न करता। मुर्गे की काफी चिरौरी की, विनती की, धमकाया, फुसलाया पर उस मुर्गे पर जाने किसी की नजर पड़ गई थी कि उसने रमजान मियाँ से नजर जो फेरी सो फेर ही ली। पलभर को भी जो देखता उन्हें या कान देता उनकी बातों पर। खुदा लम्बी उम्र दराज करे रमजान मियाँ को कि इसके लिए न तो उन्होंने पापा से लड़ाई की, न ही मुझे या मेरे घर के किसी आदमी को ही कोसा। बस, एक दिन वे अपने मोटे से थैले में से एक नया मुर्गा निकालते देखे गए।

रमजान मियाँ का वह मुर्गा मेरे घर में ऐसे जमा जैसे नई नवेली दुल्हन अपने पति में रम जाती है। वह ऐसा जाहिर करता कि वह तन-मन से मेरे ही घर का एक सदस्य है। मेरे पापा शहर के प्रतिष्ठित वकील थे और जब यह मुर्गा सुबह चार बजे बाँग देने लगा तो मेरे यहाँ घड़ी की उपयोगिता तो खत्म ही हो गई, मुवक्किलों की संख्या में भी बढ़ोत्तरी होने लगी। यह भी मेरे पापा का ही पुण्य-प्रताप रहा कि कभी मेरे यहाँ उस मुर्गे के लिए चारा नहीं खरीदना पड़ा। उन्नत नस्ल के चारे खुद-ब-खुद यहाँ पहुँचते रहे।

मेरे चौमन्जिले मकान की छत पर जब मेरा मुर्गा (माफ कीजिएगा, अधिक घनिष्ठता होने पर ऐसे ही सम्बोधन निकलते हैं) चढ़कर अपनी कलगी चमकाता तब चाँद और सूरज दोनों ही अपना-अपना मुँह छुपाकर बादलों या पेड़ों की ओट हो जाते। मगर हवा वासन्ती हो उठती और कोयल की कुहू-कुहू सुनाई पड़ने लगती।

पापा को चूँकि अपने कोर्ट और मुवक्किलों से फुर्सत नहीं मिलती, इसलिए हम पाँच बहनों सहित माँ को लेकर छह मादाओंवाला यह परिवार जैसे नर विहीन होकर जी रहा था। मुर्गा बेशक मुर्गा था, पर था तो नर, सो इस अनुभूति से प्रेरित होकर हम सभी में उसे ज्यादा-से-ज्यादा अपने पास रखने की होड़ मचने लगी। उसकी सुख-सुविधा, आराम का इतना खयाल रखा गया कि उसे एक अलग कमरा ही दे दिया गया, जिसमें उसकी जरूरत की सारी चीजें मौजूद रहतीं। एक नौकर उसकी सेवा बर्दाश्त के लिए बहाल कर दिया गया। अब चूँकि वह आदमियों के बीच रहने आया था इसलिए एक अच्छे और वेल कल्चर्ड आदमी की तरह व्यवहार करना उसे सिखाया जाने लगा कि टॉयलेट कब जाना चाहिए, कहाँ जाना चाहिए, कैसे बोलना और खाना चाहिए, लेकिन उसके हाथ न रहने के कारण उस सहित हम सभी परेशानी में पड़ जाते और उसके खाने के लिए काँटे, चम्मच का प्रयोग हम लोग न कर पाते। वैसे खुशी की एक बात यह हुई कि अब वह सूप भी पीने लगा था। धीरे-धीरे हम सब उसके इतने अभ्यस्त हो गए कि हम छहों में से कोई भी उसे अकेला छोड़ना नहीं चाहता। किसी को भी बाहर जाना होता, उसे जरूर साथ ले जाता। मुश्किल तो तब होती जब किसी दो को एक ही समय में दो दिशाओं में जाना होता। फिर तो वह महाभारत मचता कि बस ! ऐसे में वह किसी के साथ न जा चुपके से मेरे पास सरक आता।

पर बातें यहीं तक नहीं रहीं। हमारे बड़े बुजुर्ग कह गए हैं कि अगर आप किसी शरीफों के मुहल्ले में रह रहे हैं तो वहाँ आपके सभ्य पड़ोसी भी होंगे ही और उन लोगों ने अगर आपकी दीवाल में छेद न किया तो सच मानिए कि वह सच्चे मायने में आपके पड़ोसी नहीं। लिहाजा, उस मुर्गे को लेकर हमारे पड़ोसियों ने भी ऐसा नाटक खेला कि बस तौबा-तौबा ! और फिर एक दिन पंचायत बैठा ही दी गई। हवाला दिया गया कि एक विधर्मी का मुर्गा एक सुसंस्कृत, सुसम्पन्न, सुप्रतिष्ठित ब्राह्मण परिवार में रहकर न केवल उस परिवार का, बल्कि पूरी ब्राह्मण जाति का ही धर्म भ्रष्ट कर रहा है। अतः या तो उस मुर्गे को घर से तुरन्त निकालकर शास्त्रों के मुताबिक प्रायश्चित कराया जाए या फिर समाज में उनका हुक्का-पानी वर्जित।

मेरे घर में वह मुर्गा जो सगुनिया तोते की तरह अवतरित हुआ था, उसे ऐसे ही कैसे छोड़ दिया जाता भला ! पंचायत चलती रही और मुर्गा मेरे दामन से सटा खड़ा रहा। अचानक मुझे न जाने क्या सूझा कि मैंने उसे अपने कमरे में बन्द कर दिया, इस हिदायत के साथ कि वह कभी भी कुकड़ू-कूँ न करे। माने अपनी आवाज भूल जाए और बाहर आकर कह दिया कि वह मुर्गा तो भाग गया। पंचायत जहाँ तक आगे बढ़ी थी, वहीं ठकुआ गई। कुछ सजा दरयाफ्त न कर सकी। उतरे हुए चेहरे के साथ पंच प्रस्थान कर गए तो मैं अपने कमरे में आई। देखा, मुर्गा बड़े आराम से मेरे बिस्तर पर सो रहा है। सोने के कारण उसकी लाल कलगी आधी दब गई थी और दोनों के बीच से उसका फूला हुआ पेट एक छोटे से गोल लोटे की तरह लग रहा था। मेरे कमरे में जल रही ट्यूब लाइट के दूधिया प्रकाश में शान्त सोया वह किसी तपस्वी या साधु सा लग रहा था, परन्तु तभी मेरे मन में एक बड़ा वाहियात सा खयाल आया कि अगर इसे मारकर खाया जाए तो इसकी टाँगें कितनी स्वादिष्ट होंगी और दिमाग ? सुनते हैं कि मुर्गे का दिमाग खाने से अपना दिमाग भी तेज होता है। पर तत्क्षण दूसरा विचार आया कि यह तो घरेलू मुर्गा है, वह भी पालतू। इससे भी बढ़कर रमजान मियाँ का इकलौता और दुलारा मुर्गा, जिसके मेरे यहाँ चले आने के कारण उसका रोजगार मन्दा पड़ गया था और उनके यहाँ की मुर्गियाँ उदास रहने लगी थीं, इसलिए इसे कैसे खाया जा सकता है भला ? मुर्गा अब तक जग गया था। मुझे लगा कि उसको मेरी नीयत का पता चल गया है क्योंकि वह मुझे आँखें निकालकर देख रहा था। उसकी आँखों की ताब जाने कैसी थी जो मुझे बर्दाश्त न हुई या फिर अपने घटिया विचार से ग्लानि हुई कि मैंने मुर्गे को अपनी चादर उढ़ा दी।

मेरे लॉन में पीले-पीले हजारों गेंदे खिल चुके थे और माली ने गमलों को एक कतार से लगा दिया था। इसके बाद वह मेहँदी की बाड़ की छँटाई कर रहा था। कल शाम पाँच बजे से आज सुबह साढ़े आठ बजे तक मुर्गा सोता रहा। मैं भी उसी पलंग पर एक कोने में गुड़ी-मुड़ी होकर पड़ गई थी। सुबह आदत के विपरीत पाँच बजे से ही उठकर नहाने-धोने लगी थी। अब नहाने की वजह से शरीर जितना ही ताजा-ताजा

हो गया था, रात भर ठीक से नींद न आने कारण सोने की इच्छा उतनी ही तेज होती जा रही थी। नहा-धोकर जब मैं अपने कमरे में गई तब देखा मुर्गा वहाँ नहीं था। मैं एकदम् से सकते में आ गई। पूरा घर छान मारा। बाद में डायनिंग रूम में जाने पर पता लगा कि वह 'डायनिंग टेबल' पर मम्मी के साथ बैठा सूप पी रहा था।

रमजान मियाँ ने, पहले ही बता चुकी हूँ, कितनी बार चाहा कि वह उनके घर आ जाए। मगर वह उनके साम-दाम-दण्ड-भेद सबको नकारकर बस मेरे घर में ही बना रहा। अन्त में वे इसे रब की इच्छा जानकर अपने हालात पर गम खा गए और मुर्गे से हाथ धोकर कलेजे को कड़ा कर लिया।

अब मेरी शादी हो चुकी थी। पतिदेव के घर की अन्य शोभनीय वस्तुओं में एक और की बढ़त हो गई थी। शादी के बाद पहली बार मायके जाने पर सब हमारी आवभगत में जुट गए। मगर मेरा ध्यान उस मुर्गे पर टँगा था जो वहाँ उदास आँखों और फूलती साँसों के साथ पड़ा हुआ था। वह काफी दुबला हो गया था और अब वह किसी के बिस्तर या डायनिंग टेबल पर न बैठकर किसी कोने में पड़ा हुआ था। उसकी आँखें सिकुड़ी हुई थीं और पंख मुड़े-तुड़े लग रहे थे। मुझे देखकर उसने पंख झटकारे और नीचे को लटक आई लाल कलगी को सिपाही की कलफदार कलगी की तरह ऊपर उठाने की कोशिश कर अपनी खुशी जाहिर की। मेरी आँखों में भी खुशी की लालिमा छलक आई। मगर मेरे पीछे ही हाथों में सफारी पकड़े पतिदेव ने उसे यूँ देखा जैसे बाघ बकरी को देखता है। उसके झटकार कर खड़े किए गए पंख और कलगी फिर से गठरी में रखे कपड़े की तरह हो गए। घर के पहले और बड़े दामाद का खिताब जीतकर आने वाले इस पुरुष की आवभगत के आगे तो देवगण भी शरमा जाएँ। सास-ससुर दास-दासी की तरह हाथ बाँधे खड़े रहते और सालियाँ जीजाजी-जीजाजी कहती कूक रही थीं, फुदक रही थीं और जीजाजी कृष्ण-कन्हैया बने आत्मविभोर हो कल्पना के सतरंगे आकाश की ओर बढ़े जा रहे थे। उस आकाश पर उन्हें एक-एक रंग के रंगीन बादल दिखने लगे—नीला, पीला, हरा, लाल···. लाल रंग को देख कर उन्हें मुर्गे की कलगी की याद हो आई और वे झटके से जमीन पर आ गए। उन्हें वह मुर्गा अपना जन्मजात दुश्मन नजर आने लगा।

मैं तो धक् ! यह तो अपनी ही अँगुली कटानेवाली बात हो गई। अपने शरीर के हर एक अंग की तरह ही वह भी मुझे प्यारा था। मेरी छोटी बहन ने उसकी टाँग पकड़कर बाँध दी तो मुझे लगा जैसे किसी ने मुझे ही कैद कर लिया हो। टाँग के बँधते ही आजाद हवा की तरह उड़ता मुर्गा बक्से में बन्द फूल की तरह मुच-चुस गया।

मुझे पंचायतवाला वह दिन याद आ गया, जिस दिन मैंने इसे बचाया था और फिर इसे खा जाने की बात भी सोची थी। उधर जीजा-सालियों में बहस छिड़ी हुई

थी कि इसकी टाँगें कौन खाएगा ? नए पुरुष को तो दामादी का खिताब मिला हुआ था, इसलिए एक टाँग उसके नाम वसीयत हो गई। दूसरी के लिए चारों में द्वन्द्व छिड़ा हुआ था। मुझे लगा मुर्गा मेरी ओर ताक रहा है। पर उस दिन की तरह आज मैं उसे चादर न उढ़ा सकी, सो अपने कमरे में आ गई।

शाम को बहन उसे लेकर घर के पिछवाड़े जाने लगी। मुझे दुर्गापूजा के समय बलि के लिए ले जाते हुए बकरों की याद हो आई। शाम का झुटपुटा अब गहरे अन्धकार में बदलता जा रहा था। बहनें उसे उस कोने में ले गई जिधर सूखे पत्तों के ढेर थे। उसके सामने ही कतार से गेंदे, गुलाब लगे हुए थे और उसके पीछे गोभी, बैंगन आदि। इधर लॉन के बीचों-बीच लगी कुर्सी पर बैठे चाय सुड़कते हुए पतिदेव किसी अंग्रेजी पत्रिका को उलट-पुलट रहे थे। किचन से मिक्सी की गों…गों के बीच गरम मसाले की गन्ध उछलती आ रही थी।

बहन ने मुर्गे को पकड़े-पकड़े ही जमीन पर रखा और अपने जीजाजी को पुकारा। चाय का प्याला वे खाली कर चुके थे। सालियों की आवाज सुन पत्रिका को कुर्सी पर पटक उधर को जाने लगे। अब मुर्गा और पति दोनों ही एक-दूसरे के अपने सामने खड़े थे। एक बहन ने उनके हाथ में तेज धारवाला चाकू थमा दिया। दोनों आमने-सामने थे और एक-दूसरे को देख रहे थे। पति के चेहरे पर एक कुटिल मुस्कान उभरी। मुर्गे ने अपने डैने झटकारे, कलगी हिलाई। लगा, वह अपनी आसन्न मृत्यु से निबटने के लिए पर्याप्त हिम्मत जुटा रहा है। दाएँ हाथ से चाकू पकड़े पति ने बाएँ हाथ से उसे पकड़ने की कोशिश की कि अचानक उसने एक छलाँग लगाई और घर की तरफ भागा। घर के अन्दर से होते हुए बाहर वाले कमरे में बैठे पापा की मेज के नीचे से मुवक्किलों की टाँगों के बीच से गुजरते हुए वह सड़क पर यह जा और वह जा ! घर में हड़कम्प-सी मच गई। पतिदेव का चेहरा चुसी हुई गुठली की तरह हो गया। बहनें बासी फूलों की तरह मुरझा गई। पर मैंने और पता नहीं क्यों पापा के मुवक्किलों ने भी एक लम्बी-सी साँस छोड़ी। कुर्सी पर रखी पत्रिका के पन्ने फड़फड़ा रहे थे। चाय के जूठे प्याले के चारों ओर मक्खियाँ भिनभिनाने लगी।

मैं गेट पर आकर खड़ी हो गई। यहाँ से सामने ही तो रमजान मियाँ का घर दिखता है। सामने से रमजान मियाँ आते दिखे। [illegible]रखाने की नई लुँगी और उरेबी कट की बनियान में आज वे कुछ नए-नए से ही दिखे। खुश ! बेपनाह खुश ! जैसे उनकी खोई हुई जायदाद उन्हें मिल गई हो।

सहजो काकी

सहजो काकी की आँखों में आज नींद नहीं थी। वही नींद, जिसे उन्होंने पिछले बीस बरस से सँजोकर रखा था और सोचा था कि अब इस महायज्ञ के बाद एक ही काम रहेगा—निद्रा महारानी की शरण में जाना, उनकी भक्ति आराधना करना; वही नींद आज ऐसी जानी दुश्मन बन गई थी जैसे कह रही हो कि इतने दिनों तक तो तूने मुझे अपने से अलग किए रखा—अब मैं तुमसे दूर जा रही हूँ। चाहे जितना भी बुलाओ, मैं आनेवाली नहीं !

घड़ी के घण्टे ने तीन बार आवाज की तो सहजो काकी का ध्यान इस तरफ गया। रात के तीन बज गए। आँखें बन्द थीं। दूसरे लोग निस्तब्ध सोए पड़े थे—दिन भर की थकान के बाद। आज की ही थकान नहीं। यह थकान तो लगभग बीस-पचीस दिनों से लोगों की देह पर ब्रह्मराक्षस की तरह सवार थी। काम की धुन और उससे भी बढ़कर प्रसन्नता और उल्लास के वातावरण में हर कोई उस ब्रह्मराक्षस को फटकारता रहा। परन्तु आज उस उल्लास के जाते ही उसे जैसे सुनहरा मौका हाथ लग गया और वह एकबारगी ही सब पर सवार हो गया। केवल सहजो काकी ही बच गई थी—प्रभाव के उस प्रभामण्डल में आने से। मगर यह बचना भी कोई बचना था। इससे तो कल्याणकारी उसका हविष्य बन जाता होता।

उन्होंने करवट बदली तो सामने नजर आया सत्यनारायण—उनका अठारह वर्षीय-बेटा—बिलकुल अपने बड़े भाई रामनारायण की प्रतिमूर्ति। वैसे ही नाक-नक्श, वैसी ही देह-दशा। केवल रामनारायण जहाँ जरा गम्भीर किस्म का इन्सान था, वहीं मस्ती का लबालब घड़ा भरा था रामनारायण की बातों में, उसके स्वभाव में। सहजो काकी डाँटती तो वह बोलता—“सारी चिन्ताओं के लिए भैया तो हैं ही। मुझे भी क्यों इसमें लपेटती हो ?”

“तो क्या घर की समस्याओं से वही दो-चार होता रहेगा और तू यूँ ही आवारा बना घूमता रहेगा ! कल को तुम्हारे भैया का शादी-ब्याह होगा। और जो कहीं तुम्हारी भौजाई जबर्दस्त निकली और तुम्हारी जर-जायदाद भी ले बैठी तब क्या हाथ में कटोरा लेकर घूमते फिरोगे ? फिर जब तुम्हारी शादी होगी तो अपनी घरवाली को कैसे सम्भालोगे ?”

माँ-बेटे की इस बहस पर विराम चिह्न रामनारायण ही लगाता—"रहने भी दो माँ ! पानी में मछली और नौ-नौ कुटिया बखरा ? जिस दिन मेरी शादी होगी और मेरी घरवाली चंट निकलेगी, उस दिन देखा जाएगा। अभी तो यह बच्चा है। क्यों इसके पीछे लगी रहती हो !"

वही सत्यनारायण एकाएक इतना बड़ा हो गया। सहजो काकी ने देखा—कुश की नंगी चटाई पर सोए सत्यनारायण को—कमर तक कम्बल ओढ़े हुए—गले में उतरी (किसी के मर जाने पर उसकी चिता में आग देनेवाले व्यक्ति के गले में कपड़े की एक माला पहनाई जाती है जो दस दिनों तक, उसके गले में रहती है।), पीला पड़ा मुँह और पपड़ी जम आए ओंठ। पाँच दिन पहले ही यही सत्यनारायण एकदम पाँच साल का बालक लग रहा था। और आज पाँच ही दिनों में जैसे पचीस वर्ष का हो गया था—एकदम वयस्कों जैसी बातें, वैसा ही व्यवहार।

सहजो काकी उठकर उसके पास आ गई और उसके बाल सहलाने लगी। स्पर्श से सत्यनारायण की नींद खुल गई। उसने माँ की ओर देखा। सहजो काकी को सबकुछ धुँधला-धुँधला दिखाई देने लगा। उनकी आँखों में आँसू भर-आए, जिसे उन्होंने इस रूप में व्यक्त किया कि उनकी आँख में कुछ चला गया है। माँ के इस भाव को सत्यनारायण समझ गया। रूलाई उसे भी आ गई। मगर नहीं चाहता था कि माँ यह बात जाने; इसलिए गोद में मुँह छुपा लिया।

घड़ी के घण्टे ने जैसे ही चार बार आवाज लगाई, सहजो काकी एकबारगी हड़बड़ाकर उठीं और गोद में रखे सत्यनारायण के सिर को गोद से हटाकर यूँ जमीन पर पटका जैसे वह सिर नहीं, नारियल हो। सत्यनारायण कुछ नहीं समझ सका। पर जब वह दरवाजा खोलकर बायीं तरफ को चलीं; तब वह सबकुछ समझ गया।

नींद में चलनेवाले रोगी की तरह सहजो काकी बायीं ओर को घूमकर चलने लगीं। तबतक चिड़ियाँ आदि अपनी चीं-चीं से भोर के आगमन की सूचना देने लगी थीं। एक कोठरी के आगे सहजो काकी के पैर रुक गए। कुछ देर तक उधेड़बुन में पड़ी रहीं। फिर धीरे से किवाड़ खोलकर भीतर का हाल-चाल जानने का प्रयत्न करने लगीं।

खिड़की-दरवाजे सभी बन्द होने के कारण कमरा घोर अंधकार में डूबा हुआ था। सहजो काकी को याद आंया—ऐसा ही अन्धेरा उस दिन भी था जिस दिन रामनारायण ने जन्म लिया था। सम्भवतः यही समय भी था जब उन्हें प्रसव पीड़ा उठी थी और वे दीवाल टोहते हुए दरवाजा खोलकर सास के कमरे की ओर भागी थीं।

सहजो काकी अस्पताल नहीं गईं। हालाँकि धीरे से उन्होंने कहा भी था। लेकिन घर के रिवाज के मुताबिक पहला बच्चा घर में ही हुआ। असहय पीड़ा से सहजो काकी का चेहरा विवर्ण हो उठा था। मगर सास पत्थर की मूरत की तरह भावशून्य बनी रही। सास की यह भावशून्यता सहजो काकी शुरू से ही देखती आईं थीं। यह भावशून्यता घृणा या हिकारत में तब बदलती, जब उन्हें सहजो काकी को कुछ उपालम्भ देना होता। सहजो

काकी के दुख या पीड़ा से उन्हें कोई मतलब नहीं था। इसीलिए सहजो काकी दाँत पर दाँत बैठाए पीड़ा सहती गईं और सास पत्थर बनी खड़ी रही। संयोग अच्छा था कि सबकुछ ठीक-ठाक और सकुशल सम्पन्न हो गया। बाद में सास सबसे कहती फिरी—"अस्पताल ले गई होती तो इतनी देर में तो डाक्टरबा ने पेट चीर ही दिया होता।"

सहजो काकी के स्वभाव में सहनशीलता मेघ में बारिश की बूँदों की तरह समाहित थी। सास को कभी भी पलटकर जवाब नहीं दिया। किन्तु, उचित-अनुचित का निर्णय करने में कभी देरी भी नहीं लगाती। जैसे ब्याह के बाद भी जब देखा कि पति सारी कमाई माँ के हाथों में ही सौंप देते हैं तो एक रात उन्होंने पति से तगादा किया कि उनके हाथ में बखत-कुबखत के लिए कुछ पैसे होने चाहिए। किन्तु गिने-गूंथे पैसों में से पत्नी के लिए अलग से राशि निकाल पाना उनकी हिम्मत से बाहर की बात थी। वैसे भी काकाजी ब्याह होने के बावजूद इतने बच्चे से थे जैसे तीन-चार साल का बच्चा हो, जिसके कल्पना लोक में माँ के बगैर कुछ भी नहीं होता। सहजो काकी उनके लिए माँ के द्वारा उपलब्ध कराई गई एक और सामान भर थी जिसका उपयोग वे उतना भर ही करते जितने का आदेश माँ की ओर से मिला होता। यहाँ तक कि जिस दिन माँ कहतीं, उसी दिन वे सहजो काकी के कमरे का रुख करते, वरना दालान में या माँ के पास सो रहते। ऐसी हालत में सहजो काकी के तगादे ने उन्हें सुन्न-सा बना दिया। परन्तु प्रकट में बोले—"मेरे होते हुए तुम्हें तकलीफ ही किस बात की है ? जो चाहिए, मुझसे कह दिया करना, मैं लेता आऊँगा।"

"सो नहीं होगा। आप दिनभर बाहर रहते हैं। मान लीजिए, इस बीच मेरा मन पकौड़े खाने का ही हुआ या चूड़ी पहनने का तो क्या मैं सासुजी से पैसे माँगूँगी या चूड़ीवाली को दिन भर बिठाए रखूँगी ? कुछ खरीदने-वरीदने के लिए मुझे हमेंशा आप दोनों का मुँह जोहना पड़े, यह नहीं होगा। इसलिए यदि आप अलग से मुझे कुछ दे सकते हैं तो ठीक, अन्यथा मैं कुछ करके अपनी जरूरत भर का उपार्जन करूँगी। पैसा जिन्दगी में बहुत जरूरी चीज है।"

सहजो काकी बुरी बन गईं। सास घर-घर उनकी गाथा गाने लगी। सुनाने लगी कि अच्छे कुल-खानदान की बहू होकर सटका (छड़ी) लेकर मास्टरों की तरह खानगी (ट्यूशन) पढ़ाती हैं, दर्जी की तरह लोगों के ब्लाउज, फ्रॉक सीती फिरती है, जैसे हमलोग तो उसे भूखा-नंगा रखते हैं। पास-पड़ोस-सबने पहले तो इस निन्दा पुराण में खूब रस लिया; लेकिन जब दो-दो, तीन-तीन साल तक एक ही कक्षा में अटकी उनके बच्चों की गाड़ी सर्र-सर्र आगे निकलने लगी और स्त्रियों-लड़कियों के बदन उनके सिले कपड़ों से फूल की तरह खिलने लगे तब निन्दा रस तारीफ के अमरस में बदल गया। सभी को सहजो काकी सुहाने लगीं। उनके नाम-गुणों की चर्चा से मोहल्ला गूँजने लगा।

वही सहजो काकी, जो रामनारायण के समय चुप लगा गई थीं, सत्यनारायण के समय सास की तरफ नहीं भागीं। जेठ का महीना था। दोपहर का समय। सास

मोहल्ले में किसी के यहाँ गई हुई थी। रामनारायण भी उनके ही साथ था। इसी बीच उन्हें अपने भीतर कुछ हलचल-सी महसूस हुई। घर में अकेली थीं। किससे सास को खुजवाती। इससे बेहतर उन्होंने यह किया कि झोले में जरूरी चीजें भरीं, घर में ताला लगाया और चौक पर आकर रिक्शे में बैठ अस्पताल पहुँच गईं। अस्पताल में उतरकर रिक्शेवाले से ही कहा कि वह घर पर सम्वाद दे दे कि वह यहाँ है और लेबररूम में घुस गईं। पाँच मिनट बाद ही एक महीन क्रन्दन से लेबररूम गूँज उठा।

सास जब आई तब सत्यनारायण उनकी बगल में आँखें मूँदे पड़ा हुआ था। सास आते ही लड़ने बैठ गई—"ऐं ! मैं मर गई थी क्या कि सर उघाड़े, पेट निकाले चौक पर पहुँच गई। मोहल्लेभर के मर्द वहाँ जुटे रहते हैं। क्या कहा होगा उन लोगों ने ?"

सहजो काकी ने सब सुन लिया और उसके बाद बड़े सहज रूप में कहा—"आप किसके यहाँ थीं, मुझे मालूम नहीं था और न तो घर में कोई था ही कि आपको खोजने के लिए उसे भेजती। दूसरे, मुझे लगा कि मैं ज्यादा देर तक नहीं रूक सकती। आपकी बाट जोहती मैं यहाँ बैठी रहती और देरी से यहाँ पहुँच कर रास्ते में अपनी दुर्दशा करवाती ! और बच्चा होने में पेट तो निकलता ही है—यह तो एक सनातन सत्य है। चौक पर खड़े लोगों को यह मालूम नहीं है क्या ? अपनी रक्षा करना खराब बात कैसे हो गई ?"

अचानक सहजो काकी का ध्यान टूटा। तबतक खिड़की और दरवाजों की दरार से रोशनी कमरे में प्रवेश कर चुकी थी। वे धीरे से भीतर आकर पलँग के पास खड़ी हो गईं। पलंग पर एक शरीर पड़ा हुआ था—निस्पन्द। चार दिन पहले ही तो यह शरीर डोले से उतरकर इस घर में समाया था। कैसी कान्ति थी चेहरे पर ! यद्यपि उनके अरमान पर कुठाराघात हो गया था जब उन्होंने बहू का मुँह देखा था—"बाप रे बाप ! इतने बड़े-बड़े दाँत ?"

यह वह जमाना था, जब गोरे अंग्रेजों का राज था। स्त्रियाँ घर में ज्यादा और बाहर कम रहतीं। सभी कस्तूरबा, सरोजिनी नायडू या उषा मेहता तो थी नहीं। सहजो काकी की दृष्टि में ये सब सीता-सावित्री से भी ज्यादे पूजनीया थीं। गान्धीजी उनके आदर्श पुरुष थे और प्रेमचंद तो उनके लिए साक्षात् भगवान स्वरूप ही हो उठे, जब उन्होंने कहीं उनके बारे में पढ़ा कि उन्होंने एक विधवा से विवाह किया है। पता नहीं, यह लिखने-पढ़ने का परिणाम था या उनके विचारों का ओज, जिसके आगे कोई ठहर नहीं पाता था। तभी तो पड़ोस की रामरती का विवाह उन्होंने अपने बल पर उसी लड़के से करवाया, जो उसे बहला-फुसलाकर उसका सर्वस्व छीन, मँझधार में उसे छोड़कर भाग गया था। रामरती के घरवाले तो उसे जिन्दा गाड़ देने पर उतारू थे और वह लड़का भी शुरू में गाल बजाता रहा; मगर सहजो काकी की एक ही डपट में नजर नीची कर बैठा और इस तरह से विवाह सम्पन्न हुआ था।

उसी सहजो काकी के स्वभाव और व्यकितत्व से सर्वथा परे एक इच्छा कनखजूरे

की तरह सौ-सौ टाँगों से चलकर उनके मन में घर बसा बैठी थी। और वह इच्छा थी—एक खूबसूरत बहू लाने की। शायद इसके पीछे का कारण उनका अपना अति साधारण रूप-रंग रहा हो, जो जब तब सास से ताने सुनाता रहता था—''एह ! ऐसे मुँह-कान पर तो इतना गुमान ! दैव जानें जो कहीं अच्छी शकल सूरत होती तो न जाने क्या-क्या करती। शायद पानी में ही आग लगाती।''

अपने धराऊ झुमके के साथ सहजो काकी बहू का मुँह देखने पहुँची थी। घूँघट हटा-चौड़ा-ऊँचा माथा, छोटी-सी नाक और उससे भी बढ़कर सामने के ऊपर वाले दो दाँत इतने बड़े-बड़े थे कि लाख यत्न करने के बावजूद वे मुँह के अन्दर नहीं समाते थे—बाहर ही रहते थे। सहजो काकी के हाथ से झुमके गिर पड़े। रामरती ने ही उन्हें सम्हाला—''काकी, भौजी का मुँह देखिए न !''

वे दाँत विषधर दाँत बनकर उनके कलेजे में उतर गए। काश कि लड़की देखने का रिवाज होता। कम-से-कम फोटो ही सही, तो भी इतना बड़ा धोखा तो न खाती। मगर अब किया ही क्या जा सकता था ! गले में ढोल बँध गया तो बजाना ही पड़ेगा। रामरती के टोकने पर वे चेतीं और झुमके बहू के हाथ में थमा, दूसरे ही पल काकाजी से भिड़ गईं। पहली बार—जिन्दगी में पहली बार सहजो काकी इतनी उत्तेजित हुई थी। काका के मुँह में पहले भी जीभ नहीं थी तो अब क्या होती ! रामनारायण ही बोला—''जाने दो माँ ! सभी यदि सुन्दर लड़की ही चाहेंगे तो बदसूरत लड़कियों के माँ-बाप तो गले में फाँसी लगाकर ही मर जाएँगे। असल में तो बात-व्यवहार अच्छा होना चाहिए, रूप लेकर कोई चाटता है क्या !''

वही रामनारायण आज पंचतत्त्व में विलीन हो चुका था और सामने थी नवविवाहिता की सेज से च्युत सदयः विधवा यह बहू !

चार दिन पहले ही तो यह उतरी थी। दो दिन बाद जब सहजो काकी के मन का झन्झावात थमा तो उन्होंने गौर से, मन-ही-मन, बहू का निरीक्षण किया—''तब ! हाथ पैर कितने चिकने और सुडौल हैं। आँखें तो ऐसी, जैसे दो छोटी-छोटी कटोरियों में पानी भरा हो—लबालब ! और उनमें दो कौड़ियाँ छलछला रही हों, मछलियों की तरह ! सहजो काकी बड़े-बड़े दाँत भूल गई। वे बहू को घर की परिपाटी के बारे में समझाने लगीं। रात में अपने पास ही सुलाया कि आज ही भर तो ! कल तो चतुर्थी है ही। (मिथिला में चतुर्थी की रात ही वर-वधू की पहली रात होती है)

परन्तु आधी रात में ही हड़कम्प मच गया। सत्यनारायण हाँफ्ता-हाँफ्ता आया माँ को उठाने कि भैया पता नहीं, कैसे-कैसे तो कर रहे हैं। और जबतक माँ बेटे के पास पहुँचती, तबतक बेटा माँ को छोड़ किसी और जगह को उठ चुका था।

सहजो काकी जैसे सुन्न-सी पड़ गई। अड़ोस-पड़ोसवालियाँ नववधू को कुलच्छनी, डायन आदि सिद्ध करने में जुट गईं। लाल-लाल नक्खी लहठी (लाख की चूड़ियाँ) आँगन में बिखरी थीं, मगर आँखें गर्मी में सूख गए ताल-तलैयों की तरह सूखी थी—निर्जल।

औरतों ने ताने मारे—"देखो तो, कितनी कठकरेज (काठ जैसी कलेजेवाली) है ! जरा देखो तो सही ! एक बूँद भी जो आँसू चुलाती ! नहीं रे नहीं ! जो खेली-खेलाई (डायनों के लिए प्रयुक्त शब्द) रहती हैं, उन्हें इन सबसे क्या मतलब ! वह तो साँय (पति) को खाने आई थी। खा लिया। अब क्या ? आँसू किसलिए ?"

किन्तु सहजो काकी ने अनुमान लगा लिया—ऐसे ही भला किसी के आँसू नहीं गिरते हैं क्या ? लेकिन, लोग रोते क्यों हैं ? अपनों के लिए न, जिसे जानते हों, पहचानते हों, जिसके सुख-दुख से परिचित हों। इसने कब उनके बेटे को जाना-समझा ? घूँघट काढ़े, सिर झुकाए तो सारे विधि-व्यवहार हुए होंगे। अपने स्वामी का तो चेहरा भी इसने नहीं देखा होगा। तब क्या सिर्फ इसलिए वह पछाड़ खा-खाकर गिरे कि जिसने उसकी माँग में सिन्दूर भरा था; वह चल बसा ? उसे तो उस सिन्दूर का रंग और उससे भरी माँगवाला चेहरा भी देखने का मौका न मिला। पहले के जमाने में कहाँ किसी को इतना होशो-हवास रहता था या कि शौक कि झट से एक आईना सामने कर दें कि लो देखो अपना नया रूप। माँग में सिन्दूर भर जाने से कैसा दिप्-दिप् कर रहा है। अभी तक तो स्त्रियाँ ही उसकी माँग भरती आई थीं। अपने हाथों से माँग भरने का तो उसे मौका भी अभी नहीं मिला था।

बहू की आँखें खुल गई थीं और वह उठकर बैठ गई थी। सचमुच ! घटना-घटना में कितना फर्क होता है ! यही चार दिन पहले यह अड़हुल फूल की तरह प्रस्फुटित, लाल आभा से दीप्त थी—पीपा (पीला) सिन्दूर और पियरी (विवाह की गोटे लगी पीली साड़ी) की आभा से दिप्-दिप् करती। हालाँकि अभी भी वह उसी पियरी में थी। माँग का सिन्दूर भी वैसे ही था। मन-मन कोसने के बावजूद किसी भी अड़ोसन-पड़ोसन की यह हिम्मत नहीं पड़ी थी कि वह जाकर उसकी माँग के सिन्दूर को रगड़कर छुड़ा दे। मगर बावजूद पियरी और भर माँग सिन्दूर के, उसके चेहरे पर जैसे मसान की राख पुती हुई थी। वह कुछ बोली नहीं। चुपचाप पलँग से उतरकर खड़ी हो गई। सहजो काकी ने उसके कन्धे पर हाथ रखा तो उसकी आँखों से टप्-टप् आँसू गिरने लगे। सहजो काकी को कुछ सन्तोष हुआ। दो दिनों से यह गुम्मी साधे हुई थी। अभी आँसू गिरे तो ! मुँह से वे कुछ बोली नहीं। हाथ से भी भरोसा नहीं दिलाया। अच्छा ही है—रो ले पहले मन भर !

बहू के मायके से पिता और भाई छाती पीटते आए। पास-पड़ोस ने उन्हें भी आड़े हाथों ले लिया कि ऐसी डायन से हमारे बेटे को ब्याहकर हमसे किस जनम का बदला लिया है ! सास तो झाड़ू लेकर उठ पड़ी; परन्तु सहजो काकी ने बस इतना ही कहा—"यदि लोगों ने अपना मुँह बन्द नहीं रखा तो मुझे उसी मरे बेटे की जलती चिता की शपथ, मैं प्राण त्याग दूँगी। बेटा मेरा गया है, कलेजे औरों के फट रहे हैं, वह भी केवल कोसने भर के लिए।"

सहजो काकी एकबार फिर से बुरी बन गईं। उतनी ही, जितनी सत्यनारायण

के जन्म के समय बनी थी; जितनी ट्यूशन पढ़ाने और कपड़े सीने के समय बनी थी, जितनी रामरती के विवाह के समय बनी थी। सहजो काकी ने तब भी कोई परवाह नहीं की थी, आज भी नहीं की।

श्राद्धकर्म समाप्त हो गया। सहजो काकी दिन में तो सामान्य दिखती; मगर रात में आँसू बिन बुलाए बाढ़ की तरह उमड़ पड़ते। उन्हें यही समझ में नहीं आता कि उनकी किस भूल की सजा भगवान ने उसे इस रूप में दी है। ऐसा सुदर्शन बालक। साक्षात् श्रवणकुमार ! और यदि जाना ही था तब पन्द्रह दिन पहले जाता। एक जीवन, एक परिवार तो नष्ट होने से बच जाता।

बहू के पिता ने काकाजी के पैर पकड़ लिए। वे रो रहे थे—"मेरी बेटी का दुर्भाग्य! कौन अभागा बाप ऐसे दुर्दिन देखने के लिए अपनी बेटी का ब्याह करेगा ! दैव बाम हो गया ! हमारी बदकिस्मती ! अब उसे मेरे साथ विदा कर दीजिए।"

पास-पड़ोस की भी यही मंशा थी कि जब पतंग ही नहीं रही तो उसकी डोर और लटाई सहेजने का औचित्य ही क्या ? सास तो पहले से ही रोदना पसारे बैठी थी कि यदि यह डायन इस घर से नहीं हटी तो वे इसी महारानी पोखरे में डूबकर मर जाएँगी।

पक्षीगण बाहर कलरव कर रहे थे। पिता और भाई को बेटी के बारे में कोई स्पष्ट उत्तर नहीं मिला था। सहजो काकी के सामने बहू यक्ष प्रश्न की तरह खड़ी थी—ठीक ही तो है ! उसे विदा कर दिया जाए तो इन बड़े-बड़े दाँतों से छुटकारा तो मिल जाएगा। सास, टोले-मोहल्ले—सभी का यही तो अभिप्राय है ! सभी के मन की बात भी रह जाएगी। और यदि सच पूछा जाए तो पति के बाद उस घर पर स्त्री का अधिकार ही क्या रह जाता है ! ब्याह के बाद स्त्री का घर तो उसके पति से ही होता है न ! अब जब वही नहीं है तो कोढ़ की तरह इसे ढोते रहने के शाप से क्यों ग्रस्त हुआ जाए ?

उन्होंने सत्यनारायण को बुलाया और बहू के बाबत बातें कीं। सत्यनारायण ने उसी तरह सिर निहुरा लिया, जिस तरह सीता को जंगल में छोड़ देने का आदेश पाकर लक्ष्मण ने सर झुका लिया था।

सहजो काकी बहू के कमरे में आई। मुसम्माती (विधवा के लिए) साड़ी में बहू वीरान महल की तरह नजर आ रही थी। शाम होने लगी थी। पक्षीगण अपने-अपने बसेरों की ओर लौटने लगे थे। सहजो काकी ने बहू से दीप जलाने के लिए कहा। बहू दीप जलाकर फिर उनके सामने खड़ी हो गई । सहजो काकी ने एक बार मन को स्थिर किया ताकि वे जो कुछ कहने जा रही थीं, उसे कह सकें। वे जैसे मन-ही-मन रिहर्सल करने लगीं। फिर अपने आप को स्थिर कर धीरे-धीरे कहने लगीं—"इस दुर्भाग्य का दोष मैं तुम्हें नहीं दे सकती। कहनेवाले जो भी कहें, परन्तु मैं यह विश्वासपूर्वक कह सकती हूँ कि आजतक ऐसी कोई भी स्त्री नहीं हुई है, जिसने पति का मुँह देखने

से पहले ही उसकी मृत्यु की कामना की हो। जिस दिन ऐसा होने लगेगा, उस दिन इस धरती का सर्वनाश हो जाएगा।"

"हाँ ! एक अति सुन्दर बहू का मेरा एक सपना था। बिलकुल परी जैसी ! तुम वह नहीं हो—यह भी एक यथार्थ है। लेकिन, इसके साथ ही यह भी एक सच है कि तुम एक स्त्री हो। सुन्दर बहू की इच्छा तो सत्यनारायण का ब्याह करके पूरी की जा सकती है। मगर सोचती हूँ कि यदि वह सुन्दर बहू स्वभाव की सुन्दर न हुई तब ? वैसे तो मुझे तुम्हारे स्वभाव का भी पता नहीं; लेकिन न जाने क्यों मन कह रहा कि इस मामले में तुम सुन्दर हो—बहुत ही सुन्दर !"

सहजो काकी को लगा जैसे बात बहुत लम्बी होती जा रही है और बहू उनकी बातों का कुछ भी मतलब न समझ पाने के कारण बिटर-बिटर उनका मुँह देख रही है। इसलिए बात को अधिक विस्तार न देकर अब वे सीधे मुख्य बात पर आ गईं—"तुम इस घर में आ गई हो। अब अन्तिम साँस तक यही तुम्हारा घर रहेगा। मुझे मालूम है कि मैं जो कदम उठाने जा रही हूँ, वह लोगों को बहुत बुरा लगेगा। लोग मेरी खूब भर्त्सना करेंगे। पर, तुम्हारी जिन्दगी बचाने के लिए दूसरा और कोई उपाय नहीं है। यह तुम्हारे लिए स्वागत योग्य कदम है और तुम्हें इसे स्वीकार करना ही होगा। अपने समाज में विधवा जीवन से बढ़कर नारकीय जीवन और कोई नहीं है—खासकर नई उम्र का वैधव्य तो जीवित ही रौरव नरक में जाने के समान है। इस घर में अब से मैं तुम्हें अपने बड़े बेटे की पत्नी नहीं, बल्कि छोटे बेटे की पत्नी के रूप में स्वीकार करती हूँ।"

बहू का मुँह अवाक खुला रह गया। सहजो काकी की आँखें भर आईं जिसे आज पहली बार उन्होंने छुपाया नहीं। इधर आँसू बहते रहे, उधर वे बोलती रहीं—'माँ हूँ न ! अभी-अभी एक बेटा खोया है। एक आँख फूटने के बाद लोग दूसरी आँख को बड़े जतन से बचाकर रखते हैं। रखना ही पड़ता है। इसलिए यह सिन्दूर मैं सत्यनारायण के हाथों से नहीं; बल्कि सत्यनारायण की तरफ से मैं अपने हाथों से तुम्हारी माँग में भर रही हूँ। तुम अपने बाबूजी को कह दो कि ये अभी आएँ। विदागिरी का दिन बनावाकर आएँगे तो विदाई कर दूँगी।"

सहजो काकी ने अपने सिन्होरे (सिन्दूरदान) से बहू की माँग पूर दी। रिवाज के मुताबिक बहू के हाथ भी उठे और काकी की माँग में सिन्दूर लगा दिया। रामनारायण की मृत्यु के बाद से सहजो काकी ने भी अपनी माँग नहीं भरी थी। हिम्मत ही नहीं पड़ती थीं—जवान उजड़ी माँग के सामने अपनी बूढ़ी माँग में सिन्दूर भरने की, मगर अभी जब बहू ने उनकी माँग भरी तो उनके चेहरे पर भी जैसे सद्यविवाहिता की लाली दौड़ गई। शाम हो गई थी। घर-घर लोग सँझाबाती जला रहे थे। सहजो काकी के घर में भी दीप जल चुका था और उसके आलोक में तन-मन दोनों ही आलोकित हो रहे थे और दीपित हो रही थीं दोनों ही—बहू और सहजो काकी !

अगर लता मंगेशकर भी होतीं तो…

"यस् मादाम ! तो आप यहाँ सिंगर बनने आई हैं ?" कहते हुए उसने सर से पाँव तक एक साधारण-सी साड़ी में लिपटी साँवली, मगर मोटी, काली आँखों और घने लम्बे बालों, जिसे पीछे से लपेटकर उसका जूड़ा बना दिया गया था, वाली लाजवन्ती शर्मा ठाकुर को देखा। उस नजर में न जाने क्या था कि सकुचाई, सहमी-सी लाजवन्ती शर्मा ठाकुर कुछ इस तरह कठुआ गई जैसे माघ के महीने की आधी सर्द रात में उसे किसी ने सिर्फ एक कपड़े में बाहर छोड़ दिया हो। उसका पूरा जिस्म सर्द पड़ता जा रहा था और उसमें से कँपकँपी-सी छूट रही थी। सामने वाला व्यक्ति गुल्ला-थुल्ला था—किसी मोटे सेठ की तरह थुलथुल। उसने बेहद चमकीले और भड़कदार रंगों व डिजाइनवाली सिल्क की शर्ट पहन रखी थी जिसके सामने के तीन बटन खुले हुए थे और बटन खुले होने के कारण सीने के बाल दिखाई दे रहे थे। गले में गण्डे, ताबीज और तरह-तरह के पत्थरों के लॉकेटवाली ढेर सारी मालाएँ थीं—सबकी सब निखालिस सोने की। दोनों हाथों के अँगूठों को छोड़कर शेष आठों अँगुलियों में दो-दो, तीन-तीन के हिसाब से अँगूठियाँ थीं—पुखराज, मूँगा, गोमेद और पता नहीं किस-किस नगीनों की। दाईं कलाई में एक अँगुली मोटी सोने की चेन थी, जिसमें दो बड़े-बड़े हीरे जड़े हुए थे। एक आदमी इतना सारा सोना, इतने सारे जवाहरात पहन सकता है, वह यह देखकर हैरत में थी। हकीकत तो यह थी कि उसने अपने जीवन में इकट्ठे इत्ते सारे जवाहरात और सोना देखे भी नहीं थे—न तो किसी स्त्री के शरीर पर और न ही कहीं रखे हुए। अपनी सामान्य साड़ी और चप्पल में वह एकाएक खुद को बड़ी दीन-हीन सी महसूस करने लगी।

माइकल जैक्सन की तरह के बालोंवाला वह आदमी लगातार मुस्कुरा रहा था और उसे ऐसे घूर रहा था, जैसे—उसके शरीर की एक्स-रे निकाल रहा हो।

"अच्छा, कोई कैसेट लाई हैं, जिनमें आपके गाने हों ?"

लाजवन्ती सकुचाई—जी…कैसेट तो…"

"कोई बात नहीं, कैसेट बनाकर भिजवा दीजिए…नहीं, बेहतर होगा कि आप खुद लेकर आ जाइए। मैं तो देर तक यहाँ बैठता हूँ। शाम में कभी भी आ जाइए। ओके…बाई…"

भारी मन से लाजवन्ती विदा हो ली। उसने कैसेट के बारे में सोचा भी नहीं था। वह बिहार के उत्तरी इलाके के एक छोटे, बन्द ढक्कनदार डिब्बे जैसे शहर कटिहार की रहनेवाली थी जहाँ ट्रेन के चलने पर ही जीवन थोड़ा-बहुत स्पन्दित हो पाता। वरना स्कूल, मन्दिर, दुकान, दफ्तर, बाजार सब लगता, जैसे केंचुए की चाल से चल रहे हों। यह पूरा-का-पूरा शहर बम्बई के किसी एक बड़े आवासीय परिसर में समा सकता है, लाजवन्ती ने सोचा। बहते अथाह समन्दर के साथ अथाह जन समुद्र को भी अपने साथ बहाए लिए चली जाती है यह बम्बई। दादर-गौहाटी ट्रेन से जब वह दादर उतरी तब आधी रात हो चुकी थी और ट्रेन में लोगों की भीड़ अपेक्षया कम हो गई थी। शिखा अपने पति के साथ आई थी उसे लेने। उस आधी रात में भी भरी-भरी लोकल ट्रेन देखकर वह चकराई थी। मगर दूसरे तीसरे दिन जब वह चर्चगेट और वीटी पहुँची तो वहाँ की भीड़ के भागते दौड़ते पैरों को देखकर लगा, यह पूरा-का-पूरा शहर गोल-गोल घूम रहा है। अब तो बार-बार आते-जाते वह भी इसकी थोड़ी सी अभ्यस्त हो गई थी।

कैसेट बनाकर वह उसी गुल्ले-थुल्ले संगीतकार सुरेन्द्र निगम के पास पहुँची। सुरेन्द्र जी ने फिर से उसे पहले वाली नजरों से ही घूरा और कैसेट परे रख दिया—बात यह है बेबी, कि आप हैं नई और हम हैं इस्टैब्लिश्ड। किसी भी स्ट्रगलर को हम रातों-रात हिट बना सकते हैं, परन्तु अपने को भी तो उसके लिए कुछ चाहिए न !

"सर, मैं सारी उम्र आपको देवता की तरह पूजूँगी।"

"शिट ! देवता-वेवता क्या होता है ! हमलोग आदमी हैं। और जब देवताओं की ही बात आप कर रही हैं तो आपको मालूम होगा ही कि इन्द्र जैसे देवता भी अहिल्या को देखकर खुद को नहीं सम्भाल सके थे। मैं तो उनसे अधिक धीरजवाला हूँ। कबसे खुद को सम्भाले बैठा हूँ। उठो, चलो कहीं चलते हैं, कुछ पीते-खाते हैं। तुम्हें सुपरहिट बनाने का जिम्मा मेरा।"

लाजवन्ती सचमुच लाजवन्ती की डाल की तरह अपने में ही सिकुड़कर रह गई। ओह ! इतना बड़ा संगीतकार और उसकी यह मानसिकता ! वह मुँह फाड़े अवाक् उसे ताक रही थी। निगम बोला—"यस मैडम लाजवन्ती शर्मा ठाकुर, गुरु को गुरुदक्षिणा तो चाहिए ही न !"

उसने दलील दी—"सर, मैं कहाँ मना कर रही हूँ गुरुदक्षिणा से। मेरी पहली कमाई पूरी-की-पूरी आपकी होगी।"

निगम हँसा—"कबूतरी के पंख भी नहीं निकले और लगी देखने उड़ने का ख्वाब। आप मुझे पैसे दे सकती हैं ? कितनी हो सकती है आपकी कमाई ? ऐसे-ऐसे पैसे तो मैं राह चलते भिखारियों पर फेंक सकता हूँ।" उसकी आवाज में अब कड़वापन आ गया—"यहाँ ऐसी बातें करना सभ्यता नहीं मानी जाती। समझीं आप ?"

समझ गई लाजवन्ती और निगम का हाथ अपनी तरफ बढ़ते देखते ही कुर्सी

से उठ खड़ी हुई थी और डबडबाई आँखों से बाहर निकल आई। वह हैरान थी सभ्यता-असभ्यता की परिभाषा से।

क्या यह इतनी कठिन और निर्लज्ज राह है ? तो फिर इत्ती सारी लड़कियाँ ? क्या सब-की-सब ऐसी गुरुदक्षिणा को चढ़ाकर ही आगे बढ़ती होंगी ? नहीं-नहीं, उसने खुद को समझाया—टोकरे का एक सेब सड़ा हुआ हो तो क्या पूरा का पूरा टोकरा सड़ा मान लिया जाएगा ? बेशक मि. निगम बड़े संगीतकार हैं, मगर अकेले वही तो नहीं हैं इस दुनिया में ! वह दूसरों के पास जाएगी। अच्छे लोग भी तो होते ही हैं न इस संसार में कि नहीं ?

"आइए मैडम, बैठिए।" घुँघराले वालों और छोटी-छोटी आँखोंवाले आदेश वर्मा ने उसे बैठने को कहा और अपनी फाइल पर झुक गया। लाजवन्ती इधर-उधर देखती रही। ऑफिस में आदेश वर्मा को मिले तरह-तरह के अवॉर्डों की तस्वीरें लगी हुई थीं। बीच-बीच में वह उसे भी देख लेती; जो अभी तक फाइल में ही डूबे हुए थे। उसे इस बात का जरा भी आभास नहीं हुआ था कि आदेश वर्मा उसे लगातार घूर रहा है। फाइल तो बस एक बहाना था—खुद को व्यस्त दिखाने का।

तकरीबन पन्द्रह मिनट बाद उसने फाइल बन्द की और उसकी तरफ मुखातिब हुआ—"इसके पहले कहीं और गाया है ?"

"जी रेडियो स्टेशन पर सुगम और फोक गाती आई हूँ।"

"आ'यू इम्प्लॉयड समव्हेयर ?"

"बैंक में प्रोबेशनरी ऑफीसर हूँ।"

"बम्बई में ?"

"नहीं सर, वहीं, बिहार में ही।"

"देन हाऊ विल यू मैनेज योर जॉब एज वेल एज योर हॉबी ?"

"सर, यहाँ जैसे ही कुछ पॉजिटिव रेस्पाँस मिलने लगेंगे, मैं ट्रांसफर करा लूँगी। अगर यहाँ काम ज्यादा मिल गया तो वहाँ से रिजाइन भी कर सकती हूँ...पर सर, यह सब तो आपके ऊपर है कि आप मुझे चांस देते हैं या नहीं ?"

"हाँ, हाँ, व्हाई नॉट ? टैलेन्ट तो खुद-ब-खुद सामने आ जाता है। पर..."

"हाँ सर, यह कैसेट लाई हूँ।"

आदेश वर्मा मुस्कुराया। लाजवन्ती ने हमेशा की तरह साड़ी में अपने को बाँध रखा था। पीठ पर एक मोटी कसी हुई चोटी लटक रही थी। आदेश वर्मा ने आदेश दिया—"खड़ी हो जाइए।"

"जी ?"

"मैंने कहा, स्टैण्ड अप !"

अकबकाई-सी लाजवन्ती कुछ न समझ पाई। लेकिन खड़ी हो गई। वर्मा ने उसे थोड़ी देर इधर-उधर सर घुमाकर इस तरह देखा, जैसे वह प्रदर्शनी में लगी कोई चीज

हो। फिर उसे बैठने को कह दिया। लाजवन्ती मूर्खों की तरह उसे देखती रही।

"मैं देख रहा था कि कल को अगर आप फेमस हो गई और स्टेज शो करना पड़ा तो आप उसके लिए फिट बैठती हैं या नहीं। 'बाइ द वे', यह कैसेट कहाँ से तैयार कराया आपने ?"

"जी अपने कमरे में ही..."

आदेश वर्मा जोर से हँसा। जोर से हँसने से उसकी कंजी आँखें लगभग बन्द-सी हो गईं। उसके दाँत कुछ उभरे हुए, ऊबड़-खाबड़ और पान की वजह से काले पड़े हुए थे। इस तरह उसके हँसने से उसकी आकृति बड़ी अजीब-सी हो गई। एक जुगुप्सा भाव से वह भर गई। वर्मा ने सीने के बालों को सहलाते हुए कहा—लगता है, इस लाइन के प्रोफेशनलिज्म से आप बिलकुल नावाकिफ हैं। भई, इस कैसेट पर आपका पूरा कैरियर निर्भर करता है। यह बच्चों का खेल थोड़े है कि बस, टेप खोला और गा लिए और खुश हो गए अपनी आवाज सुनकर। इसे किसी रेकॉर्डिंग स्टूडियो में जाकर तैयार करवाओ डार्लिंग, तभी वॉइस क्वालिटी और दूसरी चीजों का पता चलेगा।" दूसरी चीजें कहते-कहते उसने उसकी साड़ी को यूँ देखा जैसे वह कोई फालतू-सी चीज है, जो उसके बदन से चिपकी पड़ी है।

इस तरह की तकनीकी बातों से लाजवन्ती अन्जान थी। उसने तो यही सोचा था कि बचपन से जो उसने संगीत साधना की है, उसके बल पर वह बम्बई में फिल्मों में अपनी जगह बना सकती है। मगर अब उसे हर तरह की बाधाओं से दो-चार होना पड़ रहा था।

वर्मा ने कहा—"अच्छा, बातें तो होती ही रहेंगी। आप ये बताइए, क्या लेंगी—चाय; कॉफी या ठण्डा..."

"जी चाय।"

वर्मा ने दो चाय का ऑर्डर दिया और उसकी पूरी तफ्सील लेने लगा। बातें करते-करते वह अपनी जगह से उठा और खिड़की के पास जाकर खड़ा हो गया—"यू नो, हर दिन ऐसे-ऐसे जाने कितने स्ट्रगलर्स आते हैं। सब एक ही बात लेकर, सर ! मुझे सिंगर बना दीजिए। अरे भई, मैं कोई दर्जी थोड़े हूँ कि कपड़े काँट-छाँटकर फिट कर दिया। यू नो, मैं तो रोज के इन लफ्ड़ों से इतना तंग आ गया हूँ कि मैं तो उनसे मिलता भी नहीं। मेरा सेक्रेटरी ही उन्हें निपटा देता है। आपको देखकर लगा कि नहीं, कुछ बात है आप में, इसीलिए पर्सनली आई कॉल्ड यू। फिल्म इन्डस्ट्री में हिट होने के कुछ नुस्खे हैं, एण्ड फॉर गर्ल्स, दिस इज वेरी सिम्पल।"

छोकरा चाय के दो गिलास रख.गया। वर्मा ने उसे चाय लेने का इशारा किया। फिर अपनी चाय सिप करते हुए बोला—"यह इण्डस्ट्री हर तरह के लोगों से भरी पड़ी है। हिट लोगों से, फिट लोगों से; यहाँ तक कि मिसफिट लोगों से भी। आपको यह जानकर हैरानी होगी कि मिसफिट होने के बाद भी लोग यहाँ से चले नहीं जाते। यहीं

घिसटते रहते हैं, इस उम्मीद में कि कभी तो फिट हो पाएँगे और जो फिट हो गए तो एक-न-एक दिन हिट हो ही जाएँगे। वे कीड़े-मकोड़ों की तरह आते हैं और वैसे ही चले भी जाते हैं।''

''सर ! मेरे लिए क्या उम्मीद बनती है ?''

''फेयर ! वेरी फेयर ! हिट बनाना तो मेरे बाएँ हाथ का खेल है। एक गाना तुम मेरे साथ गाओगी और रातों-रात हिट हो जाओगी। मगर उसके लिए तुम्हें अपने आपको यहाँ फिट करना होगा।''

''जी मतलब ?''

''मतलब यह कि चलो, चलकर कहीं बैठते हैं, आराम से बातें करते हैं।'' कहते-कहते उसने पास आकर उसके गाल पर हल्की-सी चुटकी ले ली।

लाजवन्ती को काटो तो खून नहीं। यकायक उसे लगा, उसके पूरे बदन का खून सर्द पड़कर जम गया है। पसीना उसके माथे पर छलक आया। वह इतना ही बोल सकी--''सर, ये...''

बड़े ही शान्त और स्थिर स्वर में वर्मा ने कहा--''ये फिट होने के तरीकों में से एक है।''

''आ'एम सॉरी सर, पर मुझे ऐसे तरीकों से फिट नहीं होना है।''

''एज यू विश।'' कन्धे उचकाते हुए वर्मा ने कहा और वापस अपनी कुर्सी में धँस गया। फाइल खोली और उस पर पेन्सिल से जगह-जगह कुछ लाइनें खींचने लगा। लाजवन्ती की चाय अभी खत्म नहीं हुई थी और अब इसे खत्म करना उसे बड़ा ही कठिन लग रहा था। मगर सभ्यता का परिचय देते हुए किसी तरह उसने चाय खत्म की और जाने की इजाजत माँगी। वर्मा ने सिर झुकाए हुए ही ''हूँ'' कहा। लाजवन्ती जब उठकर जाने लगी, तब पीछे से वर्मा ने कहा--''मैडम, आपकी कैसेट यहीं रह गई। लेते जाइए।''

लाजवन्ती ने कुछ कहा नहीं। चुपचाप कैसेट उठाकर पर्स में डाल लिया। बाहर निकली तब भी उसके चेहरे का रंग उड़ा हुआ था। बाहर स्टूल पर चपरासी बैठा हुआ था। लाजवन्ती के कानों में उसकी आवाज पड़ी--''लगता है, माल पटा नहीं साहब से।''

बंगाली परिवार का खुलापन होते हुए भी कुछ मायनों में लाजवन्ती का परिवार सामान्य मान्यताओं की केंचुल से नहीं निकल पाया था। इसलिए कॉमर्स लेकर पढ़ने का जहाँ किसी ने विरोध नहीं किया, वहीं संगीत के प्रति उसकी रुचि देखकर स्वयं उसके बाबा ने संगीत की शिक्षा का प्रबन्ध कराया। प्रोबेशनरी परीक्षा देने पटना गई, तब भी किसी ने आपत्ति नहीं की और रेडियो पर जब पहली बार उसका सुगम संगीत प्रसारित हुआ, तब माँ की आँखों में आँसू छलक आए ''आमार सोनार मतुन मे (मेरी सोने जैसी बिटिया !)'' मगर बम्बई जाकर फिल्म लाइन में तकदीर अजमाने की बात

का हर किसी ने विरोध किया—''ना खुकी (बिटिया) ना ! यह भले आदमियों की जगह नहीं है। हमलोग ठहरे छोटे-मोटे लोग। वह बड़े-बड़े लोगों की बड़ी-बड़ी दुनिया है, जहाँ कीचड़ में ढेला मारने पर खुद पर उसके छींटे नहीं पड़ते।''

मगर लाजवन्ती तो बचपन से लता, आशा और गीताजी को अपना आदर्श माने बैठी थी। गीता दत्त का यह गीत तो उसकी धूमिल पड़ती उम्मीद को फिर से झाड़-पोंछकर चमकदार बना डालता—

तदबीर से बिगड़ी हुई तकदीर बना ले
अपने पे भरोसा है तो ये दाँव लगा ले।

इसी भरोसे का दामन थामे तो वह आ गई बम्बई—अपने सपने को साकार करने—

''बाई द वे, मैडम लाजवन्ती, फिल्मों में आई हैं या आना चाह रही हैं तो ये नाम तो नहीं चलेगा।''

''कैनो (क्यों) सर ?'' सामने गाँगुली मोशाय के होने की छूट लाजवन्ती ने बांग्ला बोलकर ले ली थी।

''डोन्ट टॉक इन बेंगॉली। मैं बेंगॉली जरूर हूँ, मगर मुझे यह जबान आती नहीं। दो-तीन जेनरेशन से हमलोग बाहर-बाहर रहे और जहाँ रहे, वहाँ की जबान बोलते रहे। और आज तो हिन्दी और अंग्रेजी—यही दो भाषा रह गई है।''

सचमुच लाजवन्ती को बड़ा क्षोभ हुआ। अब तक बंगाली होने के मिथक कि वे चाहे जहाँ भी रहें, चैच्चरी भाजा, मूड़ी घॅण्टो, सॉन्देश और बांग्ला भाषा की गन्ध छोड़ते ही रहेंगे, को इस तेज-तर्रार युवा प्रदीप गाँगुली ने पलभर में ध्वस्त कर दिया। उसी को लें। सारी पढ़ाई लिखाई हिन्दी में होने और चारों तरफ हिन्दी क़ा माहौल होने के बावजूद हिन्दी बोलते वक्त उस पर आते बांग्ला के प्रभाव को काबू में नहीं कर पाती थी। प्रदीप गाँगुली की बात उसे पची नहीं और कुछ बोलने के लिए फिर से उसके मुँह में बांग्ला आई, जिसे बड़ी मुश्किल से उसने भीतर ठेला और थोड़े तुनकभरे स्वर में कहा—''अइसा तो आज तक नेई हुआ है प्रोदीप दा कि कोई बांगाली अपनी भाषा, आपना कल्चर भूल जाए।''

''एनी वे।'' प्रदीप गाँगुली को जैसे इस पचड़े में कोई रुचि नहीं थी। उसने बात को मोड़ दिया—''सिंगर बनना आजकल बड़ा टफ हो गया है, खासकर आप जैसी लड़कियों के लिए।''

''मैं समझी नहीं दादा।''

''प्लीज डोन्ट टेक इट अदरवाइज। एक तो आप देखने से ही बड़ी रिजर्व किस्म की लगती हैं। दूसरे आपकी ड्रेस-अप, मेक-अप और तीसरे आपका नाम। सब मिलाकर एक सिकुड़ी सिमटी, किसी खोल में लिपटी लड़की की कल्पना जेहन में उभरती है।

इसके आपको निकलना होगा। "इमेज एट फर्स्ट साइट" आपको क्रिएट करनी होगी। इसलिए अगर आप अपने कैरियर के प्रति सीरियस हैं तो दो काम फटाफट कीजिए—एक तो नाम बदल लीजिए और दूसरा लुक-आउट। बी प्रेजेन्टेबल।"

लाजवन्ती शर्मा ठाकुर की ठकुराई कहीं अतल गहराई में धँसती चली जा रही थी। अब तक इन चीजों पर इतने खुले रूप में किसी ने टिप्पणी नहीं की थी। बल्कि उसके आसपास के माहौल में जहाँ हर बड़ी होती लड़की मनचलों के मनोरंजन का सामान होती है, उनसे बचने के लिए ही तो उसे यह बाना धरना पड़ा था। मैट्रिक में थी तभी एक वाक्य उसके कानों में पड़ा था—बी एच एम एच ! बाद में उसे किसी से पता चला, इसका मतलब है—"बड़ी होगी, माल होगा।" और उसे लगा था कि उसका पूरा शरीर खौलते तेल की कड़ाह में डाल दिया गया हो।

प्रदीप गाँगुली कह रहे थे—"डोन्ट वरी। मैं आपको एक्सप्लॉयट नहीं करूँगा। मैं साफ-साफ बता दूँ कि मैं लड़कियों से फ्लर्ट नहीं करता। मगर यहाँ सैकड़ों ऐसे मिल जाएँगे। ऐसी लड़कियाँ भी तो हैं यहाँ जो देह की दुनिया के बल पर इस दुनिया को हासिल कर लेना चाहती हैं। और एकबार अगर वे जान गए कि आप यहाँ किस्मत आजमा कर ही रहेंगी तो वे भी आपको इसके लिए मजबूर करके ही छोड़ेंगे। चारो तरफ की ऐसी हवा देखकर आपको शायद लग सकता है कि यहाँ इसके बगैर गुजारा नहीं, और यहीं आप मात खा जाएँगी। और इसकी क्या गारन्टी है कि इसके बाद वे आपको सुपर-डुपर हिट बना ही देंगे। यह तो उनका जाल है। जो फँसी वो हलाल...आप अपना नाम-पता छोड़ जाइए, मैं आपको चांस जरूर दूँगा, मगर कब, यह नहीं बता सकता। बट, माइण्ड वन थिंग, बी प्रेजेण्टेबल। नॉट फॉर मी, फॉर योरसेल्फ।"

"चलो, बांगाली होने का धर्म तो निभाया प्रोदीप दा ने।"

लाजवन्ती शिखा को आज की बात बता रही थी। प्रोदीप दा को वह शिखा के घर का पता देकर आई थी। और सचमुच प्रोदीप दा ने उसे एक गीत गाने का चांस दिया था। उस गीत का कैसेट अब उसकी थाती हो गई थी—उसके बायोडाटा में एक प्वायन्ट और जुड़ गया।

दादर-गौहाटी ट्रेन लाजवन्ती की दूसरी सखी हो गई। अब वह बम्बई तबादले की मानसिकता में थी। मगर जब कटिहार और बम्बई के रहन-सहन, महँगाई और जीवन शैली में तुलना करती तो सहम जाती। एक कमरे का घर लो तो भी चार-पाँच हजार रुपए। माँ-बाबा को साथ रखना ही होगा। इकलौती सन्तान ठहरी वह। मगर जब बम्बई की गगनचुम्बी इमारतों की तरह उसकी कल्पना भी इतनी ऊँचाई नापने लगती तब उसे लगता, बम्बई आना अधिक लाभप्रद है। आखिर आने-जाने, ठहरने में तो खर्च होता ही है। फिर कटिहार से वह कितना फॉलोअप कर सकेगी। यहाँ दफ्तर के बाद के समय में इधर-उधर जा सकती है, फोन कर सकती है और एकबार गाड़ी लाइन पर आ जाए बस ! पैसे की दिक्कत भी आप-से-आप खत्म हो जाएगी।

"कटिहार ? जहाँ पहुँचते-पहुँचते कटि हार जाए—वही कटिहार न !" वोरा साहब ने अब अपने अतिरिक्त हिन्दी ज्ञान का प्रदर्शन किया तब वह मुस्कुरा पड़ी—"मगर कोई बात नहीं। आप तो बेंगॉली हैं न ! सो नो प्रॉब्लम। भई, आप लोगों से ही तो फिल्म इण्डस्ट्री और यहाँ का म्यूजिक वर्ल्ड है। हेमन्त दा, किशोर दा, सचिन दा, राहुल दा…" उसने कहना चाहा—'सर सचिन दा, राहुल दा, तो त्रिपुरा…"मगर वोरा साहब अपनी रौ में बोले चले जा रहे थे—बंगाल की माटी से तो फिल्म इण्डस्ट्री भरी पड़ी है…विमल रॉय, प्रदीप कुमार, अशोक कुमार, सुचित्रा सेन, मुनमुन सेन, शर्मिला टैगोर, मौसुमी चटर्जी, कुमार सानू, हृषि दा, बासु दा…" न जाने कितने नाम और क्या-क्या वे बोलते चले गए। फिर बोले "आज आप फ्री हैं ?" "क्यों सर ?"

"फर्स्ट ऑफ ऑल, ये सर-वर कहना छोड़ो। मेरा नाम रमेश वोरा है। ज्यादा-से-ज्यादा रमेश जी कहो।" वोरा साहब भी अचानक आप से तुम पर उतर आए थे।

"यस, तो मैं कह रहा था कि अगर आज शाम को आप फ्री हैं तो चलिए मेरे साथ—कहीं कॉफी-वॉफी पीते हैं।"

अब तक शाम के कॉफी के प्रोपोजल से लाजवन्ती को लगने लगा कि यह इस कैरियर की एक अमिट शर्त है। परन्तु मध्यवर्गीय संस्कार उससे हमेशा सॉरी बुलवा लेते। मगर इस बार गई—आखिर देख ही लिया जाए, क्या और कैसी होती है इनकी कॉफी मीट।"

एक बड़े और ग्रैण्ड होटल में जब वे घुसे तो वह अपनी सकुचाहट छुपा न पाई और घबड़ाहट में अपनी साड़ी का पल्लू पीठ से खींचते हुए सामने कर लिया।" "नो, नो, डोन्ट बिहेव लाइक दिस।" कहते हुए वोरा ने अपने हाथों से उसका पल्लू पीछे गिरा दिया। ऐसा करते समय उसकी उँगली लाजवन्ती की गर्दन से छू गई। लाजवन्ती को जैसे काटो तो खून नहीं। अगर कहीं कुछ हो गया तो वह किससे क्या-क्या फरियाद करेगी। वोरा साहब तो फिल्म जगत के जाने-माने संगीतकार हैं। इनके खिलाफ बोलने पर क्या होगा ? अखबार को कुछ चटपटी खबरें मिल जाएँगी और बस ! एक स्ट्रगलर की इस सच्चाई पर कौन विश्वास करेगा ? खुद वोरा साहब ही कह देंगे कि मैंने इससे गाना नहीं गवाया, इसलिए मुझे इस तरह से बदनाम कर रही है। बात उसके घर में, दफ्तर में सब जगह फैलेगी, फिल्मी पन्ना और उसमें भी इस तरह की मसालेदार खबरें, जिसे लोग सबसे पहले पढ़ते हैं।

लाजवन्ती की उद्विग्नता वोरा से छुपी न रह सकी, मगर उन्होंने ध्यान नहीं दिया और बड़ी बेफिक्री से सिगरेट सुलगा ली। तभी दो लड़कियाँ अन्दर घुसीं और वोरा को देखते ही चहकीं—"हाय रमेश डार्लिंग ! हाऊ आ'यू ? कैन वी आल्सो हैव अ कप ऑफ कॉफी ?

"इट्स माई प्लेजर। हैव ए सीट प्लीज।"

लाजवन्ती को हालाँकि अच्छी अंग्रेजी आती थी क्योंकि प्रोबेशनरी परीक्षा की एक अप्रत्यक्ष शर्त ही होती है—अंग्रेजी पर आप की अच्छी पकड़। फिर भी, बोलने का अभ्यास न होने के कारण वह खुलकर नहीं बोल पाती। यहाँ उन दोनों को अबाध गति से वोरा के साथ अंग्रेजी में बात करते देख वह नर्वस-सी हो रही थी। वोरा इसे भाँप गया। तुरन्त बोला, ये हैं मिस मीना और नेहा। मीना मॉडलिंग करती हैं और नेहा पॉप सिंगर हैं एण्ड माई स्वीट हार्ट्स, दिस इज लाजवन्ती शर्मा ठाकुर—सिंगर बनने आई हैं।"

"ओ......! हाऊ आ'यू ?" नेहा उसकी ओर यह जुमला फेंक जवाब का इन्तजार किए बगैर ही वोरा की ओर मुड़ गई—"व्हाट अ फनी नेम ! फिर भी अच्छी है।" यह कहकर उसने बड़ी बेतकल्फुफी से वोरा को आँख मारकर अपनी कुर्सी वोरा की तरफ खिसका ली और टाँग पर टाँग चढ़ाकर बैठ गई। ऐसा करने से उसके मिनी स्कर्ट के नीचे से जाँघ "वी" के आकार में आ गई।

शिखा गम्भीर हो गई—"शुन (सुन), इस तरह के चाय-कॉफी के बुलावे में जरा सम्भलकर जाओ। यह मानकर चलो कि अभी तुम शतरंज का मोहरा हो, इसलिए सभी तुम पर हाथ आजमाना चाहेंगे। हाँ, एकबार तुम इनकी बादशाहत हासिल कर लो, फिर इन्हीं के बढ़ते हाथ ताबेदारी के रूप में तुम्हारे सामने बँधे मिलेंगे। मगर तब तक सावधानी बरतना तुम्हारा फर्ज है।"

लाजवन्ती फिर से उलझनों में घिर गई। वोरा के साथ कॉफी पीने और कुछ अघटित न घटने व होटल के माहौल से उसकी हिम्मत थोड़ी खुली थी, नेहा के शब्द अभी भी उसके कानों में गूँज रहे थे—"व्हाट अ फनी नेम !" ठीक ही तो है—कभी दिलीप कुमार, मीना कुमारी, मधुबाला आदि ने भी तो नाम बदले थे, यह कटिहार का उसका दफ्तर तो है नहीं। मगर वेशभूषा के रूप में ग्रैजुएशन के समय से आज तक जो साड़ी बाँधती आ रही थी, कैसे उसे केंचुल की तरह उतारकर फेंक दे। आखिर वह तो पार्श्व गायिका बनने आई है, हीरोइन नहीं।

"सो व्हाट ?" फैजल-नकुल संगीतकारों की इस जोड़ी में से एक फैजल ने कहा—"फर्ज कीजिए, आप कल को पॉपुलर हो गईं तो आपके स्टेज शो होंगे, टी.वी. पर इण्टरव्यू आएँगे तो आप क्या ऐसी ही लद्दड़-फद्दड़ बनी रहेंगी ? दिस इज शो बिजनेस मैडम ! यहाँ हर चीज को बड़ा सजा-धजाकर, ग्लैमरस बनाकर रखना पड़ता है। तभी हम-आप सेलेबल हो सकते हैं।"

नकुल कहीं चले गए थे। फैजल ने हारमोनियम पर एक हल्की-सी धुन निकाली और पूछा—"इस धुन पर आप कुछ गुनगुनाएँगी ? लाजवन्ती ने आलाप लेना शुरू किया ही था कि तब तक फैजल ने हारमोनियम बन्द कर दिया—गुड, गुड व्यॉयस ?" फिर एकाएक जैसे बोला—यू सी बॉम्बे गर्ल्स। क्या सभी-की-सभी फिल्म लाइन में है ? बट सी देयर ड्रेस—अप, मेकअप, टॉकिंग कल्चर...दीज आ'इसेन्शियल थिंग्स। और मैं

बताता हूँ कि यह सब कैसे तुम अपने भीतर ला सकती हो।'' कहते-कहते वह झटके से उठा और इस तेजी से उसका पल्लू खींच लिया कि जब तक वह सम्भले-सम्भले, उसका आँचल जमीन पर था। सुपुष्ट, भरे-भरे बंगाली वक्ष और घबड़ाहट में उठती-गिरती तेज साँसों से उत्पन्न एक हल्की थिरकन–फैजल का चेहरा लाल हो गया। वह जैसे बेकाबू होकर उसकी ओर बढ़ा, तबतक लाजवन्ती अपना पल्लू सम्भाल चुकी थी। उसके कदम को रोकते हुए उसने काँपती आवाज में कहा–''फैजल साहब !''

अचानक फैजल ने खुद को सम्भाल लिया किसी शातिर खिलाड़ी की तरह–''इट वाज अ ड्रामा माई पूअर लेडी, एण्ड आपको फेस करनी पड़ सकती है ऐसी सिचुएशन…कभी भी। लीजिए, पानी पीजिए।''

लाजवन्ती के शरीर में इतनी ताब नहीं रह गई थी कि वह गिलास ले ले। उसका मोह भंग होता जा रहा था। घर पर भी तो सभी मना ही कर रहे थे–''अच्छी खासी ऑफसरी तो कर रही हो, गाने का शौक भी रेडियो पर गाकर और आसपास में स्टेज कार्यक्रम करके पूरा कर ही लेती हो। खामखाँ इतनी ऊँची उड़ान भरने की कोशिश क्यों कर रही हो ?'' बेहतर है, लौट जाए कटिहार। नौकरी है ही। माँ-बाप शादी के लिए जोर दे ही रहे हैं। बस रम जाओ शादी, बच्चे, गृहस्थी और नौकरी में। देह के दिए में संगीत की बाती जलाना ही शायद यहाँ की रीत है।

''परन्तु कैसी देह और कैसी रीत ? क्या कटिहार क्या बम्बई–क्या ऐसी कोई जगह है जो मनचलों से अछूती हो। क्या कोई जवान लड़की कह सकती है कि उसकी देह को, उसके शरीर की बाढ़ को किसी आवारे ने टोहा नहीं है। यहाँ तो फिर भी बिजनेस है।'' शिखा के पति भी आ गए थे। हर दिन की घटना शिखा उन्हें बताती थी। आज उनसे न रहा गया–''फीमेल एक्सप्लॉयटेशन तो इस तरह से यहाँ होता है, बट टेल मी, व्हाट अवाउट द मेल ?''

''अरे, इसमें न समझनेवाली बात क्या है ? वे उनसे गुलामी कराते हैं। पैर दबाने से लेकर खाना-बनाने, बच्चे को स्कूल छोड़ने और दारू की गिलास भरने तक। मेल एक्सप्लॉयटेशन ऐसे होता है। तुमिओ तो…अब क्या तुम यह समझते हो कि ऐसा आदमी अपने घर की बीबी, बहन, बेटी से कहेगा कि देखो, मैं तो इस लड़की से फ्लर्ट करने जा रहा हूँ। ये रहे छोकरे, तुमलोग इन्हें ले जाओ। ऐसे लोग खुद चाहे जो करें, मगर चाहेंगे कि उनका घर रामायण की तरह पवित्र बना रहे।''

फैजल से लाजवन्ती ने कहा था–ठीक है सर, मैं कोई निकनेम रख लेती हूँ। मैं यहाँ के माहौल में एडजस्ट करने की कोशिश भी कर रही हूँ। मगर, मेरे भी तो कुछ संस्कार हैं। और, फिर मैं कोई हीरोइन बनने तो आई नहीं हूँ कि देह दिखाती फिरूँ। आखिर लता मंगेशकर जी, आशा भोसले भी तो यहीं–इसी दुनिया की हैं। वे तो वैसे नहीं रहतीं।''

''ओह बेबी, यू आ'सो इनोसेन्ट। लुक, लता, आशाजी आज के जमाने में नहीं

है। और आज जहाँ वे हैं, वहा उनका नाम चमकता है, बाकी कुछ नहीं। मगर आज वे भी यदि आपकी तरह स्ट्रगलर बनकर आतीं न, तो नहीं खपतीं इस मार्केट में उनकी दो चोटी, सादा-सफेद साड़ी और बिना मेकअप का चेहरा। उन्हें भी यह सब करना पड़ता। समझी बेबी, हूँ…।" यहाँ किसी को कुछ भी देखने का, खोजने का टाइम नहीं है। खुद ही अपने आपको दिखाना पड़ता है।"

"क्या लाजवन्ती जी, कोनो चांस-उंस मिला अभी तक कि नहीं। और इस बार तो आप पूरे बम्बइया होकर आई हैं।" लोचन झा, उसका सहकर्मी, बड़ी बेशरमी से दाँत निपोरे पूछ रहा था। पूरे बैंक में एक वही महिला कर्मचारी थी। अधिकारी थी तो क्या हुआ, थी तो महिला ही, इसलिए उसकी एक-एक हरकत पर सबकी नजर टिकी रहती। किससे हँसकर बोली, किसे डाँटा, कैसी साड़ी पहनी, कितनी बार बाथरूम गई। उसने एक बार लोचन झा को कहते सुना था—"गिन लेना, पूरे बीस से बाईस दिन के बाद मैडम जो है न, एकदम गाढ़ा-गाढ़ा रंग का साड़ी पहनती है तीन चार दिन, ताकि कहीं कुछ लगा-उगा दिख न जाए।" एक घोर वितृष्णा से वह भर उठी थी।

वही लोचन झा आज उसके बदले हेयर स्टाइल पर कमेन्ट कर रहा था। इन्हीं जैसे लोगों से खुद को बचाने के लिए उसने साड़ी का पल्लू कभी पीठ के पीछे नहीं छोड़ा। फिर भी ये लोग अपने टुच्चेपन से बाज नहीं आते थे। वही क्यों, हर बड़ी होती, स्कूल-कॉलेज जाती लड़की इनकी आवारा हरकतों से परेशान रहती। मगर डर, बदनामी, परेशानी की वजह से चुप रह जाती। बम्बई में उसे यह लोलुपता नहीं दिखी। एक-से-एक लड़कियाँ एक-से-एक फैशन और कपड़ों में निकल जाती है। कोई देखता तक नहीं।

मगर यहाँ ? यही लोचन झा ही पचास वर्षीय रामसुकुल मिश्र से कह रहा था—"अरे, चौंतीस से कम का तो पहनती ही नहीं होगी। बंगाली लड़की लोग का वैसे भी थोड़ा हेवी रहता है। सींक जैसी पतली छौड़ी भी बत्तीस का बोझा लादे घूमती रहती है।" और जब वह अपने केबिन से निकली थी तब रामसुकुल मिश्र ने उसे ऐसे देखा था जैसे छत्तीस-बत्तीस आँक रहा हो।

शिखा का फोन आया था। प्रदीप गाँगुली ने उसे बुलाया है। दादर-गौहाटी ट्रेन, बम्बई की बेस्ट बस और लोकल ट्रेन तथा लाजवन्ती शर्मा ठाकुर…अब एक ही माला के अनेक मनके थे।

शिखा की चिट्ठी भी आई थी। प्रदीप तो मेरे पहिचान का ही निकला रे। मैंने तुम्हारे बारे में उसे बताया। तुम्हारी परेशानी भी बताई। हँसने लगा। बोला—"वो क्या है बोउदी कि ताली एकतरफ से तो बजती नहीं। कई लड़कियाँ होती ही ऐसी हैं जो मानकर चलती हैं कि देह एक लिफ्ट है जिस पर चढ़कर वे फटाफट सफलता की मंजिल पर पहुँच जाएँगी। वैसियों ने ही सबकी आदत बिगाड़ रखी होती है और इसकी चाट

लगी लोगों को हर नई लड़की एक लिफ्ट की नाई दिखाई देती है। इस लिफ्ट से परे की भावना तो आनेवाले को ही बनानी पड़ेगी न ! फिर भी, इस दुनिया में भी सभी ऐसे ही नहीं हैं बोउदी। अच्छे लोग भी हैं, भले उनकी संख्या कम है। एण्ड मेनी थिंग्स डिपेन्ड ऑन यू ऑल्सो।"

दादर-गौहाटी ट्रेन में बैठी लाजवन्ती शर्मा ठाकुर उर्फ लाज ठाकुर सोच रही थी—शिखा की मदद से वह कोई कमरा ले लेगी या कहीं पेइंग गेस्ट के रूप में रह लेगी। शिखा के साथ ही बाजार जाकर कुछ कपड़े खरीद लेगी। यह उसकी अपलिफ्टिंग होगी। लोचन झा; रामसुकुल मिश्र और आदेश वर्मा, फैजल जैसों के लिए लिफ्ट तो कभी नहीं बनेगी। काले घने बाल पीठ पर लहरा रहे थे और आँचल भी जैसे भागती ट्रेन के साथ उड़-उड़कर, लहरा रहा था; जैसे आँख मिचौनी खेल रहा हो। कच्छी कढ़ाई वाले ब्लाउज के शीशे में जैसे ढेर सारी लाजवन्ती झिलमिला रही थी। बरबस उसके होठों पर एक गाना आ गया—

"वो सुबह कभी तो आएगी..."

प्रेम गली अति साँकरी

यों तो सारे समय गुगली ढेंगू को अगोरे बैठी रहती थी, पर उस दिन ढेंगू के ऐन अन्तिम समय में वह उसके पास न रह सकी थी। वह तो तेज हवा में उड़ते सूखे पत्ते की तरह वहाँ से भागी थी। उसने साफ-साफ देखा था कि उस जलती जेठ की दुपहरी में, जब घड़े का पानी भी खौलते पानी के माफिक गर्म हो रहा था, ढेंगू का बदन तो उससे भी ज्यादा किसी भट्ठी की तरह सुलग रहा था। उसकी नाक से गर्म-गर्म साँस लोहार के भाथी की तरह आग उगलती लग रही थी। वह बहुत ही रोई थी, छटपटाई थी। मारे घबड़ाहट के, जब और कुछ नहीं सूझा तो सभी देवी-देवताओं के मन्नत मानने लगी थी। ढेंगू की तबीयत सुधर जाए, वह चंगा हो जाए, इसके लिए अब तक वह भगवती मैया, छठ मैया से लेकर हनुमान जी भैरो बाबा और पता नहीं किन-किन देवी-देवताओं की मन्नत मान बैठी थी।

चन्दरमा उसी दिन अहले भोर ही वहाँ पहुँच गई थी। ढेंगू की तबीयत और गुगली की मनोदशा उससे छुपी न थी। उसे घास काटने जाना था। सोचा था कि घड़ी-दो घड़ी उन लोगों के पास बैठकर उन लोगों का हाल-चाल पूछकर वह घास काटने चली जाएगी। गर्मी का दिन ! सूरज सात बजे से ही माथे पर यूँ नाचने लगता जैसे घर का कोई बदमिजाज बूढ़ा, जिसकी लौंगिया मिर्च जैसी जुबान भोर की पहली किरण के साथ ही फट से खुल जाती है। ऐसे में दोपहर में घास काटने जाना भट्ठी में खुद को झोंकने जैसा था। अतः सोचा कि अहले सुबह घास काटकर घर को लौट जाएगी। आखिरकार उसे अपना घर भी तो देखना था।

भले ही चन्दरमा का ब्याह नहीं हुआ था, मगर उसका घरबार तो था ही जिसमें वह अकेली डोलती रहती थी। उसके ब्याह की आस देखते-देखते उसके माँ-बाप स्वर्ग सिधार गए और अब उस पूरे घर में वह किसी साए की तरह छोटी-बड़ी होती रहती। चन्दरमा के ब्याह में सबसे बड़ी बाधा थी उसका रूप रंग। वह केवल नाम से ही चन्दरमा थी। उसके ऊपर के चार बड़े-बड़े दाँत हमेशा आगे निकले रहते जो उसकी कंजी बिल्लौरी आँखों को भयानक ढंग से रहस्यमय और कुछ हद तक खौफनाक बना देते। लोग कहते कि इस घर में हमेशा एक बिल्ली घूमती रहती है जो दरअसल बिल्ली नहीं है। वह कोई प्रेत है जो बिलाड़ बनकर चन्दरमा पर आता है। लिहाजा उसकी शादी की

बात चलने पर चन्दरमा के रूप-गुण की खबर बाद में ली जाती, मृत जानवर के बदबू जैसी यह खबर वहाँ पहले पहुँच जाती। फिर कुटुंब दस बहाने बनाकर वहाँ से खिसक लेते। कई बार तो यह भी हुआ कि मेहमान आए, खाया-पिया, लड़की देखी और खुद पान की दुकान पर जाकर पान खाने के आग्रह के साथ घर से निकले और दुबारा लौटकर आए ही नहीं। चन्दरमा के माँ-बाप कर्जा काढ़-कांढ़कर मेहमानों का स्वागत करते, इस आस के साथ कि शायद यहाँ उसकी बेटी के जीवन की नाव ठिकाने लग जाएगी। मगर अब आस की कोई भी डोर बँधती न देख उसे उसकी तकदीर के सहारे छोड़ दिया कि भरसक भूल से या किसी के पूर्वजन्म के प्रताप से ही वह कहीं किसी ठौर लग जाए।

सो चन्दरमा जब अस्पताल पहुँची थी तब गुगली ढेंगू की हालत देखकर बौरा-सी रही थी। जो भी डॉक्टर; कम्पाउण्डर, नर्स दिखते, उन्हीं के पैर पकड़ लेती। नर्सें डाँटती, फिर ढेंगू की जाँच करती, आँख देखती, छाती की धड़कन टोहती और चुपचाप निकल जाती। गुगली को अपना होश न था, ढेंगू और गुगली की हालत देख चन्दरमा से यह कहते न बना कि मैं अब जा रही हूँ। हालाँकि गुगली की बदहवासी उसे भीतर-ही-भीतर एक तरह की ठण्डक पहुँचा रही थी।

बारह बजे तक ढेंगू की हालत वैसी-की-वैसी ही बनी रही। फिर उसके बाद और भी बिगड़ गई। हिचकी की तरह वह साँस लेने लगा। पूरी देह ऐंठने लगी। गुगली के जैसे प्राण ही निकल गए। वह चन्दरमा को ढेंगू के पास बिठाकर खुद डॉक्टर साहब के यहाँ दौड़ गई। काफी देर बाद गुगली लौटी तो, मगर अकेले ही। कमरे की ठण्डी हवा को छोड़कर बीच दुपहरिया की नंगी डायन-सी धूप का नाच देखने कौन आता ? गेट पर ही दरबान ने रोक दिया—"ऐं, ऐं ? कहाँ जाती है ? डॉक्टर साहब का टैम खतम हो गया है। अभिए तो आए हैं ड्यूटी बजाकर।"

गुगली उसके पैरों पर बिछ गई—"दरबान बाबू; हमरे घरबला का साँस बहुते तेज चल रहा है। देह आग लेखा तप रहा है। हमको डागडर बाबू से मिलने दो। हम आपके पैर पड़ते हैं।"

परन्तु दरबान की आँखें ऐसे तमाशों को देखने की वैसे ही अभ्यस्त हो चली थी; जैसे अस्पताल में डॉक्टर नर्सों को मरीजों को मरते देखते रहने की आदत पड़ जाती है। वे पूरे निस्पृह भाव से रोगी की नाड़ी, धड़कन आदि जाँचते और सिर हिला देते। नर्सें चादर मुँह तक ओढ़ा देती। वे उतने ही आराम से बाहर निकल जाते, जितना रोगी की जाँच करने के बाद लाइफबॉय से हाथ धोते हैं। मृत रोगी के सगे-सम्बन्धी की हृदय चीर देनेवाली रूलाई अचानक थम जाती जब नर्स आकर डाँट देती। फिर हिचकी और सिसकी भरी साँसों के बीच शुरू हो जातीं मुर्दा शरीर को घर ले जाने की अस्पतालिक प्रक्रियाएँ।

चन्दरमा गुगली के आने की बाट देखते-देखते वैसे ही औना (अब) गई जैसे

अपने जीवन की डोर किसी के हाथ न बँधते पाकर पथरा गई थी। मन-ही-मन वह खुद को और गुगली को गरियाने लगी—"रण्डी ! जाने कौन से डागदर के पास गई है बुलाने कि आशनाई करने कि घण्टा भर से छिनरी को फुरसते नहीं मिल रहा है। और उसको भी पागल कुत्ता काटे हुए था कि काम-धन्धा छोड़कर यहाँ आ गई मगज कूटने।" चन्दरमा को गुगली वैसे भी नहीं सुहाती थी। गुगली की सावन-सी हरियाई देह, मालदह आम के फाँक जैसी आँखें, लाल टमाटर जैसे गाल और चावल के पीठे जैसी सुचिक्कन भक-भक देह। उसके मोती जैसे दाँतों से तो उसे खास चिढ़ थी। इतनी कि मान-मर्यादा को ताक पर रखकर यह तक कह देती—"अरे, ई छिनरी अपने बाप की बेटी नहीं होगी। अपने लोगों में ऐसी खूबसूरती होती है क्या ? और मैंने तो इसके माँ-बाप को भी देखा है—जलती लुआठी (लकड़ी) जैसे काले-भुजंग !" गुगली के माँ-बाप तक पहुँच जाने के बाद वह अपना क्रोध भगवान पर निकालती। तब भी उसका मन जब शान्त न होता तो कभी अपने बाल नोचने लगती, कभी जोर से रोने लगती। मोहल्ले के नवतुरिया पढ़ुआ छोकरे कहने लगे कि उसे हिस्टीरिया हो गया है। जवान औरतें कहतीं कि उसे गरमी ने धर लिया है और बूढ़ियाँ कहतीं कि उस पर वही बिलाड़ आया है।

दरबान के आगे लाख हाथ-पैर जोड़ने के बाद भी जब वह नहीं पसीजा, तब दोनों पैरों में भारी चक्की बाँधे वह लौट पड़ी। चन्दरमा ऊँघ रही थी। उसके रुखे केश उसके चेहरे पर फैल गए थे। नींद में होने के कारण मुँह खुल गया था और आगे के दाँत भाले की तरह निकले लग रहे थे। खुले मुँह के बाईं ओर से लार बह आई थी जिस पर एकाध मक्खी रह-रहकर बैठ जाती थी। उसका आँचल नीचे सरक गया था और ढीला ब्लाउज उसकी सूखी देह का अहसास करा रहा था। उसे देख गुगली को मतली-सी आ गई; पर दूसरे ही क्षण उसकी नजर ढेंगू पर पड़ी जिसके मुँह पर दसियों मक्खियाँ बैठी हुई थीं। वह झपटती हुई पहुँची और मक्खियाँ उड़ाने लगी। मक्खियाँ तो उड़ गई मगर ढेंगू का बर्फ जैसा शरीर देखकर वह पथरा-सी गई। सहमते मन से उसके सर पर हाथ रखा तो पाया कि जिस देह को तपती भट्ठी जैसा जलता छोड़कर गई थी, वही अब बर्फ की मानिंद ठण्डा और सख्त बना पड़ा है। अपने उसी हाथ से माथे को ठोक "अरे दैबा रे" कहती वह ढेंगू की देह पर गिर पड़ी।

गुंगली की सूनी देह चन्दरमा के मन पर चन्दन की लेप जैसी लगी। बहुत लाल पीली छपुआ साड़ी और टैट (टाइट) ब्लाउज पहनकर भर माँग सिन्दूर टीककर छमकती चलती थी, जैसे एक इसी का ब्याह हुआ है, एक इसी को मरद मिला है। साड़ी, सिन्दूर, बिन्दी से सजी गुगली उसे अपना उपहास उड़ाती प्रतीत होती। उसका भी तो मन आया था ढेंगू पर गो कि वह सूखा-सा, लकलक बदनवाला आदमी था। उसकी एकदम पतली देह और धँसी आँखें एकबारगी डर पैदा करती थी। फिर भी वह मर्द था और चन्दरमा

सोचती कि जब वह गुगली जैसी उफनती नदी को शान्त कर सकता है तो वह तो ऐसे ही राह की पतली-सी पानी की लकीर है। उसे उठाते उसे क्या देर लगेगी ! और एक दिन एकांत में उसने उसका हाथ पकड़ लिया।

ढेंगू घबड़ा गया। अपना हाथ छुड़ाते बोला—"यह क्या कर रही हो चन्दरमा ! किसी ने देख लिया तो ?"

"तो क्या हो जाएगा ? एक आदमी और एक औरत जो कुछ अकेले में करते हैं, हम भी वही कर रहे हैं।"

"मगर ई ठीक नहीं है। और मैं ठहरा शादी-शुदा आदमी। मैं गुगली को क्या मुँह दिखाऊँगा !"

चन्दरमा चिढ़ गई—"फिर वही गुगली। अरे कैसा मरद है रे तू ! ऐसी बातें तो औरतें करती हैं, क्योंकि समाज उसी की देह को पवित्र और अपवित्र मानता है। मरद तो दस दुआरी घूमकर आने के बाद भी सच्चा बना रहता है।"

मगर ढेंगू न माना और वहाँ से चला आया। चन्दरमा उसका रस्ता रोकती रही मगर वह उसे धकियाकर निकल आया। उसके पसीने छूट रहे थे। हलक सूखी जा रही थी। लग रहा था कोई बहुत बड़ा अपराध करके निकल रहा हो। और इधर शरीर और मन की माँग से पीड़ित और ढेंगू से अपमानित चन्दरमा उस रात खूब चिल्ला-चिल्लाकर रोई थी, अपने बाल नोचे थे, कपड़े फाड़ डाले थे और खुद ही अपने हाथों से अपनी छातियाँ मसलने लगी थी।

गुगली सफेद पत्थर बन गई। मगर जैसा कि गाँव की बड़ी-बूढ़ियाँ कहती हैं कि रण्डापे के तुरन्त बाद। बदन पर वैसी ही कान्ति आती है जिस तरह ब्याह के तुरन्त बाद पता नहीं, इस बात में कितनी सच्चाई थी मगर गुगली के सौन्दर्य में कोई कमी नहीं आई, बल्कि सफेद साड़ी में अब वह धवल चाँदनी जैसी दीखने लगी। हालाँकि उसके चेहरे पर उदासी थी, मगर लोगों को उसके पीछे कामनाओं के ज्वार छुपे हुए दिखाई देते···और लोगों ने उसे समझाना-बुझाना शुरू किया—भरी जवानी में अकेले रहने के सौ-सौ किस्से बयान किए, उसके एक इशारे पर सैकड़ों के बिछ जाने की बातें बताईं···

···और चन्दरमा ठनके जैसी ठनक पड़ी जब उसने गुगली की चौड़ी माँग में लाल सिन्दूर की चौड़ी रेख और बदन पर हरी किनारेवाली चम्पई रंग की साड़ी देखी। मनसा अपने को धन्य-धन्य समझने लगा। गुगली उसकी और उसकी गृहस्थी का ऐसा ध्यान रखने लगी कि महीने दिन में ही मनसा और गबरू जवान नजर आने लगा। लोग यहाँ तक कहने लगे कि जोड़ी अब जमी है—मनसा और गुगली की। ढेंगू के साथ उसकी जोड़ी तो लगता था कि सूखी नदी में ताजा कमल किसी ने फेंक दिया हो।

मनसा से ढेंगू की गहरी भले नहीं छनती थी, मगर सामाजिक सरोकार के नाते कभी-कभी ये लोग एक-दूसरे के घर आते-जाते थे। ज्यादातर मनसा ही उसके घर आता

था, क्योंकि मनसा के घर पर और कोई नहीं था। बचपन में ही उसकी माँ मलेरिया से चल बसी थी। मामा और मामी सहित अपने बाप का भी बड़ा प्रिय था मनसा। इतना कि उसका मुँह देखकर ही उसका बाप दूसरी औरत को घर में नहीं लाया। मामा हर दूसरे-तीसरे महीने उसे बुला ले जाते और मामी माँ की सारी कमी पूरी कर देती। बचपन में ही मामा ने अपने गाँव की ही लड़की कमला से उसकी शादी करा दी थी। मनसा के बाबू भी निश्चिंत हो गए कि बस, अब लड़की के बड़े होने की देर है। एकबार गौना कराकर आ जाए तो इन हाथों को चूल्हा सुलगाने और रोटी ठोकने से मुक्ति मिलेगी।

मनसा के शान्त सुभाव के कारण ही ढेंगू उसको पसन्द करता था और जब भी गुगली कुछ विशेष पकाती, वह उसे बुला लेता। मनसा जब कभी संकोच करता तो ढेंगू कहता—आ जाने दे अपनी घरवाली को। फिर दोनों प्राणी वहाँ जा-जाकर खाया करेंगे। मूल के साथ सूद भी वसूल लेंगे।

मगर घरवाली आई नहीं। गौने की जब बात चली और दिन लेकर मामा कमली के घर पहुँचे तब कमली ने जाने से साफ इन्कार कर दिया और दिन-दहाड़े उसके घर पर जा बैठी, जिसे वह चाहती थी। गाँव के लिए यह जादू जैसी अविश्वसनीय घटना थी। कमली के इस व्यवहार से गाँव पहले तो स्तब्ध हुआ; फिर डर गया। कहीं दूसरी लड़कियाँ भी कमली की राह पर चलने लगे तब ? इसलिए लोगों को उन दोनों को सजा देना निहायत ही जरूरी लगा।

पंचायत बुलाई गई। इन्हें समाज से निकाल देने, उनका हुक्का-पानी बन्द कर देने की धमकी दी गई, जुर्माना ठोका गया। मगर कोई फायदा नहीं हुआ। सवेरे लोगों ने देखा कि उनके घर में ताला लगा हुआ है और वे दोनों नहीं हैं।

मनसा के मामा इस घटना से इतने लज्जित हुए जैसे कमली उन्हीं की कोखजाई बेटी रही हो जो उनके मुँह पर चूना पोतकर चली गई है। दरअसल जिस मनसा को मामा-मामी ने बेटे से भी बढ़कर स्नेह दिया, उसके साथ हुए इस छल में वे अपने आपको भी दोषी समझ रहे थे, क्योंकि शादी मामा ने ही कराई थी।

मनसा अब जवान हो चुका था और हर ऊँच-नीच को समझता था। वह मामा को हर तरह से समझाता-बुझाता मगर वे इस भावना से उबर नहीं पाए। उन्होंने मनसा के यहाँ आना-जाना छोड़ दिया। अब मनसा ही उनके यहाँ जाने लगा। मनसा का बाप भी अपनी उम्मीद से नाउम्मीद हो उठा और रोटी ठोकते-ठोकते एक दिन गुजर गया। बाप और मामा-मामी का यह हाल और अपने साथ घटी ऐसी घटना को देखकर शादी-ब्याह से उसका जी उचाट हो गया। कभी वह सोचता, उस अबोध उम्र में शादी न होकर आज हुई होती तो उसका और कमली दोनों जीवन का सोगारथ (सार्थक) हुआ होता। अपने-अपने तरीके से वे ब्याह करने को आजाद होते। कमली को दोषी न मानते हुए भी अपने प्रति हुए इस अन्याय से वह मर्माहत था। इसलिए ढेंगू जब

भी उसे समझाता, मनसा या तो चुप लगा जाता या कभी-कभी कह देता—"कर लूँगा ब्याह, जिसदिन तेरी घरवाली जैसी ही मुझे भी कोई मिल जाएगी।"

वही गुगली अब उसके घर की शोभा बन गई है, उसे सहज ही विश्वास नहीं होता था। वह हर तरीके से गुगली को खुश रखने का प्रयास करता। ढेंगू की मौत के बाद गुगली की मुस्कान को जो ग्रहण लगा था, उसका उग्रास अभी तक नहीं हुआ था। मनसा उसे समझाता, बुझाता, प्यार करता। बिन माँगे ही साड़ी, चूड़ी, आलता-टिकुली के ढेर लगा देता; पर वह पत्थर की मूरत हो गई थी—सुन्दर, सुघड़, चिकनी मगर ठण्डी, बेजान।

और मनसा एक दिन बिफर गया—मैं किसी मुर्दे के साथ सोने के लिए तुम्हें नहीं उठा लाया। इतना ही उसके विरह की आग व्याकुल बन रही है तो क्यों आई मेरे साथ ? क्यों नहीं सती हो गई उसी के साथ।

अब चन्दरमा खिलखिलाने लगी। गुगली को तो वह तभी से अपनी सौत मानती आ रही थी, जब ढेंगू की ओर उसने हाथ बढ़ाया था। क्या हुआ जो ढेंगू नहीं पसीजा। मगर वह तो खुली थी उसके लिए। ढेंगू के बखत की आग अब जाकर ठण्डी हुई—तन और मन को शान्ति मिली। मनसा ढेंगू नहीं था जो किसी औरत के बढ़े हाथ को दुत्कार देता। इधर मनसा को अपने ऊपर झुका देखकर चन्दरमा को गुगली की याद आ गई और वह एकदम से भभाकर हँस दी। उसके आगे के दाँत नई तेज कटार की तरह चमक उठे। उधर आकाश के खिले चाँद को काले बादल ने ढँक लिया, इधर गुगली की आँखों से दो बूँद आँसू चू पड़े और दिल में ढेंगू की यादों के असंख्य दीप एकसाथ जलने लगे। पहली बार उसे समाज की याद आई। कैसा है उसका समाज जो किसी औरत को उसके मरद की याद कलेजे में सँजोए जीने नहीं देता। उसे मंगरू चौधरी की पतोहू याद आई, जो आजन्म विधवा जीवन बिता रही थी।

गुगली ने अब अपनी आँखें सुखा ली और होठों को हँसी और मुस्कान के विभिन्न रंगों से रँगने लगी ताकि उसके भीतर का उजड़ा मसान लोगों की नजरों के सामने न आ पाए। गाँव-घर की वे औरतें जो पहले ढेंगू के यहाँ जाती थी; अब मनसा के घर आने लगी और मनसा के गुण बखान करने लगीं। वे यह भी जोड़ देतीं—देर से ही सही ! पर रामजी ने तो अब मिलाई है अपनी जैसी जोड़ी—साक्षात राम-सीता की जोड़ी। कोई भी ढेंगू की चर्चा न करती।

गुगली का कलेजा कनछने लगता—ठीक है, मनसा सुन्दर है, बाँका है। मगर उसका ढेंगू मन से कितना बाँका था। क्या हुआ जो वह दुबला-पतला था कि उसके रूप-यौवन के ठाठ मारते समुन्दर के आगे वह घास का एक टुकड़ा लगता कि उसके मुँह से बीड़ी की गन्ध भभकती रहती कि उसके हाथ-पैर काठ जैसे कड़े, और खुरदरे थे। पर नारियल जैसी इस कड़ी सख्त काया के भीतर कितना कोमल, मीठा और सफेद दिल छुपा था—यह कोई गुगली से पूछे। और आज वह मनसा के घर क्या बैठी कि

सब उसे ऐसे भुला बैठी हैं, जैसे वह कभी इस दुनिया में था ही नहीं। सभी मनसा में लगे हुए; मनसा यह मनसा वह···क्या वह नहीं जानती मनसा को ? उसके तन-मन दोनों को दौनी के दानों की तरह रौंदनेवाला—ऊपर से जामुन-सा नरम और भीतर से उसके बीज जैसा सख़्त, कठोर और निर्मम ! औरत मरी हुई सौत को ताजिन्दगी लॉकेट बनाकर गले में पहनती है। पहले उसे सिन्दूर लगाकर फिर अपनी माँग भरती है। खाने के बखत भी पहला कौर उसको अर्पित करके तब खाती है। घर में उत्सव हो, तीज-त्यौहार हो, पहले उसका अंश निकाला जाता है। मगर मरद ! वह तो पहलेवाले की छाया तक नहीं सूँघना चाहता। ढेंगू कितना चाहता था मनसा को। तभी तो घड़ी-घड़ी उसे बुला लेता था। कितनी हसरत से तब वह उसको देखता था। वही अब कैसा निष्ठुर व्यवहार करता है। कब्जे में चीज आते ही उसके प्रति लोगों की नजर बदल जाती है क्या ?

चन्दरमा की हँसी चढ़ती धूप-सी जितनी उग्र होती गई, काजल की उतनी ही मोटी लकीर गुगली की आँखों में खिंचती गई···और एक दिन सबने देखा कि चौड़े जामुनी बॉर्डर की छपुआ साड़ी पहने और माँग टीके चन्दरमा मनसा के आँगन में चावल छाँट रही है। गाँव की औरतें अब चन्दरमा के पास बैठने लगीं—"सचमुच ! वह तो पूरी डायन थीं। पहले मरद को चबा गई, मनसा का भी खून पी जाती। अच्छा हुआ, बख़त से पहले ही मनसा ने उस चुड़ैल के उलटे पाँव देख लिए।

गुगली उलटे पाँव अपने गाँव लौट गई—भर रास्ता आँसू बहाते। जिस ढेंगू ने उसे कभी फूल से भी नहीं छुआ था, सपने में भी कभी कोई ऊँचे बोल नहीं बोले थे, वहीं मनसा ने उस दिन उसे मुर्दा देहवाली कहा और गई रात तो जैसे नीति-अनीति सबकुछ भूल गया। किना कठकरेज है यह; उसे अब पता चल रहा था।

बड़े मन से उसने चावल के पीठे बनाए थे। दाल भरकर नमकीन पीठे और तीसी, नारियल, गुड़ भरकर मीठे पीठे। ढेंगू को बहुत पसन्द थे ये पीठे। जब भी वह इन्हें बनाती थी, वह खुद तो चाव से खाता ही था, मनसा को भी जरूर बुलाता था। मनसा भी बड़ी पसन्द से खाता। खाता जाता और तारीफ करता जाता।

वे ही पीठे आज जब उसने मनसा के सामने थाली में परोसकर दिए तो मनसा एकदम से ऐसे चौंका जैसे थाली में पीठे नहीं, साँप-बिच्छू हैं। फिर तुरन्त आग हो गया। झनाक से थाली दूर फेंक दी और गुगली की मोटी चोटी हाथ में भरकर उसे खींचते हुए दरवाजे के बाहर ले आया—"हरामजादी ! अभी तक यार का सोग मना रही है। बड़ी सीता-सावित्री बनी फिरती है। जा, मर उसी की माला जपते हुए।" और धड़ाम से दरवाजा बन्द कर दिया।

उसी दरवाजे की साँकल झनकारती हुई चन्दरमा उस घर में प्रवेश कर गई। वह उस घर से गुगली की हरेक छाप को झाड़-पोछकर साफ कर देना चाहती थी। मगर गुगली के हाथ की सुघड़ता, उसके व्यवहार की शालीनता घर के कोने-कोने में

मौजूद थी जिसे जितनी ही तीव्रता से चन्दरमा हटाना चाहती, उतनी ही तीव्रता से मनसा इसे महसूस करता जाता। और एक दिन वह बोल ही पड़ा—"अरे, गुगली के पास आती-जाती थी तुम तो उससे कुछ हुनर और बात-व्यवहार का सलीका भी तो सीख लिया होता।" फिर तो चन्दरमा उस दिन जैसी विकराल बन गई।, जिस दिन उसने ढेंगू का हाथ पकड़ा था और ढेंगू ने उसे झटक दिया था।

अपमान का यह झटका गुगली न सह पाई। वह माँ के घर आ गई। मगर अपने समाज में पति के घर से लौटी बड़े-बड़े बाप की बेटियों तक का जब गुजारा नहीं होता, वहाँ गुगली का नइहर तो रोज कुआँ खोदकर रोज प्यास बुझानेवालों में से था। नइहर लौटी बेटी से कोई यह नहीं पूछता, मरद ने क्यों निकाला ? उनसे अपेक्षा रहती है कि वे निकलीं ही क्यों ? मनसा मरद है। मरद जात का गुस्सा होता ही तेज है तो गुगली को चाहिए था कि वह उसके पैर पड़े, अँचरा फैलाकर क्षमा की भीख माँगे, लात-हाथ खाकर भी उसके दुआरे पड़ी रहे। मगर ऐसा हुआ नहीं। ढेंगू के किरिया करम के बाद भी आ जाती। सो वह भी नहीं हुआ। इसलिए समाज की सहानुभूति उसके पक्ष में नहीं आई। बल्कि लोगों ने यह कहना शुरू कर दिया कि "अपनी जवानी के भार से यह ढेंगू जैसे ही मनसा को भी उँगली पर नचाना चाहती थी। मगर मनसा ढेंगू तो नहीं—न देह से कमजोर, न मुँह से दब्बू। सो वह गुगली पर भारी पड़ने लगा तो यह उसको छोड़कर यहाँ आ गई।"

अब चन्दरमा मनसा पर भारी पड़ने लगी। कुछ दिन तक तो वह शान्त, लाजवन्ती बनी रही। मगर जिस जुबान को वह फूस की आग जैसी बनाए रखी थी, वह जब मुँह के भीतर सीलने लगी और बन्द जुबान की ऐंठन देह पर भी उतरने लगी, तब वह अपनी खोल से बाहर आ ही गई। मनसा को कदम-कदम पर गुगली की याद आती और वह अनायास ही चन्दरमा की तुलना उससे कर बैठता। यह बात तो आखिरकार एक साधारण औरत भी नहीं सह सकती। खुद मनसा ही कहाँ सह पाया कि गुगली ढेंगू को याद करती रहे। फिर चन्दरमा तो जेठ-बैशाख की दुपहरी धूप थी। सो जब भी मनसा गुगली का नाम लेता वह अगिया बैताल हो जाती और गाली से उसके तथा गुगली के सातों पुश्तों को तार देती। इस क्रम में वह ढेंगू तक को भी नहीं बख्शती।

गुगली के भाई भावज ने गुगली को समझाना शुरू किया—"एक कानी बेटी भी तो नहीं है तुम्हारी गोद में कि उसी का मुँह देखकर जिन्दगी गुजार लोगी। औरत को एक-न-एक सहारा चाहिए ही। बगैर सहारे के वह डाल से गिरा फूल हो जाती है, जिसे राह चलते कोई भी उठा ले सकता है और फेंक दे सकता है। मनसा ही अकेला मरद नहीं है। तुम तो इतनी गुणवन्ती हो कि कोई भी अपने घर तुमको बैठाकर मान से भर उठेगा।" और धीरे से भावज ने अपने चचेरे भाई का नाम उसके कान में डाल दिया।

गुगली की पूरी देह आँसू की धार बन गई—"भौजी, मुझे देह की आग नहीं सता रही। कभी नहीं सताया। ढेंगू को लोग जो बोलें, मगर यह मेरा दिल और उसकी आत्मा जानती है कि हम दोनों एक-दूसरे के लिए कैसे मरते-मिटते थे। भगवान निर्दयी हो गया जो हमारा सुख उनसे देखा न गया। मुझे लगा था कि मनसा के घर बैठने से ढेंगू शायद धीरे-धीरे मन के कोने में दफन हो जाएगा। मगर ढेंगू तो गंगाजल निकला भौजी। सो जब-जब मनसा के ब्यौहार का कीचड़ पड़ता, वह उसे धोने एकदम से ऊपर आ जाता। इसको रोकने में मेरा कोई बस नहीं भौजी।

भौजी गुगली का माथा सहलाती रही। धीरे-धीरे गुगली का आवेग भी कम हुआ। भौजी उसके लिए चाय का गिलास ले आई। गर्म गिलास थामा तो उसके भीतर से और भी कुछ पिघलने लगा। इधर वह चाय सुड़कती रही, उधर आँखें लगातार बहती रहीं। भौजी चुपचाप उसे चाय पीते और आँसू बहाते देखती रही, बोली कुछ भी नहीं।

गुगली बिछावन पर थी, लेकिन आँखों में नींद नहीं थी। इतना रोने से आँखें सूज गई थीं और माथा भारी हो गया था। फिर भी नींद नहीं आ रही थी। मन में तेज-तेज मथानी चल रही थी। ढेंगू, मनसा, चन्दरमा सबके सब उसमें आ जा रहे थे। क्या परछाई के साथ जिया जा सकता है ? ढेंगू जब तक जिन्दा रहा, उसके प्रति सच्चा बना रहा और वह भी उतनी ही निष्ठावान रही। मगर वही प्यार अब ढेंगू की यादों की परछाई से करते रहना और उसके नाम की माला सुमिरते हुए जिन्दगी गुजार देना ! यह तो बड़ी जातवालों में होता है। है न मगरू चौधरी की नई नवेली पतोहू। मुश्किल से इक्कीस-बाईस बरस की होगी। चौधरी जी का सुदर्शन बेटा। खा-पीकर उठा और हाथ धोते-धोते न जाने क्या हुआ कि चकरा कर गिर पड़ा। जब तक डॉक्टर आए, तब तक तो वह अपनी घरवाली के माथे का सिन्दूर पोंछकर विदा हो चुका था। अब वह उसकी तस्वीर लेकर बैठी रहती है। उसकी परछाई से लिपटी वह भी परछाई-सी होकर रह गई है।

पर भली बात है यह तो ! यह मजबूरी तो नहीं कि एक मरा तो दूसरे के घर बैठो ही। काश कि ढेंगू उसकी गोद में कुछ डालके गया होता ! यह अहिबात तो राँडपन से भी गया-बीतां है। मगर चौधरीजी की पतोहू ऐसा कहाँ मानती है। अपना हाल दिखाती बोली थी—कितना अच्छा होता जो मैं तुम्हीं लोगों के जात में पैदा हुई होती। जीवनभर यह सिलौट गले में बाँधकर तो न जीना पड़ता।

कितने अरमान और उछाह से भरकर मनसा उसे अपने घर लेकर आया था। हमेशा ढेंगू से यही तो कहता रहता था—"तेरी जैसी घरवाली मिलेगी तो जरूर ब्याह करूँगा" और कितना डरते-डरते उससे बोला था—"ई मत बूझना जो तुम पर हमारी कभी भी बुरी नजर रही। हाँ, मन में तुम जैसी जोरू पाने की साध जरूर रही। आज तकदीर हमारे सामने एक रस्ता लेकर खड़ी है। इस पर तू मेरे संग चलेगी तो मुझे

भी लगेगा कि मैं ढेंगू की अमानत की रखवाली कर रहा हूँ।"

तो फिर क्यों मनसा ने उस रात इतनी तीखी बात बोली ? और दूसरी रात तो घर से ही निकाल दिया ? ढेंगू तो उसके मन में सदा से बसा है। इसे तो वह भी जानता था। वह तो बोली भी थी—मनसा, मैं इस रस्ते पर चलूँगी; मगर ध्यान् रखना, ढेंगू मेरी परछाई बनकर हमेशा मेरे साथ रहेगा। मन्जूर है तुम्हें।"

मनसा ने सोचा था—"नया-नया सोग है। और वह उसको इतना प्यार देगा कि वह खुद ही उंस परछाई को पुराने कपड़े की तरह उतारकर अलग रख देगी। मगर उसके प्यार-व्यवहार की हर हरकत ढेंगू के साए को लम्बा-दर-लम्बा बनाने लगी तो वह एक दिन सचमुच ऊब गया।

चन्दरमा के संग कोई छाया-साया नहीं था। वह तो अपनी ही कामना की आग में जलती सण्ठी बनी हुई थी। उस पर से ढेंगू का इन्कार और गुगली का रूप-यौवन। इधर मनसा गुगली से खिन्न हुआ, उधर चन्दरमा ने घात लगा कर बैठी बिल्ली की तरह मौका लपक लिया।

गुगली सोच रही थी—मनसा तो मरद है। मरद जिस भी औरत को देखता है, उस पर अपना पूरा हक समझता है। और इसमें गलत भी क्या है; वही अगर मनसा की दूसरी मेहरारू बनकर उसके घर बसी होती और मनसा दिन-रात पहलीवाली के गुन गाता रहता तो क्या वह सह पाती यह सब ? एक-न-एक दिन वह भी तो वैसे ही फट पड़ती, जैसे मनसा फटा था। उसका मन हुआ, वह उसी समय पाखी बनकर उड़ जाए और पहुँच जाए मनसा के पास। ढेंगू को मन के एक कोने में नन्हीं-सी सन्दूकची में बन्द करके रख लेगी और मनसा के लिए खुद को न्यौछावर कर देगी। उसे लगा कि मनसा उसके मन की सारी बात समझ गया है और उसे लेने, उसका हाथ थामने उसके द्वार पर खड़ा है। वह झपाके से उठी तो देखा—भोर की किरण दरवाजे की झिरी से भीतर आ रही थी—अपने लम्ब में।

"भौजी, मैं घर जाऊँगी, मनसा के पास।"

भौजी फूल-सी खिल गई। मगर बोली—"यहाँ से पहली बार जाओगी तो रस्म के मुताबिक ही जाओगी न ! मैं तुम्हारे भैया को भेजती हूँ। दिन धराकर घरवाला आए और तुमको ले जाए !" और भौजी ने भैया को समझाना शुरू कर दिया—"पहली बार उसके दरवाजे उतरोगे। आध किलो पेड़ा या लड्डू कुछ लेकर जाना।"

भैया जितना हर्षाया चेहरा लेकर गए थे, रात में उतने की उदास चेहरे से लौटे। भौजी ने समझा; हरारत है सफर की। मगर गुगली के मन में खट् से कुछ बजा। वह कान पाथे रही कि कुछ आवाज आए जिसके सहारे वह अपनी जिन्दगी की टूटी डोर को फिर से जोड़ने को तैयार कर सके।

गुगली और भौजी दोनों की देह और मन सुन्न हो गए। तो चन्दरमा आखिर उसके जीवन में राहु बनकर घुस ही गई। ढेंगू ने उस रात के बाद जब दोपहर में चन्दरमा

को अपने घर देखा था तो बहुत गुस्साया था–"इसे यहाँ मत आने दो। यह अच्छी लड़की नहीं है। हम दोनों को बदनाम करके छोड़ देगी।" और रातवाला सारा किस्सा गुगली को सुना दिया था।

तो उस रात का बदला अन्ततः उसने ले ही लिया। भैया भौजी से बता रहे थे–"वह दरवाजे पर बैठे थे। मनसा पूरे आदर-भाव से मिला और यह सुनकर तो बहुत ही खुश हुआ था कि गुगली उसके पास आना चाहती है। लेकिन दूसरे ही पल उसका चेहरा बासी फूल-सा मुरझा गया। वह बोला–"गुगली ने देरी नहीं की भैया, मैं ही जल्दी कर गया। पता नहीं क्या हो गया था मुझे। पर, आप बैठिए, बहुत-सी बातें करनी हैं आपसे। आज पहली बार कोई मेहमान हमारे घर पधारा है। बिना खाए-पिए जाने नहीं दूँगा।"

और मनसा उठकर भीतर चला गया। किन्तु खाने-पीने की चीजें क्या आती; अन्दर से आती कर्कश आवाज और फूहड़ भाषा ने भैया का कलेजा जैसे दो टूक करके रख दिया। मनसा मुँह लटकाए वापस आया और बोला–"चलिए भैया, कहीं और चलते हैं। मैंने खुद ही जब बबूल रोपा है तो आम कहाँ से मिलेगा मुझे ! पर घबड़ाइए नहीं भैया, अब मैं गुगली को नहीं छोड़ूँगा। मैं उसे लेने जरूर आऊँगा।"

छह महीने बीत गए। मनसा और चन्दरमा उग्र से उग्रतर होते गए। जो मनसा अपनी ब्याहता के दूसरा मरद कर लेने पर भी शान्त रहा, वही अब बात-बात पर उत्तेजित होने लगा। बहस बढ़ते-बढ़ते मारपीट पर आ गई और जिस तरह औरत की जुबान एकबार खुल जाए तो वह बन्द नहीं होती उसी तरह मरद का हाथ एकबार औरत पर उठ जाए तो मान-मर्यादा हिचक सबकी बाँध उसी क्षण टूट-फूट जाती है। मनसा के सब्र का प्याला भर गया था। अब चन्दरमा जब बातों से उसे काटने दौड़ती तब मनसा उसकी धुनाई करने लग जाता। और अब तो चन्दरमा भी उतने ही हाथ-मुक्के मनसा पर चलाने लगी थी। उनकी रोज दिन की लड़ाई और मार-पीट से पूरा मोहल्ला उकता गया था। शुरू में औरत-मर्द सब बीच-बचाव करने पहुँच जाते। औरतें चन्दरमा को घसीट कर भीतर कोठरी में ले जाती और मर्द मनसा को दालान पर ले जाते। दोनों दल अपने-अपने तरीके से दोनों को समझाते-बुझाते। एक-दो दिन हाल थोड़ा ठीक रहता उसके बाद फिर वही रामा, वही खटोला। अब तो कोई काना कौआ तक काँव-काँव करने नहीं जाता था उनके यहाँ।

चन्दरमा के व्यवहार से मनसा दिन-पर-दिन बेचैन होने लगा। जितना वह बेचैन होता, गुगली उतनी ही याद आती। मन होता, पंछी की तरह उड़कर जाए और अपने पंखों के बीच गुगली को छुपाकर ले आए और ऐसे सहेजकर रखे कि किसी की नजर न पड़े–खासकर चन्दरमा की। गुस्से में कई बार वह चन्दरमा को घर से निकाल चुका था। पर जिस चन्दरमा के दुआरे कुटुम्ब पहुँचने से पहले भाग खड़े होते थे और जिसे अनायास ही मनसा मिल गया था, जिसके बल पर अब वह ठेठ गृहस्थिन कहलाने

लगी थी, उस सुख और अधिकार के आसन से वह हर्गिज हिलना नहीं चाहती थी। कोई दूसरी औरत अब वहाँ पर आए, यह तो वह सोच भी नहीं सकती थी—गुगली तो और भी नहीं।

मनसा गुगली और चन्दरमा तथा गुगली मनसा और चन्दरमा के बीच फँसकर रह गए थे। दोनों चिन्तित थे, दोनों आशंकित, दोनों दुखी। चिन्तित गुगली के भाई-भौजाई भी थे। गुगली मनसा के पास जाना चाहती तो भावज यह कहकर रोक देती कि ऐसे माहौल में गुगली वहाँ जाएगी तो रह कैसे पाएगी ? भौजी ने अपने चचेरे भाई को अपने यहाँ बुलाया। और गुगली से परिचय-बात भी कराई।

अजब हालत थी—गुगली की, मनसा की, भैया की, भौजी की। सभी जल्दी-से-जल्दी इस माहौल से निजात पाना चाहते थे। और अन्त में मनसा ने तय कर ही लिया कि चन्दरमा घर में रहे तो रहे, वह अब गुगली को लाकर ही दम लेगा। भले इसके लिए उसे दूसरी मँड़ई खड़ी करनी पड़े। नया कुर्ता-पजामा और गान्धी चप्पल पहनकर मनसा निकला तब चन्दरमा समझ गई कि वह कहाँ जा रहा है। उसने भोर ही भोर उसे खूब जली-कटी सुनाई, गुगली को सरापा; यहाँ तक कह दिया कि यह दिन देखने के पहले वह राँड क्यों न हो गई।

भारी मन से घर से निकले मनसा का मन गुगली के गाँव की सीमा तक पहुँचते-पहुँचते रूई के फाहे की तरह हल्का हो गया। गुगली से मिलने की खुशी उसके तन-मन पर पहली बारिश की बूँद जैसी तरावट दे रही थी। उसके होठों पर तो फूल-सी मुस्कान खिल आई थी। उसकी नजर सामने मिठाई की दुकान पर पड़ी और उसके पैर उधर को मुड़ गए।

गुगली के दरवाजे पर रिक्शा लगा हुआ था। हाथ में धान-दूब का खोंइछा और उसके ऊपर बड़ा-सा सिंघोरा दबाए वर की चादर से गाँठ जोड़े गुगली भौजी की मदद से रिक्शे पर बिठाई जा रही थी। सिसकी से उसकी पूरी की पूरी देह हिल जा रही थी। घूँघट से आधा चेहरा ढँका हुआ था। भौजी ने गुगली का हाथ पकड़कर कहा—"अबतक तो मैं ही तुम्हारी भौजाई थी। आज से हम दोनों एक-दूसरे के भौजाई हो गए। खयाल रखना मेरे भैया का। वैसे ही, जैसे मैं तुम्हारे भैया का रखती हूँ।"

गुगली की नजर हल्के से भौजी की तरफ उठी और भौजी की बात के समर्थन में सर झुका रही थी कि इस प्रक्रिया में उसकी नजर भौजी से हटकर सामने जा पड़ी और फिर तो उसकी ऊपर की साँस ऊपर ही अटकी रह गई। बड़े वेग से रूलाई फूटी। जिसे रोकने के लिए खोइछा वाला आँचल जितना हो सकता था, मुँह में ठूँस लिया। हाथ में मिठाई का ठोंगा थामे मनसा ठगा हुआ सा खड़ा था। उस क्षणांश में ही गुगली की आँखों की तड़प और बेचैनी को उसने महसूस कर लिया था और अपने प्रति उसके स्नेह को भी। गुगली की नजर और चन्दरमा की हँसी उसके पूरे शरीर को घेर रही थी। भौजी ने पानी से भरा लोटा गुगली के मुँह से लगाया तो अर्धबेहोशी-सी हालत

में ही उसने एक घूँट भर लिया। भौजी ने शेष पानी रस्म के अनुसार रिक्शे के पिछले पहिए पर डाल दिया। रिक्शा चल पड़ा। भौजी और गाँव की औरतें कुछ कदम रिक्शे के साथ चलीं और फिर वे सब लौट गई। मगर रिक्शे के साथ-साथ गुगली बढ़ी चली जा रही थी।

शाम गहराने लगी थी। सूरज डूबने ही वाला था। इस कारण परछाइयाँ लम्बी होने लगी थीं—चीजों के वास्तविक आकार से कहीं लम्बी परछाइयाँ ! मनसा की भी परछाईं सड़क पर फैली हुई थी—पूरे लम्ब में। रिक्शा उस परछाईं पर से होकर गुजर गया।

चल खुसरो घर आपने

"लातूर और उस्मानाबाद में हुए भूकम्प पर आपकी स्टोरी ने तो पूरे प्रिन्ट वर्ल्ड में हंगामा मचा दिया था डॉ. कपिल।" दैनिक अखबार 'द वर्ल्ड' के सम्पादक उत्पल बनर्जी कह रहे थे।

डॉ. कपिल मन्द-मन्द मुस्कुराते रहे। ऐसे समय पर, जब कोई उनकी तारीफ के कशीदे काढ़ रहा होता, वे न तो गदगद होते, न ही आभार प्रकट करते। बस वे मन्द-मन्द मुस्कान बिखेरते रहते।

उफ् ! लातूर का भूकम्प ! कितना बड़ा सर्वनाश ! मलबों और लाशों के ढेर और चीखते स्त्री-पुरुषों, बच्चों के हुजूम-के-हुजूम। राहत कार्य में लगे सरकारी, गैर सरकारी लोग, घायलों की चीख-पुकार ! अपने-अपने रिश्तेदारों को खोजते बदहवास, पगलाए चेहरे। मलबों और लाशों के ढेर में वे अपने लोगों को इस तरह खोजते थे जैसे सड़े आलू-बैगन के ढेर में से लोग अच्छे आलू-बैगन खोजते हैं !

डॉ. कपिल स्वतन्त्र पत्रकार थे। उनके सोचने की एक स्पष्ट दिशा थी। बातें कहने और उसे सामने रखने के उनके ठोस कारण और तर्क होते। उनकी लेखनी में भी उनका व्यक्तित्व पूरी शिद्‌दत के साथ उभरता। लोग बड़ी रुचि से उनके लेख, उनके कॉलम पढ़ते और अपनी प्रतिक्रियाएँ भेजते। और यह सब उन्होंने महज चन्द सालों में अर्जित किया था।

पत्रकारिता की दुनिया में आने से पहले वे किसी कॉलेज में पढ़ाया करते थे—पॉलीटिकल साइंस ! पढ़ाते हुए ही डॉक्टरेट की डिग्री भी हासिल कर ली। हफ्ते में दो-चार पीरियड और उसके बाद स्टाफरूम में खाली बैठना या बैठकर दूसरे प्रोफेसरों के साथ व्यर्थ की गप्पें, हँसी-मजाक; एक-दूसरे पर छींटाकशी करना, एक-दूसरे की टाँग खींचना। कुछ तो ऐसे थे जो क्लास में गम्भीरता का मुखौटा ओढ़े रहते और स्टाफ रूम में पहुँचते ही कॉलेज की लड़कियों के बारे में फूहड़ और विकृत चर्चा में व्यस्त हो जाते।

डॉ. कपिल मेहनत में यकीन रखते थे। बड़ी मेहनत से लेक्चर की तैयारी करते, रेफरेंस, नोट्स के साथ ! उनके पास बढ़िया आवाज थी, प्रभावशाली भाषा थी और चीजों को सामने रखने की मौलिक शैली थी। विषय का ज्ञान तो था ही। मगर बावजूद

इन सबके, उन्हें अपना हर लेक्चर अधूरा लगता और वे अनमने हो उठते। कारण थे उनके छात्र; जो पूरी संजीदगी से तैयार किए गए उनके लेक्चर को निहायत ही गैर संजीदगी से लेते। कॉलेज उनके लिए कैरियर बनाने की जगह नहीं; पिकनिक स्पॉट था। लिहाजा पूरी मेहनत से तैयार किए गए उनके लेक्चर को वे सब उबासियाँ लेकर सुनते रहते या उनसे नज़रें मिल जाने पर खींसें निपोर देते। तब उन्हें लगता कि उनकी पूरी-की-पूरी तैयारी बेकार हो गई। अगले पीरियड्स लेने का और पढ़ाने का क्रम जारी रखने का उनका उत्साह धीरे-धीरे मरता गया।

अन्त में उन्होंने प्राध्यापकी छोड़ दी और पत्रकारिता के मैदान में आ गए। वे सभी खूबियाँ, जो उनमें थी—यहाँ अधिक मुखर हो चलीं और जल्द ही वे इस संसार की एक प्रमुख हस्ती हो गए।

उन्हें कई अखबारों, पत्रिकाओं के लिए ऑफर आए। कई पूँजीपतियों, ने जो नए अखबार या पत्रिका निकालना चाहते थे, उन्हें सम्पादक का भार भी देना चाहा। मगर वे इन्कार करते गए। कॉलेज की अध्यापकी एक तरह से स्वतन्त्र व्यवसाय-सा ही था। पीरियड के वक्त जाओ और चले आओ। वह आदत अब रक्त में हिमोग्लॉबिन की तरह घुल-मिल चुकी थी। नौकर और उससे बँधे कार्य के घण्टों में वे बँध. नहीं सकते थे। हर ऑफर को बड़ी विनम्रता से ठुकराते, पर अपनी सेवा का आश्वासन भी उन्हें जरूर देते। नतीजा, उनके पास काम के ढेर पड़े होते। जिसे वे बड़ी मुस्तैदी से निपटाते जाते।

वैसे भी डॉ. कपिल के जीवन जीने का अपना अलग तरीका था—एकदम स्वतन्त्र, और बेलौस ! खूब सम्पन्न परिवार के थे वे। इतने कि ब्रिटिश पीरियड के समय भी यदि उनके परिवार से कोई विदेश जाना चाहता; जाकर कुछ करना चाहता तो उसे वहां भेजने, रहने-खाने आदि के भी इन्तजामात उनका परिवार कर सकता था। गए भी थे उनके पिता लन्दन। बाद में जब बिजनेस बढ़ा तो भारत और विदेश मुम्बई-पुणे या दिल्ली-गाजियाबाद की तरह हो गया। तीन-तीन बहनों के बीच वे ही इकलौते भाई थे और अपनी माँ-बाप की आँखों के तारा। वे सबके-सब इन पर जान छिड़कने को तैयार रहते। मगर डॉ. कपिल को इन रिश्तों ने कभी भी लुभाया नहीं। उन्होंने देखा था—पिता दिन-रात पैसे उगलने की मशीन बने रहते। रात में कभी-कभार खाने के मेज पर मिलते और तब उनकी उपलब्धियों के सागर में सारा परिवार छोटी-सी डोंगी की तरह इधर-उधर डोलता रहता। सिर्फ वे ही इन सबसे निःस्पृह खाने में लगे रहते, खाना खत्म होता, वे उठकर चले जाते।

फिर भी पैसे कमाने के साथ-साथ पिता परिवार के प्रति, अपनी जिम्मेदारियों के प्रति पूरी तरह से सचेत थे। जब भी, जितना भी समय मिलता, परिवार को देते। तब घर के कोने-कोने में समय का वह छोटा सा टुकड़ा धूप बनकर समा जाता। हालांकि उन्होंने इतना धन अर्जित कर लिया था, जिसे कहावत की भाषा में उनकी सात पीढ़ियाँ

बैठकर खा सकती थीं। मगर परिवार को अपना समझने, उन्हें यथाशक्ति समय और प्रेम देने का नतीजा था कि आमतौर पर अति व्यस्त, अति धनी परिवार के औरतों के फ्रस्ट्रेशन और उनसे उपजे तनाव यहाँ नहीं थे। माँ और बहनों के सन्तोष से भरे चेहरों पर जुही, बेली बरसा करतीं।

परन्तु डॉ. कपिल को पिता और घर के रवैये में कोई दिलचस्पी नहीं थी। उनकी नजर में इस संसार में हर व्यक्ति का अपना अलग व्यक्तित्व था, सोच के कारक और दिशाएँ थीं और इन्हें उभरने, उन्हें विस्तार देने का मौका हरेक को मिलना चाहिए—एकदम स्वतन्त्र रूप से—जमाने और जिन्दगियों की तथाकथित जिम्मेदारियों से परे—ऐसा वे मानते थे। उन्हें घर में माँ, पिता, बहनें और बाहर मित्र सभी जिम्मेदारियों के बोझ वे लदे-फदे मिलते—एक ऋण ढोते हुए और उससे उऋण होने के भाव से ग्रस्त। उऋणता का यह भाव उन्हें लगता कि सबको एक अदृश्य गुलामी में जकड़े हुए है।

और डॉ. कपिल स्वतन्त्र होते चले गए। माँ, बाप, बहनें उनके लिए शब्दकोश से निकले शब्द सरीखे हो गए। घर सिर्फ सोने, खाने और ठहरने की एक जगह भर होकर रह गया। माँ चिन्तित रहने लगीं। बहनें छोटी थीं, लिहाजा इस मसले पर बोलने लायक नहीं थीं; फिर भी बाल मन ! अपनी सहेलियों के भाइयों से उनकी तुलना करतीं और समानता की कोई चादर न देख माँ से कारण पूछतीं। कभी-कभी पिता से शिकायत भी कर बैठतीं। लेकिन पिता ने कभी ध्यान न दिया। वे उनकी हरकतों को बचपना समझकर नकारते रहे कि अचानक पिता चल बसे। बिजनेस के सिलसिले में इटली गए थे। दो दिन बाद लौटने वाले थे। लौटे तो, किन्तु सर्द और बेजान जिस्म के रूप में—ताबूत में बन्द !

उनकी मौत से सभी हिलकर रह गए। घर में पैसों की कमी नहीं थी, मगर एक 'जन' की छाँव से जिसकी समाज में बरगद की कल्पना की जाती है, वह यहाँ न रह गया था। घर खाली और भयावना-सा लगने लगा। अत्यधिक धन और उसे हड़पनेवाले कुकुरमुत्ते की तरह आप-से-आप पैदा हो गए। लम्बे-चौड़े बकायों की सूचियाँ सामने आने लगीं। मकान, फैक्ट्री और दफ्तर पर से कब्जा छोड़ देने की धमकियाँ भी मिलने लगीं। वैधव्य का पहाड़ सिर पर लादे माँ अब चिन्ता के समुद्र में डूबने उतराने लगीं। अभी तो सामने तीन-तीन कुँवारी बेटियाँ हैं। उनकी पढ़ाई-लिखाई, शादी-ब्याह और इतनी सारी मुसीबतें। एक असुरक्षा का भाव उनके मन में समाने लगा तो वे बेटे की ओर पलटीं—"कपिल ! अब तक तुम जैसे भी थे, जो भी करते थे, मैंने मना नहीं किया। पर अब, जब तुम्हारे डैडी नहीं हैं और तुम देख रहे हो, लोग-बाग किस तरह हमारी चमड़ी तक खींच लेने पर आमादा हैं तो अब हम सबकी नजर तुम पर टिकेगी ही। घर की जिम्मेदारी समझो।"

और डॉ. कपिल के सामने घूमने लगे—पिता का फैला कारोबार, तरह-तरह की उठा-पटक, तीन-तीन बहनें, उनकी शादियाँ, माँ का बुढ़ापा—जिम्मेदारी का यह पहिया

तो उन्हें पूरा-का-पूरा अपने में समेट लेने को तैयार बैठा है। कोल्हू के बैल की तरह वे उत्तरदायित्वों के वर्तुल में घूमते रह जाएँगे—गोल-गोल ! मातृऋण, पितृऋण और तमाम ऋणों से उऋण होने में खप जाएगी जिन्दगी !

"नहीं !" और इस एक नहीं ने उन समेत पूरे घर की दुनिया बदल डाली। वे घर से चले गए। शहर में दूसरा मकान लेकर रहने लगे। पिता तो सच्ची मौत के शिकार हुए थे, माँ-बहनें इसी संसार में जीते हुए मौत की पीड़ा झेलती रहीं। शुरू में माँ ने पिता की तरह ही उनकी इस हरकत को बचकानापन समझा। बार-बार उनके पास जाती रहीं—घर चलने के अनुरोध के साथ। पिता का बहनों का, अपना हवाला देतीं। मगर उनका रटा-रटाया जवाब होता—"मैं एक स्वतन्त्र जीवन जीकर अपने जीने के मकसद को सार्थक रूप देना चाहता हूँ। जिम्मेदारी के गड्ढे में मुझे मत घसीटो। तुम खुद समझदार हो। नीरू, कोयल और हिया भी बड़ी हो गई हैं। तुम अपनी सोचो और उन्हें भी अपने बारे में सोचने दो। व्यर्थ की भावुकता में पड़कर अपना और सभी का जीवन बरबाद मत करो।"

फिर कैसे लातूर की वे कहानियाँ उनकी कलम से यथार्थ बनकर निकलीं। भारत का भयंकरतम भूकम्प, उससे पहले मुम्बई के दंगों और बम विस्फोट पर भी हृदय को चीर देनेवाली उनकी रिपोर्ट आई थी। दूसरों को मालूम हो न हो, डॉ. कपिल इसका राज बखूबी जानते थे। आम जनता को दर्द की सूखी लहर चाहिए; अफसोस जाहिर करने के लिए हथेलियाँ, जिस पर घटनाओं की सुर्ती रखकर अफसोस के अँगूठे से उसे चुनाया जा सके। हालाँकि उन्हें इस बात में कोई सार नजर नहीं आता कि कहीं भूकम्प से, कि बाढ़ से या दंगों से मरनेवालों या सरदार सरोवर के लिए 'डूबने' बैठे आदिवासियों के प्रति खाली टिन जैसे अफसोस जाहिर करने से क्या होगा ? मगर जनता और अखबार को मसाला चाहिए। उन्हें बिलखते, तड़पते लोग, प्रशासन की लापरवाही पर कोसते शब्दों की माला और बीभत्सता को चित्रित करते मलबों के ढेर चाहिए और इन सबको परोसने में वे उस्ताद थे। लातूर में और इसके पहले मुम्बई के दंगों के वक्त उन्हें बेतरह कोफ्त आई थी मैरेज इन्स्टीच्यूशन पर। अगर विवाह जैसा संस्थान न होता तो इतने सारे लोग नहीं होते। न होते, न मरते, न इतने नाते-रिश्तेवाले रोते-पीटते। लानत है ऐसे जीवन पर जहाँ सारी उम्र एक-दूसरे को निबाहते-निबाहते लोग शाम के सूरज की तरह डूब जाते हैं।

लातूर की स्टोरी जितनी दमदार थी; उतनी ही लाजवाब थी जलगाँव सेक्स स्कैण्डल की रिपोर्ट। उन्होंने कुछ स्रोतों से कुछ तसवीरें भी हासिल कर ली थीं और भुक्तभोगियों से बातचीत भी की थी गोकि तसवीरें सेन्सर करके छापी गई थी और नाम बदल दिए गए थे। एक बार फिर बधाइयों के ढेर लग गए और इन सबके बीच डॉ. कपिल पूर्ववत् मुस्कुराते रहे।

जलगाँव में ही मिली नन्दिनी शर्मा—नया भारत की प्रेस रिपोर्टर तेज-तर्रार बेबाक।

उसके पूरे व्यक्तित्व में एक तुर्शी थी और अपने व आसपास के प्रति खासा चौकन्नापन। 1992 में जब मुम्बई दंगों की चपेट में था, वह अयोध्या और फैजाबाद के बीच चक्कर-पे-चक्कर लगा रही थी और लगातार रिपोर्टें भेजती रही थी। लातूर और जलगाँव से लेकर कश्मीर घाटी के मुद्दे और स्त्री अधिकार से लेकर भारतीय समाज और अर्थशास्त्र पर उसका समान रूप से अधिकार था। डॉ. कपिल की स्टोरी में जहाँ एक अव्यक्त-सी कलाबाजी होती, वहीं नन्दिनी शर्मा की रिपोर्ट में मानवीयता के घने भाव घिरे रहते। यही वजह थी कि नन्दिनी की प्रिन्ट मीडिया में एक साख थी।

डॉ. कपिल को उसके व्यक्तित्व और व्यवहार की सारी चीजें बेहद पसन्द आई। नन्दिनी ने भी डॉ. कपिल को उनकी बातों से जाना और माना कि डॉ. कपिल एक सुलझे और स्पष्ट विचारों वाले इन्सान हैं। चूँकि दोनों पत्रकारिता के क्षेत्र में थे और इस क्षेत्र में सम्भावनाएँ हर रोज सूरज के साथ उगा करती हैं; सो उसने सोचा कि अगर दोनों मिलकर काम करें तो वे और भी अच्छी चीजें जनता को दे सकते हैं।

और धीरे-धीरे डॉ. कपिल एवं नन्दिनी शर्मा एक-दूसरे के करीबतर होते चले गए। नन्दिनी अब डॉ. कपिल के जीवन की एक अनिवार्य जरूरत बन गई।

बिजनेस की अनिवार्य जरूरतों के साथ माँ ने हिम्मत बाँधी और कूद पड़ीं उस मैदान में; जिसकी सिर्फ कानों सुनी खबर उनके पास थी—पति से मिली जानकारियों के अनुभव का लाभ उठाते हुए तमाम सूदखोरों और मतलबियों से निपटीं; धमकानेवालों के दिमाग दुरुस्त किए। मतलबियों के संसार में कुछ ऐसे भी थे, जो सच्चे हितैषी बनकर उनके साथ आगे बढ़े और उन्हें सहारा दिया। और एक बार जब टूटे मन में विश्वास की बेल फूटी तब उन्होंने पीछे मुड़कर नहीं देखा। बेटियों ने भी माँ का साथ दिया। समय ने धीरे-धीरे मुश्किल लग रहे पलों को आसान कर दिया। खाने की टेबल पर पति अनुभव की जो दो-चार बातें सुनाया करते थे; वे सभी उनके विश्वास को सीमेन्ट देने के रूप में साबित हुई।

बड़ी नीहारिका कम्प्यूटर इन्जीनियरिंग का कोर्स करने के लिए जब अमरीका जाने लगी तब माँ की आँखें भर आईं और दिल किसी अज्ञात आशंका से धड़क उठा। नीहारिका माँ की बात समझ गई। उसने माँ के काँपते हाथों को थाम उन्हें धीरज बँधाया। कितनी समझदार और जिम्मेदार हो गई थी। दोनों छोटी कोयल और हिया भी तो इतनी ही समझदार हैं। अब तो उनकी एक ही ख्वाहिश रह गई थी—तीनों की शादियाँ अच्छी जगह हो जाए और ये सभी अपना-अपना संसार बसाकर राजी-खुशी रहें। फिर उन्हें मौत भी आ जाए तो उन्हें इसकी परवाह नहीं।

नन्दिनी ने भी समाज की परवाह न की। वह और डॉ. कपिल एक-दूसरे के इतने करीब आ गए थे कि नन्दिनी के लिए अब दो घरों में एक साथ रहना और दो-दो घर सँभालना कठिन लगने लगा। पहले तो वह सुबह; दोपहर या शाम कभी भी अपने सुविधानुसार डॉ. कपिल के घर आती और सारे काम निबटा जाती। फ्रिज

में दूध पड़ा होता, उसे उबाल देती। धोबी आता, प्रेस किए कपड़े आलमारी में रख देती और धुले कपड़े प्रेस करने को दे देती। बाई आती तो पूरी चौकस हिदायतें उसे देती। सबने उसे उस घर की मेमसाब के रूप में स्वीकार कर लिया था। खुद वह भी इन सब कामों को करते हुए यह कभी महसूस नहीं करती कि यह डॉ. कपिल का घर है। उसे लगता कि वह अपने ही घर में है।

खाना खाकर वे दोनों नियमपूर्वक कॉफी लेते और फिर डॉ. कपिल उसे उसके घर छोड़ आते। एक रात इच्छाओं के आवेग ने दोनों को घेरा और उस रात के बाद से वह वहीं रहने लगी। डॉ. कपिल को पाकर, उनके साथ रहकर वह खुश थी–बेपनाह खुश। डॉ. कपिल की सारी जरूरतें अब उसकी जिम्मेदारी बन गई–वे सुबह नाश्ते में क्या लेंगे, कौन-सी शर्ट, कौन-सी पैन्ट पहनेंगे, कहाँ जाएँगे, कब लौटेंगे, भोजन क्या करेंगे और उनके मन की चाहत की मीठी नींद तृप्ति की खुमारी में कैसे बदलेगी–यह सबकुछ नन्दिनी ने बगैर कुछ बोले, बिना किसी अनुबन्ध के स्वीकार कर लिया।

नन्दिनी ने माँ को डॉ. कपिल के बारे में बताया, अपने सम्बन्धों के बारे में बताया। दोनों एक-दूसरे को पसन्द हैं, दोनों एक ही लाइन के हैं, दोनों एक-दूसरे को समझते हैं; यह बात माँ को आश्वस्त तो कर गई, परन्तु डॉ. कपिल के साथ नन्दिनी का यूँ रहना उन्हें जँचा नहीं। नन्दिनी से बोलीं–''तुम पढ़ी-लिखी हो, वयस्क हो, समझदार हो। तुमसे कुछ कहूँ यह जरूरी नहीं, मगर हम जहाँ, जिस समाज में रहते हैं, उसके कुछ कायदे-कानून होते हैं, जिन्हें मानना जरूरी है, वरना दुनिया में नियम, अनुशासन और खरे-खोटे जैसी कोई चीज नहीं रह जाएगी। डॉ. साहब अच्छे हैं, तुम्हें पसन्द भी हैं–तुम शादी क्यों नहीं कर लेती ! यूँ बगैर शादी के साथ-साथ रहना !''

नीहारिका ने भी अमेरिका से माँ को लिखा–''माँ, कौशल मेरे ही साथ पढ़ता है। घरवाले मुम्बई में ही रहते हैं–पाली हिल में। सोचती हूँ, पढ़ाई खत्म होने के बाद, हम दोनों तुम्हारे आशीर्वाद से घर बसा लें। अपनी राय देना। कौशल के माता-पिता तैयार हैं।''

माँ ने पता किया–अच्छे, सम्पन्न और प्रतिष्ठित लोग। मिल आई कौशल के माता-पिता से। बेटी के लिए कौशल का हाथ माँग लिया। भले लोग लगे उन्हें। फिर नीरू को कौशल पसन्द था। घर बैठे यह रिश्ता तय हो गया। उन्होंने भगवान को लाख-लाख धन्यवाद दिया।

लाख-लाख आशीष देकर माँ ने और भरी आँखें एवं रुंधे गले से कोयल व हिया ने नीहारिका को विदा किया। एक शादी किसी बड़े यज्ञ से कम नहीं होती। माँ और तीनों बहनों ने ही पूरा-का-पूरा बीड़ा उठाया। ऑफिस और पड़ोसवालों ने भी हाथ बँटाया। नहीं हाथ बँटाया तो डॉ. कपिल ने। शादी के रोज इस तरह आए जिस तरह कोई मेहमान आता है। मेहमान की ही तरह ही लौट भी गए। नन्दिनी भी आई थी। पूरे समय वह नीरू के साथ रही। सिसकते हुए नीरू ने कहा–''भाभी, हम तीनों तो

यूँ ही एक-एक कर इस घर से विदा हो लेंगी। माँ का क्या होगा ? भैया को समझाओ।''

नन्दिनी के जीवन में आ जाने के बाद भी डॉ. कपिल के व्यवहार में मूलतः कोई फर्क नहीं आया। बस, काम से काम। घर में क्या हो रहा है, इसकी चिन्ता नहीं। यहाँ तक कि जिस नन्दिनी से वे घण्टों बातें करते रहते, हर विषय पर हर पहलू से उसके साथ चर्चा करते, उसकी राय जानते, अपनी राय देते, अब वह सब जैसे गहरी नींद में देखे गए सपने हो गए। वे लेख लिखते। पहुँचाने के लिए लड़का था; उससे अपेक्षित जगह भिजवा देते। फोन पर हर जरूरतमन्द जगह पर बातें कर लेते। फिर खाना खाकर सो जाते। शाम में उठते, नहा-धोकर तैयार होते और प्रेस क्लब चल देते या आए दिन कोई-न-कोई पार्टी रहती, वहाँ चले जाते। या तो कहकर जाते या वहाँ से फोन कर देते—'मैं खाकर लौटूँगा। तुम खा लेना' या 'मैं देर रात लौटूँगा—खाना-वाना खाकर। तुम इन्तजार मत करना।'

फिर भी नन्दिनी इन्तजार करती। खाना नहीं खाती; भले रात के दो बज जाते। उसे जगा देख डॉ. कपिल पूछते भर—''सोई नहीं ?'' और चेन्ज करके सो जाते। शराब की खुमारी तुरन्त नींद पर कब्जा जमा लेती। कभी-कभी सोते नहीं तो बिस्तर पर लेटे-लेटे सिगरेट पीते रहते और धुएँ के छल्ले बना-बनाकर फेंकते रहते। उन सभी छल्लों से नन्दिनी जकड़ जाती। इतना कि रेशा भर हिलना तक मुमकिन नहीं हो पाता।

माँ के घर नन्दिनी स्वतन्त्र थी—घर के कामों को; घर की जरूरतों को माँ ने अपने ऊपर ओढ़ लिया था। वे इन सब बातों से यथासम्भव नन्दिनी को मुक्त रखतीं कि जब अपने घर जाएगी तब सब कुछ तो करना ही होगा। दूसरा कारण था इन सबके बीच अपने जीवन के खालीपन को भरने की कोशिश करना। काम, बेहद काम करना और थकान से चूर होकर सो जाना, ताकि पिछली जिन्दगी के घाव कभी टीस न पैदा करें।

डॉ. कपिल के घर आकर नन्दिनी ने जब सारी जिम्मेदारियाँ ओढ़ लीं तो अपने लिए समय कम पड़ने लगा। घर के कामों से फ्री होकर जब वह कुछ करने को बैठती तो पहले डॉ. कपिल के साथ उस पर बहस करना चाहती। किसी भी विषय को उठाने से पहले वह उसके बाबत उनकी राय जानना चाहती। परन्तु पहले की घण्टों चलने वाली बहस और बातचीत अब निहायत जरूरत की चीजों को खोज-पुछारी या हाँ-हूँ में तब्दील होकर रह गई थी। नन्दिनी मन-ही-मन खीजने लगी, कुण्ठित होने लगी। उसकी सारी ऊर्जा आत्मसंघर्ष और अपने स्थान की खोज में जाया होने लगी। उसका लिखना-पढ़ना सब छूट गया। न तो कहीं वह फोन करती, न किसी से बात; न ही कहीं आना-जाना, न कोई असाइनमेन्ट। वह रोज डॉ. कपिल से बात करने को सोचती; मगर वे अपनी चर्या में व्यस्त रहते। जब से नन्दिनी आई थी, उनके रूटीन में और भी बेफिक्री; और ज्यादा बेलौसपन आ गया था। कभी नन्दिनी कुछ बोलना चाहती या कुछ पूछती तो जवाब न देकर वे या तो अखबार पढ़ने लगते या फोन करने लगते।

फोन पर लम्बी लम्बी बातें और ऊँचे-ऊँचे ठहाके नन्दिनी के तन-मन पर हथौड़ा बनकर बरसते।

अन्ततः हालात से परेशान नन्दिनी ने तय कर ही लिया कि वह डॉ. कपिल से बात करेगी। डॉ. कपिल शाम को नहा-धोकर किसी बड़े निर्माता के बड़े बजट की फिल्म की प्रीमियर पार्टी के लिए जा रहे थे। कभी नन्दिनी भी इस तरह के प्रीमियरों पर जाया करती थी। अब तो उसे पता भी नहीं चलता। वह तो आज अखबार में उसका समाचार पढ़ा था और जब डॉ. कपिल बाथरूम में थे, तब उस निर्माता के पीआरओ का फोन आया था यह पुष्टि करने के लिए कि साहब आ रहे हैं या नहीं।

नन्दिनी ने सोचा कि अभी जाने दे। डॉ. कपिल पार्टी के लिए जा रहे हैं। मूड ऑफ हो जाएगा। मगर दूसरे ही पल सोचा कि आखिर वही क्यों डॉ. कपिल के मूड या हालात की चिन्ता करे ! आखिर वे क्यों नहीं उसे बारे में कुछ सोचते ! उसकी उदासी, उसका अकेलापन उसका काम, उसका लेखन''' वह तो महज एक गृहस्थन बनकर रह गई है, एक नौकरानी बनकर पर। यहाँ तो यह कहना भी गलत होगा। गृहस्थन तो वह तब होती जब गृहस्थी बसाई जाती। नौकरानी भी महीने भर काम करके पगार ले जाती है। मगर उसका न तो कोई अस्तित्व है, न कोई व्यक्तित्व रह गया है। क्या ऐसे ही जीवन की उसने कामना की थी ? इसी जिन्दगी के लिए जुड़ी थी डॉ. कपिल से ?

डॉ. कपिल तैयार होकर बाहर निकल रहे थे। पिस्ता हरे रंग की टी शर्ट और ब्ल्यू जीन्स, रीबॉक के स्पोर्ट्स शूज, आँखों पर चश्मा और मुँह में सिगरेट। एकदम तरोताजा और हैण्डसम। नन्दिनी का मन हुआ लपककर प्यार की एक निशानी उनके माथे पर जड़ दे। मगर सम्बन्धों की ठंडी बर्फ तले प्रेम की गरमाहट कहीं दुबक-सी गई थी। उसने यह भी सोचा, चलो कल बात कर लेंगे। लेकिन दूसरे ही पल मन ने दुत्कारा—"आजकल, आजकल के पहिए में लिपटी रस्सी की तरह बेजान बनी घूमती रहो। इधर तुम इस आग में जलो और उधर वे सारे ऐशोआराम की रंगीनियाँ लूटें तुम इतनी कायर क्यों हो गई नन्दिनी ?"

"सुनो कपिल, मुझे तुमसे कुछ बातें करनी है।"

"अभी तो मैं बाहर जा रहा हूँ। बाद में कर लेंगे।"

"इसी के बाबत करनी है बात । क्या तुम भूल गए कि मेरा भी कुछ काम-धन्धा था, कोई कैरियर था। मेरी भी कोई दुनिया थी।"

"व्हाट अ सिली टॉपिक ! तुम्हारा काम और तुम्हारी दुनिया ! क्या मैंने उसमें कोई सेंध लगाई है जो किसी पुलिसवाले की तरह जिरह कर रही हो ?" यह कहते हुए डॉ. कपिल दरवाजे की ओर बढ़ने लगे।

नन्दिनी तुरन्त दरवाजा घेरकर खड़ी हो गई—"तुम्हें इस बात का जवाब देना ही होगा कि मैंने अपने आपको तुम पर जो निछावर कर दिया, उसका सिला मुझे तुम

इस रूप में दे रहे हो ? मुझे भी तुमने घर के अन्य-सामानों में से एक समझ लिया ? बोलो, क्यों किया तुमने ऐसे ?

टाई की नॉट लगाते हुए प्रो. कपिल बोले—यह सब तुम अपने-आपसे पूछो तो बेहतर होगा। मैंने नहीं किया है और हाँ, अपनी आदतें बदलो, आराम पाओगी...? अब हटो, मुझे देर हो रही है।''

मगर नन्दिनी दरवाजे पर खड़ी रही—आक्रामक और हिंसक दृष्टि से डॉ. कपिल की एक-एक हरकत को देखती रही। डॉ. कपिल उसके सामने खड़े हो गए—''हटो दरवाजे से, जाने दो।''

नन्दिनी दरवाजे पर ही खड़ी रही। उसकी आँखों से अविरल आँसू बहे जा रहे थे। जीवन में पहली बार वह यूँ रो रही थी, किसी के सामने। डॉ. कपिल ने घड़ी देखी, फिर उसे। उनके चेहरे पर क्रोध और खीज के भाव थे। उन्होंने नन्दिनी की बाँह पकड़ी और परे धकेल दिया। इस अचानक की हरकत को नन्दिनी समझ नहीं पाई। लिहाजा जब तक सम्भले, तब तक वह फर्श पर गिर चुकी थी। और जब तक वह स्थिति को समझ पाती, तब तक डॉ. कपिल जा चुके थे।

अपमान, क्रोध और ग्लानि से नन्दिनी जड़ हो गई। फिर वह रोने लगी—बिलख-बिलखकर। लग रहा था, जैसे किसी ने उसका कलेजा मुट्ठी में भरकर बाहर निकाल कहीं दूर फेंक दिया हो। वह बिस्तर पर गिर गई। खाना-बनाने का मन नहीं किया, न ही खाने को। हालाँकि फ्रिज में ब्रेड और चिकन दोनों थे। परन्तु उसने नहीं खाया और रोते-रोते सो गई।

पता नहीं रात के दो बज रहे थे या तीन—डॉ. कपिल लौटे। चेंज किया। पार्टी की खुमारी तन-मन पर व्याप्त थी। शराब की सुरसुराहट पूरे बदन को तपा रही थी। बेसुध-सी पड़ी नन्दिनी को उन्होंने अपनी बाँहों में समेट लिया। लेकिन आहट और दुखी नन्दिनी शराब के भभके और उनके स्पर्श से एकदम भड़क उठी—''रण्डी समझ रखा है क्या मुझे, जो जब मर्जी आई, चले आए देह में घुसने।''

डॉ. कपिल हतप्रभ रह गए। नन्दिनी भी नहीं समझ पाई कि इतनी भ्रष्ट भाषा वह कैसे बोल गई। दरअसल अन्दर से वह इतनी भरी हुई थी कि उसका विस्फोट कुछ इसी जैसे रूप में होना था। डॉ. कपिल की शराब उतर चुकी थी। यहाँ तक कि खुमारी भी गायब हो गई। वे बोले—''आखिर तुम चाहती क्या हो ?''

''एक जीवन जिसे मैं जी सकूँ, जिसकी साध लेकर यहाँ मैं आई थी।''

''तो उस साध की आग पर मैंने पानी डाला है क्या ?''

''हाँ, डाला है। कपिल···''नन्दिनी ने बोलना शुरू किया—

''मैं एक कैरियर ओरिएन्टेड लड़की थी। तुमसे मिलने के बाद सोचा था कि हम अपनी सम्भावनाओं को और अधिक नए-नए आयाम दे सकेंगे। मगर तुमसे जैसे-जैसे जुड़ती गई, सम्भावनाएँ छन्नी में पड़े आटे की तरह छीजती गई। और आज,

मैं चारों ओर से रीती और वीरान हो गई हूँ।

"मैंने अपने-आपको तुममें डुबो दिया। लेकिन मैंने पाया क्या ? दिन-ब-दिन बढ़ता अकेलापन और घुटन ! तुमसे जुड़कर मैं कहाँ तक निश्चिन्त हो पाई; यह तो अभी तय करना बाकी है; लेकिन मुझे पाकर तुमने निश्चिन्तता और आराम की लम्बी-चौड़ी चादर फैला दी। मैंने वह सब भी ओढ़ लिया। आखिर जीवन में लेना-देना तो चलता ही रहता है। प्यार और समर्पण का जो मामला था। परन्तु, यहाँ तो स्थिति सिर्फ लेने और लेने की थी। देना तो जैसे तुमने जाना ही नहीं है। आज मैं सचमुच हैरान हूँ यह सब सोचकर कि यह तुम्हीं हो जो नारी स्वतन्त्रता, व्यक्ति की आजादी के बारे में इतने ऊँचे-ऊँचे खयालात रखते थे।"

डॉ. कपिल अब ऊबने लगे थे। नशा भले उतर चुका था, मगर नन्दिनी की बातें में अपने लिए कोई सार-तत्त्व न पाकर ऊँघने लगे थे। इधर नन्दिनी आज आज इस पार या उस पार जैसी मुद्रा में थी। वह बोली—"मैंने तुम्हें और इस घर को अपना समझा; लेकिन अब लग रहा है कि यह मेरी भूल थी। तुम तो केवल अपने लिए हो। यह घर भी सिर्फ तुम्हारा है। यहाँ की किसी भी वस्तु पर मेरा कोई हक नहीं। तुम भूल रहे हो कपिल कि हम जिस समाज में रहते हैं, उसके अपने कुछ कायदे-कानून होते हैं, जिन्हें हमें मानना होता है। जैसे देह के लिए बनाए प्रकृति के नियमों को न मानना देह के साथ खिलवाड़ करना है, उसी तरह समाज के नियमों की अवहेलना हमें उच्छृंखल बनाता है। कपिल, मैं आज महसूस कर रही हूँ कि हम लोगों ने उसी उच्छृंखलता का परिचय दिया है।"

"अब हम क्या सुबह बातें नहीं कर सकते ?" डॉ. कपिल ने जम्हाई लेते हुए कहा। स्पष्ट था कि वे नन्दिनी की बातों पर कोई ध्यान नहीं दे रहे थे। नन्दिनी ने कहा—"बातें तो हम आज ही और अभी ही निपटाएँगे। कपिल, हम शादी कब करेंगे ?"

डॉ. कपिल जैसे आकाश से गिरे—"शादी ? यह क्या वाहियात सवाल पूछ रही हो ?"

"यह वाहियात सवाल है ?" नन्दिनी भड़क उठी।

"बिलकुल ! हम आराम से रह रहे हैं। खा-पी रहे हैं। 'मेड फॉर ईच अदर' की तरह हैं। शादी-वादी तो बिलकुल बकवास चीजें हैं। यह जाहिर करता है कि आपका अपने पर यकीन नहीं।"

नन्दिनी कटु हो आई—"सिर्फ एक बात बता दो कपिल। कल को जब दुनिया पूछेगी कि हम आपस में क्या हैं तो क्या जवाब देंगे ? यह घर किसका है, इसका उत्तर क्या है ? कल को हमारे बच्चे हुए तो माँ तो मैं बनूँगी ही; उनका बाप कौन बनेगा ? ये, ये सब चन्द बुनियादी सवाल हैं कपिल जिनके जवाब तुम्हें देने हैं।"

"देखो नन्दिनी ! मैं शादी और बच्चे-वच्चे के चक्कर में नहीं पड़ना चाहता। मैं एक इन्डिपेन्डेन्ट लाइफ जीने का कायल हूँ और रहूँगा। उस जीवन में शादी और

बच्चे की कोई जगह नहीं। कल को तुम यह कहती फिरोगी कि मैं पति और पिता का जिम्मेदारी नहीं निभा रहा, यह नहीं कर रहा, वह नहीं कर रहा। ना, नन्दिनी ना; मुझे बीबी और बच्चे नहीं चाहिए, कतई नहीं।"

"तो क्या रखैल चाहिए ?" नन्दिनी का गला रुँध गया—"काश ! ये सब बातें तुमने पहले बता दी होतीं। ठीक है, जब जागो तभी सवेरा। कपिल, तुम अपने स्वतन्त्र व्यक्तित्व के साथ रहो, मैं यहाँ से जा रही हूँ। नहीं, कोई सवाल मत करना कि कहाँ जा रही हूँ। इन सवालों से जूझने की तुम्हें जरूरत नहीं। लेकिन ध्यान रहे कि हर सूत अगर अपने अलग-अलग अस्तित्व की सोचने लगे तो वे सभी मिलकर एक वस्त्र हर्गिज नहीं बन सकते और उसी तरह हम अपने को भी ढँक नहीं सकते। जिम्मेदारियों से बचना कायरता है कपिल। आज नहीं तो कल तुम्हें यह बात समझ में आएगी ही।"

डॉ. कपिल सिगरेट के धुएँ से छल्ले-दर-छल्ले बनाते रहे और नन्दिनी अपना सामान समेटकर तैयार हो गई। चलने से पहले एक गम्भीर और गहरी नजरों से डॉ. कपिल को देखा और फिर बाहर निकल गई। इधर दरवाजा बन्द हुआ और उधर डॉ. कपिल को लगा जैसे किसी ने एकदम से उनके कलेजे से कोई चीज निकाल ली है और वे बेहद खाली-खाली-सा महसूस कर रहे हैं। ये बिस्तर पर उस तरफ लेट गए, जिधर नन्दिनी सोती थी।

माँ ने जब नन्दिनी को मय सामान देखा तो न तो कुछ पूछा, न हैरानी जताई। सिर्फ एक लम्बी साँस छोड़ी। नन्दिनी ही उनके गले लगकर फूट-फूटकर रो पड़ी।

कुछ दिनों तक माँ ने उसे यूँ ही छोड़ दिया, ताकि वह जितना चाहे रो ले। और फिर एक दिन माँ ने कहा—"बेटे ! दुनिया ऐसे ही चलती रहती है। किसी के आने या चले जाने से दुनिया का चक्र थमता नहीं। मुझे ही देखो। तुम्हारे पिता जब इसी तरह हमें तुम्हें छोड़कर चले गए तो क्या मैं मर गई ? मरती भी तो कैसे ? मेरे सामने तो सबसे बड़ा मकसद बनकर तू खड़ी थी। तू तो फिर भी तकदीरवाली है कि तेरी शादी नहीं हुई, बच्चे नहीं हुए। अपना जीवन सँवारने के लिए अभी भी तुम्हारे पास समय है। सोच जरा कि मेरी जैसी तुम्हारी हालत होती तो तू कैसे सम्भालती। खुद कपिल की माँ और बहनों को देखो—कपिल ने तो उन्हें भी मँझधार में छोड़ दिया। क्या वे सब मर-खप गईं ? नहीं, उन्होंने उन्हीं हालातों में जीने का रास्ता बनाया।"

काश कि रास्ता बनना इतना आसान होता ! सादगी, मगर सुरुचिपूर्ण ढंग से नीहारिका की शादी हुई। वह ससुराल आ गई। उसके शालीन व्यवहार ने सभी का मन मोह लिया। विवाह और उसकी रस्मों से अब नीहारिका लगभग उबर चुकी थी। वह अपना कोर्स तो पूरा कर ही चुकी थी और अब अपने ज्ञान का सदुपयोग करना चाहती थी। चूँकि मायके या ससुराल में कहीं भी आर्थिक संकट नहीं था, इसलिए वह एक अच्छा-सा कम्प्यूटर ट्रेनिंग इन्स्टीच्यूट खोलना चाहती थी।

परन्तु अब सपनों के फाहोंवाली जमीन से उतरकर वह यथार्थ की चट्टानी जमीन

पर थी; जहाँ उसकी इच्छा ठोकरें खाती चली गई। ससुरालवालों को एक निहायत ही ठेठ बहू चाहिए थी। उन्होंने साफ मना कर दिया। सास बोली—"इस घर में पैसों की क्या कमी है। मगर सुबह-सुबह जब हम नाश्ता करने बैठें तो तुम पर्स हिलाती चली जाओ और शाम को मुर्दनी सूरत बनाकर लौटो। यह हमें पसन्द नहीं।"

"मगर मेरी पढ़ाई ? मेरा कैरियर ?"

"औरतों की पढ़ाई-लिखाई, कैरियर-वैरियर वहीं तक रहता है, जब तक उसकी शादी नहीं हो जाती। शादी होने के बाद घर, पति और बच्चे ही उसका कैरियर होते हैं।"

नीहारिका ने सास से बहस नहीं की। उसे मालूम था कि सास ने सिर्फ पैसों और पैसों से खरीदे जा सकने वाले ऐशो-आराम देखे हैं, गहनों और साड़ियों की चकमक दुनिया और उनसे चकमकाती टीका-टिप्पणियों के सलमा-सितारे ही बुने और जड़े हैं। वह जब कौशल से बात करेगी तो रास्ते अपने-आप निकल आएँगे।"

नीहारिका आकाश से गिरी, जब कौशल ने भी माँ की बात का ही समर्थन किया—"ठीक ही तो कहती हैं माँ। उन्हें भी तो बहू से सुख आराम मिलना चाहिए।"

"सुख और आराम क्या केवल घर में रहकर और खाना पकाकर ही दिया जा सकता है ? वैसे भी यहाँ हर काम के लिए नौकर है। खाना बनाने के लिए कुक है। अगर सास के सिर में तेल लगाना और पैर दबाना बहू से मिलने वाले सुख और आराम की श्रेणी में आता है तो वह मैं समय निकालकर कर लिया करूँगी। तुम्हीं बताओ, मैं घर में रहकर आखिर करूँगी भी तो क्या ?"

"वह सब मैं नहीं जानता। मैं सिर्फ इतना जानता हूँ कि माँ नहीं चाहती कि तुम काम करो। बस !"

"फिर तो तुम्हें किसी ऐसी लड़की से शादी करनी चाहिए थी जो तुम्हारी चौखट को आँचल से बुहारकर सौ-सौ बार उस पर मत्थे टेकती। कौशल, तुमने सोच कैसे लिया कि जिस माँ ने इतनी मुसीबत उठाकर मुझे पढ़ाया-लिखाया, पढ़ने के लिए अमेरिका तक भेजा, अपनी उस पढ़ाई, अपने उस नॉलेज को चाय की पत्ती और दाल के तड़के में झोंक दूँगी। बड़ी अच्छी रीत है तुम्हारे घर की—तुम्हारी जिस पढ़ाई पर तुम्हारा पूरा खानदान गर्व करता है, मेरी वही पढ़ाई चूल्हे के राख जैसी है।

"कौशल, मैं कैरियर ओरिएन्टेड भले न होऊँ, लेकिन अपनी पढ़ाई का सदुपयोग जरूर करना चाहती हूँ। तुम मिले थे तो मैंने दो सपने एक साथ देखे थे—एक तुम्हारे साथ जीने का और दूसरा मिल-जुलकर काम करने का। पहला सपना तो पूरा हो गया। दूसरे के लिए तुम्हें ही उपाय करना होगा।"

"उपाय तो है और एक ही है।"

"है ! नीहारिका खुशी से चीख उठी, जल्दी बताओ। मैं मानने को तैयार हूँ—हन्ड्रेड एण्ड वन परसेन्ट।"

"सोच लो !"

"अरे यार, इसमें सोचना और न सोचना क्या ! तुम बता रहे हो तो बेहतर ही होगा—यह तो बिना सुने मैं कह रही हूँ।"

"नहीं, सुन लो। अच्छा रहेगा।"

"अच्छा चलो, बता ही दो। तुम भी क्या याद रखोगे !"

पूरी गम्भीरता से कौशल बोला—"उपाय एक ही है और वह है—तलाक !"

"क्या ?" नीहारिका जैसे आकाश से गिरी। एक पल पहले जो चेहरा उल्लास और शरारत की बिजलियों से चमक रहा था। उसी पर जैसे चूना पुत गया—"कौशल ! कौशल, तुम क्या कह रहे हो, समझ रहे हो ?"

"समझ रहा हूँ। देखो नीरू, तुमसे शादी जहाँ एक सच्चाई है, वहीं दूसरी सच्चाई यह भी है कि मैं अपने परिवार की परम्परा के खिलाफ नहीं जा सकता, चीजें तुम्हारे सामने हैं; फैसला तुम्हें करना है !"

कौशल दरवाजा खोलकर बाहर चला गया। मगर नीहारिका पेण्डुलम की तरह झूलती रही। पिता के गुजरने के बाद किस-किस तरह से माँ और बहनों ने खुद को सम्भाला था, अपना अस्तित्व बचाया था; बचाकर सँवारा था। कितनी खुश हुई थी माँ और वे सभी बहनें, जब अमेरिकी इन्स्टीच्यूट में उसे दाखिला मिला था, वह भी स्कॉलरशिप के साथ। कितना अच्छा लगा था जब उसे कौशल मिला था। तब का बेबाक, खुला-खुला कौशल आज डब्बे में बन्द सामान की तरह सड़ क्यों गया है ?"

और नीहारिका ने उपाय कर लिया। मगर इतनी देर तक जज्ब किए आँसू माँ के गले लगते ही फूट पड़े। माँ साथ-साथ आँसू बहाती रहीं। बहनें तसल्ली दिलाती रहीं—घबड़ा मत दीदी, सब ठीक हो जाएगा।

ठीक-ठाक और घर कहा जा सकने वाला डॉ. कपिल का फ्लैट अब उजाड़-सा हो गया। नन्दिनी के जाने के बाद जब पेपर, दूध, चाय, सब्जी और हर छोटी-बड़ी चीज के लिए खुद उठना पड़ता, है या नहीं; यह देखना पड़ता तब समझ में आया कि नन्दिनी के आने के बाद वे कितना निश्चिन्त जीवनजी रहे थे। नन्दिनी ने पूरी सहजता से इन चीजों को अपने हिस्से में कर लिया था। जीवन में इन सबका भी स्थान है, डॉ. कपिल ने इन सब चीजों को महसूस ही नहीं किया था।

आज डॉ. कपिल अपने को, अपने घर में ही एकदम खाली-खाली महसूस कर रहे थे। नन्दिनी शराब नहीं पीती थी। गोकि कभी-कभी सिगरेट सुलगा लिया करती थी। मगर डॉ. कपिल के लिए पेग बनाते कभी झिझकी नहीं। उनके दोस्त आते। पीने-पिलाने का दौर चलता। वह उनके लिए सारे इन्तजाम करती। उनकी बातचीत में हिस्सा लेती; मगर इसके साथ ही उसने यह भी महसूस किया था कि जब कभी उसके मित्र आते, डॉ. कपिल चुप्पी की एक अभेद्य दीवार खड़ी कर लेते। मुँह से कुछ नहीं कहने के बावजूद नन्दिनी समझ गई। धीरे-धीरे उसने सबको बुलाना बन्द कर

दिया। खुद भी कहीं आना-जाना छोड़ दिया।

नन्दिनी के प्रति डॉ. कपिल का आकर्षण उसकी बुद्धिमता और काबिलियत के कारण था। उसके लेखन में कोरी भावुकता का लिजलिजापन या एकतरफा फैसले का अदालती हथौड़ा नहीं होता था; बल्कि विषय की गहराई और पक्ष-विपक्ष दोनों का विश्लेषण होता था। 1992 के दंगों, लातूर के भूकम्प और जलगाँव सेक्स स्कैण्डल पर ही यदि दोनों की स्टोरीज देखी जाती तो यह अन्तर स्पष्ट नजर आता। नन्दिनी महिलाओं की समस्याओं पर लिखती थी। डॉ. कपिल से इस पर बहस भी होती थी। नन्दिनी का स्पष्ट नजरिया था कि यदि पुरुष अपना अहं थोड़ा कम करें और स्त्रियों को भी उतनी ही आजादी दें, जितनी वे खुद लेते हैं तो रिश्तों में दरार या टूटन आ ही नहीं सकती। डॉ. कपिल नारी स्वतन्त्रता की तमाम दलीलें देते हुए भी अप्रत्यक्ष रूप से संकेत कर बैठते कि स्त्रियाँ पुरूषों की तरह आजाद नहीं रह सकतीं। और इसकी पुष्टि में वे सामाजिक ढाँचे की दुहाई देते।

डॉ. कपिल हैरान व परेशान थे। जब नन्दिनी घर में थी, तब उसकी उपस्थिति उन्हें कोई सार तत्व नहीं देती थी। और अब उसके जाने के बाद तो जैसे घर की एक-एक चीज में, एक-एक कोने में उसकी अदृश्य उपस्थिति व्याप्त हो गई थी। सबसे ज्यादा तो वह छाई हुई थी डॉ. कपिल के दिलो-दिमाग पर। लिखने-पढ़ने मे अब एकाग्रता नहीं बनती। कहीं जाते तो जी तुरन्त उचट जाता। दोस्त भी अब धीरे-धीरे घर बसाने लगे थे और काम तथा घरों में बँट गए थे। उन्होंने निकलना बन्द कर दिया। यही हालत तो नन्दिनी की भी थी। काश कि उन्होंने कुछ ध्यान दिया होता। फिर भी, उन्हें लगता कि नन्दिनी को जाना नहीं चाहिए था।

बड़ी मुश्किल से नन्दिनी जा पाई थी दिशान्तर थिएटर ग्रुप के निर्देशक जतिन रामानी के पास। खासा शौक था नन्दिनी को नाटकों से। अनगिनत अवार्ड लिये थे स्कूल-कॉलेज में। बाद में खुद को पत्रकारिता की तरफ मोड़ लिया था। फिर भी, नियमित रूप से थिएटर जाती, नाटक देखती, रिव्यूज लिखती। थिएटर जगत में उसकी पूछ थी। इसलिए माँ के अतिशय आग्रह पर जब वह दिशान्तर नाट्यग्रुप के निर्देशक जतिन रामानी के पास पहुँची तो उसने उसे सिर-आँखों से लगाया। रामानी का अनुरोध था कि वह यह ग्रुप ज्वॉयन कर ले। तीन माह बाद उनका ग्रुप नाट्य महोत्सव कर रहा है। उसके अभिन्य से इसके फेस्टिवल में निश्चित तौर से चार चाँद लग जाएँगे।

कितना कुछ सहेजा था माँ ने नन्दिनी के लिए। माँ उसका दर्द समझती थी। कितना-कितना, कहाँ-कहाँ और क्या-क्या टूटता है किसी का साथ छूटने पर; इसे माँ ने खुद भोगा था। इसलिए नन्दिनी की पीड़ा दुगुने वेग से उनके सामने आई थी और वे जुट गई थीं उसे सम्भालने में। खुद को भी तो इतनी ही मुश्किल से सहेजा था।

विश्वास का एक अखण्ड दीप जलाए वे बैठी थीं। उन्हें अपने रूप यौवन का कोई गुमान न था। वे तो बस विश्वास की नैया में बैठी निश्चिन्त चली जा रही

थी—पति-पत्नी के बीच के विश्वास की नैया। वे उन पत्नियों में से नहीं थीं, जो पति को किसी महिला से बात करते देख कोप भवन में जा समाएँ। परन्तु अगाध विश्वास ही उनकी नैया को ले डूबा। शायद भक्ति की हद तक पहुँचे प्यार की अति गाढी चाशनी ने ही पति में ऊब पैदा कर दी या क्या, इसका पता आज तक उन्हें नहीं चल सका और यकायक उन्होंने जो कुछ सुना, उस पर यकीन नहीं हुआ। एक आम पत्नी की तरह वे बोली थीं—"मैं उन्हें अच्छी तरह जानती हूँ। वे ऐसा नहीं कर सकते।"

परन्तु ऐसा हुआ। स्वयं पति ने इसकी पुष्टि की। बड़े तटस्थ भाव से चीजों को सामने रखा। अपने सम्बन्धों को स्वीकारा और कहा—"मगर तुम परेशान न होओ। तुम्हारे और नन्दिनी के लिए हर व्यवस्था करके जाऊँगा।"

"जरूर" पहली बार उनका स्वर पति से बात करते वक्त बदला था—"आपको करना ही चाहिए वरना मैं अदालत चली जाऊँगी। कानूनन अपना हक लेकर रहूँगी। लेकिन यह भी बताते जाइए कि आपके साथ चाय पीने का, बाजार हाट जाने का, आपकी हँसी और मुस्कान में साथ देने का, अपने दुख-तकलीफ बाँटने का जो हक था मुझे—क्या कानून वे सारे हक मुझे वापस दिला सकेगा ? आपके इन्तजामात मुझे और नन्दिनी को पैसों की तकलीफ न होने देंगे; आप जरूर यह इन्तजाम करके जाइए; मगर साथ-साथ यह भी बताते जाइए कि शाम को जब नन्दिनी पूछा करेगी—पापा क्यों नहीं आए, स्कूल में हम दोनों की जगह केवल मैं पहुँचूँगी, वक्त-बेवक्त जब मुझे आपकी जरूरत पड़ेगी, तब उस समय आपको अपने साथ रखने का हक कौन देगा मुझे ? इतना माद्दा है मेरे अन्दर कि चार पैसे कमाकर अपना और अपनी बेटी का पेट भर सकूँ। इतनी हिम्मत भी है कि आपके बिना भी जी सकूँगी और नन्दिनी को एक शख्सियत भी दे सकूँगी। कुत्तों के आगे फेंकी हुई रोटी जैसे इन्तजामात नए मंगलसूत्र गढ़वाने के काम आएँगे।"

कितना-कितना टूटी थीं वे। फिर भी, सबकुछ सम्भालकर, सबसे उबरकर अपने आपको साध लिया था। नन्दिनी उनके जीने का सबसे बड़ा मकसद बन गई थी। उसे क्षितिज तक पहुँचते देख वे कितनी खुश हुई थीं। मगर वे भूल गई थीं कि क्षितिज तो नजरों का धोखा है—उसके पति, डॉ कपिल सब क्षितिज ही तो हैं। शायद बचपन से एक पुरुष की नामौजूदगी का अहसास ही नन्दिनी को उस क्षितिज तक ले गया, जिसके आगे कोई राह नहीं थी। मगर हालात से टूट जाना उन्होंने सीखा कहाँ था ?

माँ का जीवन एक स्त्री के जीवन से ऊपर उठकर अलग हो जाता है। बच्चों में उसकी जिन्दगी खण्ड-खण्ड बँट जाती है। नीहारिका टूट चुकी थी। एक बेधड़क, बिन्दास लड़की किसी नर्म बेल की तरह कमजोर हो चली थी। माँ एकबार फिर बेटे के पास पहुँची थी—"जरा चलकर कौशल को समझाओ, नीरू को बुझाओ। बच्चे हैं। समझ नहीं रहे कि जीवन रेस्तराँ में पड़ी चाय या कॉफी का प्याला नहीं कि मर्जी नहीं तो छोड़कर चले आए बाहर !"

और नीरू को समझा रहे थे डॉ. कपिल—"डोन्ट बी सिली ! क्यों वैसे जिद्दी आदमी के चक्कर में पड़ी हो ? अभी अगर तुमने कॉम्प्रोमाइज़ किए तो यह उसकी पहली जीत होगी और उसके बाद शुरू हो जाएगा ह्यूमिलिएशन की नेवर एण्डिंग स्टोरी। कैन यू अफोर्ड इट ? बेहतर होगा कि तुम उससे तलाक ले लो। डिवोर्स हिम !"

"वाह भैया वाह ! कितना बढ़िया है चश्मा तुम्हारा ? उस चश्मे के भीतर से तुम्हें न अपना जीवन दिखा; न हम माँ-बहनों का और न ही नन्दिनी भाभी का। जिसने नन्दिनी भाभी जैसी लड़की की कदर न की, उसे क्या मालूम कि दिल या भावना क्या चीज होती है ? पापा की मौत के बाद जिसने अपनी जिम्मेदारी न समझी, वह तो कहेगा ही कि घोड़ा घास नहीं खाता तो हटा दो घास उसके सामने से। चले जाओ भैया आप अपने जीवन के बुने संसार में। हम मरेंगे नहीं; यह यकीन रखिए। लेकिन मेहरबानी करके अपनी अमूल्य राय हमें मत दीजिए।"

बहुत गहरे धँस गई थी नीरू की बातें डॉ. कपिल के अन्दर। इधर लगातार वे अपने अन्दर कुछ टूटता महसूस कर रहे थे। नीरू की बातों से फिर वे चिटखे ओर भीतर तेजी से कुछ टूटा। नन्दिनी एकदम से उन्हें याद आई—नीरू की शादी में नीरू का हाथ थामे नन्दिनी। हलके फिरोजी रंग की साड़ी में आसमान से उतरी परी जैसी नन्दिनी ! स्वर्ग की किसी अप्सरा जैसी ही तो वह आई और आकर चली भी गई। परन्तु उसके जाने के पीछे क्या नन्दिनी जिम्मेदार है ? नहीं, यह तो वे खुद हैं जो आज तक एक छलावा में जीते रहे और आज उसी छलावे के जाल से एक-एककर उनके परिजन तो परिजन, मित्र-बन्धु भी निकल गए हैं। केवल वे ही उस जाल में उलझ-पुलझकर रह गए थे। लातूर का भूकम्प और चीखते-चिल्लाते बदहवास परिजन, उन सबकी छटपटाहट एकाएक डॉ. कपिल के दिल में समाने लगी। उनकी साँस रुकने-सी लगी तो वे बाहर निकल आए।

धीरे-धीरे नन्दिनी भी अपने बन्द दायरे से बाहर निकलने लगी। वह रामानी के नाट्य-महोत्सव में शामिल हुई। 10 दिन के इस महोत्सव के सभी नाटकों में लगभग मुख्य किरदार निभाया। अखबार नन्दिनी के इस रूप से अनभिज्ञ थे। लोगों के इण्टरव्यू देनेवाली अब खुद इण्टरव्यू देने लगी। नाटकों पर लिखनेवाली के नाटकों पर दूसरे लिखने लगे। नन्दिनी व्यस्त हो गई। व्यस्त हुई तो दिल के जख्म पर पर्दा भी पड़ा। रामानी ने भी महोत्सव की सफलता का सेहरा उसी के सिर पर बाँधा। माँ खुश हुई और आश्वस्त भी।

रामानी युवा और खुले दिल का मगर व्यावहारिक आदमी था। नाटक उसका पहला और आखिरी शौक नहीं था और न ही यह उसकी आजीविका का उपाय था। वह एक समृद्ध घर का लड़का था। मेकैनिकल इन्जीनियरिंग की डिग्री थी। फिर भी, न तो उसने पैसे उड़ाने की सोची, न डिग्री लेकर नौकरी करने की। उसने रेडीमेड कपड़ों और हतकरघों पर बुने वस्त्र और पारम्परिक कढ़ाई, पेन्टिंग आदि के एक्सपोर्ट का

धन्धा शुरू किया। पाँच-छह साल उसने जी तोड़ मेहनत की। मेहनत रंग लाई। बिजनेस चल निकला। अब उस तरफ सबकुछ सेटल करने के बाद उसने अपने शौकों पर ध्यान देना शुरू किया।

ब्रिज और बिलियर्डस के शौकीन जतिन रामानी का पहला शौक था नाटक। नाटकों के निर्देशन की उसमें परख थी और थी सूझ-बूझ। आर्थिक तंगी का सवाल था ही नहीं। लिहाजा उसने अपना एक नाटक ग्रुप खोल लिया। उसकी योजना नाटकों को महानगरों के एलीट क्लास और चन्द लोगों के घेरे से निकालकर पूरे हिन्दुस्तान के शहर-शहर और गाँव-गाँव में पहुँचाने की थी, ताकि लोग इतने सशक्त माध्यम से दो-चार हो सकें और समाज उस जड़ता से निकल सके, जिस जड़ता को अब तक प्रिन्ट और इलैक्ट्रॉनिक मीडिया भी नहीं तोड़ सका है। जरूरत पड़ने पर वह अपने लिए नाटक भी खुद लिखता था। नन्दिनी के आ जाने से उसे बहुत राहत मिली थी। उसने लेखन और अभिनय दोनों को सम्भाल लिया था।

सम्भल गई नन्दिनी भी। धीरे-धीरे फिर से अखबारों में लिखना भी शुरू कर दिया। अभिनय और लेखन—उसके काम के अब ये दो क्षेत्र हो गए। वह इनमें डूबी रहती। फिर भी मन का घाव इतना कच्चा था कि अखबारों में डॉ. कपिल के लेख या तसवीर देखती तो बच्चों की तरह आँसू बाहर निकल पड़ने को मचल उठते। बहुधा बाहर आ भी जाते।

कौशल और नीहारिका को एक करने की सारी कोशिशें बेकार गईं। यहाँ तक कि निहारिका ने मान भी लिया कि वह एक आदर्श बहू की तरह उस घर की चौखट के भीतर सास-ससुर और परिजन-पुरजन की सेवा करती जीवन गुजार देगी—बस उसके साथ कौशल रहे। लेकिन अब कौशल और उसके परिवारवालों का रुख ही बदल गया था—"जो लड़की अपनी ससुराल, अपने पति की मर्यादा का, बातों का खयाल न करके घर से निकल गई, इस परिवार में उसके लिए अब कोई जगह नहीं।"

अब तक नीहारिका आस का तोता पालकर बैठी थी। यह आस उसके भीतर एक ताकत भी भरती रही थी। उसे कौशल पर, अपने प्यार पर भरोसा था। उसे मालूम था कि यह एक अस्थाई मामला है। कौशल और वे एक-दूसरे के बिना नहीं रह सकते। जल्द ही कौशल आएगा और सबकुछ नॉर्मल हो जाएगा। पिता के गुजरने और भाई के घर से चले जाने के कारण उपजे असुरक्षा के अहसास ने ही शायद उसे कौशल की तरफ इतनी तेजी से आकर्षित किया था कि वह उसे देखने-परखने तक की बात भी मन में न ला सकी थी। उसे रह-रहकर आश्चर्य हो रहा था कि घरवाले तो खैर घरवाले हैं, कौशल कैसे इतना बदल गया ? वह कैसे विवेक और निर्णय की अस्थियों से विहीन एक लिजलिज़ा जीव भर बनकर रह गया ? नीहारिका एकदम से टूट गई।

नन्दिनी धीरे-धीरे सामान्य हो रही थी। और उधर डॉ. कपिल असामान्य होते जा रहे थे। घर, शरीर, दिल, दिमाग हर जगह नन्दिनी इस कदर छाई हुई थी कि उसे

हटा पाना उनके लिए नामुमकिन हो रहा था। नीहारिका के कटु बोल भी उनके हृदय पर बरछे की तरह चोट कर रहे थे। अखबारों या किसी समारोह में जब कभी नन्दिनी दिखाई पड़ जाती, उनके पूरे बदन में फुरफुरी-सी समा जाती। उनका जी चाहता कि वे रुई की तरह हलके होकर उड़ चलें और नन्दिनी की चुन्नी के छोर में जा चिपकें। हर बार वे सोचते कि इस बार नन्दिनी से बात करेंगे। मगर नन्दिनी उन्हें देखकर कतरा जाती। आमतौर पर होता यह कि नन्दिनी किसी काम का बहाना बनाकर वहाँ से खिसक लेती।

जतिन रामानी का थियटर ग्रुप चल निकला और साल भर के भीतर ही शहर के प्रमुख नाटक ग्रुपों में से एक हो गया। नन्दिनी के अन्दरूनी हालात से अनभिज्ञ वह बड़ी तेजी से नन्दिनी के प्रति आकर्षित होता चला जा रहा था। माँ का कहना नन्दिनी के कानों में हमेशा गूँजता रहता—"जीवन में गलतियाँ होती ही रहती हैं—कभी छोटी तो कभी बड़ी। पर उन गलतियों से सीखना, उन्हें सुधारना और गलतियों से उपजे हालात पर काबू पाना—यही मनुष्य के व्यक्तित्व की असली पहचान है। भूलों का पुलिन्दा लेकर बैठ जाना या उनसे न सीखना नासमझी है।"

नन्दिनी द्वन्द्व में थी। रामानी का अपने प्रति आकर्षण वह महसूस कर रही थी। माँ की बातें भी उसे याद थीं। बावजूद इसके डॉ. कपिल, जो उसकी नस-नस में समाए हुए थे और जिनसे कन्नी काट जाने के बावजूद जिनके लिए आँसू बहते रहते थे; उन्हें वह अपने से अलग नहीं कर पाती थी।

जतिन एक दिन अचानक रिहर्सल के दौरान भावुक हो गया। नन्दिनी का हाथ थाम लिया। अब तक रिहर्सल के दौरान न जाने कितनी बार उन्होंने एक-दूसरे को छुआ था, गले भी मिले थे, गाल और पेशानी चूमे भी थे; मगर ऐसी सनसनाहट कभी नहीं हुई थीं। न कान के लावे गर्म हुए थे, न साँसें ही चढ़ी थीं क्योंकि वह सबकुछ काम का एक हिस्सा था। मगर आज नन्दिनी का हाथ पकड़ते वक्त उसकी उंगलियाँ काँप रही थीं।

किन्तु नन्दिनी तटस्थ थी। हालाँकि जतिन का स्पर्श उसे धीमे-धीमे पिघला रहा था, फिर भी वह सन्तुलन की रस्सी पर खड़ी थी। भावना में डूबती-उतराती आवाज में जतिन बोली—"नन्दिनी ! जीवन के पल-पल में मेरा साथ दोगी न ! मुझे और मेरे थिएटर को छोड़कर तो नहीं जाओगी ?" जतिन के हाथ अब नन्दिनी के कन्धों को छूते हुए उसके गाल तक जा पहुँचे थे।

नन्दिनी जद्दोजहद में थी। डॉ. कपिल और जतिन के बीच वह झूले-सी झूले रही थी। उसे माँ की याद आई जिसकी दिली ख्वाहिश थी कि नन्दिनी डॉ. कपिल को भूलकर नए सिरे से जिन्दगी शुरू करे। परन्तु डॉ. कपिल थे कि हठी बालक की तरह उसके दिल-दिमाग में ऐसे घुसकर बैठ गए थे कि निकलने का नाम ही नहीं ले रहे थे। इधर जब-जब जहाँ कहीं भी वह डॉ. कपिल से टकराई, उसने ऐसा महसूस

किया कि उनकी आँखों में एक सूनापन है और होंठों पर बन्द पिन्जरे में पंख फड़फड़ाते पंछी के शब्द।

जतिन की आँखों में आग्रह के अनगिन दिए जल-बुझ रहे थे। नन्दिनी पेशोपेश में थी। वह अब भावुकता में ऐसा कोई भी कदम उठाना नहीं चाह रही थी, जो फिर से उसे गहरा नासूर दे दे। उसने खुद को नियन्त्रित किया। अपने गाल पर से जतिन के हाथ हटाए और उन हाथों को वापस जतिन की गोद में डालते हुए पूछा—"जतिन ! क्या यह मुमकिन हो पाएगा कि मैं ताउम्र इसी तरह तुमसे और तुम्हारे थिएटर से जुड़ी रहूँ ?"

"क्यों ? नामुमकिन जैसी कौन-सी बात है ? तुम्हें मुझ पर यकीन नहीं ?"

"ऐसा कुछ नहीं है। पर शादी के बाद स्त्री-पुरुष का संसार ही बदल जाता है, खासकर स्त्रियों का। एक राह पर समान कदम भर रहे राही अचानक पति-पत्नी में तब्दील हो जाते हैं—अधिकार और कर्तव्य के ऊहापोह में फँसे।"

"शादी ? यार, यहाँ शादी की बात कहाँ से आ गई ?"

"क्या जीवन भर का साथ इस थिएटर में बैठकर डायलॉग भरने के लिए माँग रहे थे ?" नन्दिनी थोड़ी तलख हो आई।

"मेरा मतलब यह नहीं था नन्दिनी। मेरा मतलब था कि··· देखो, शादी-ब्याह के मामलों में मैं कुछ भी नहीं कर सकता। हमारा घर भले ही 21 वीं सदी में जाने को तैयार खड़ा हो, मगर वह अपने रीति-रिवाजों को बहुत अहमियत देने वाला है। इसलिए नम्बर वन तो यह कि हमारी शादी ही असम्भव है। नम्बर टू कि अगर शादी हो भी गई तो उसके बाद तुम थिएटर कर पाओगी, इसका मुझे सन्देह है ! मेरे परिवार को फुलटाइम बहू चाहिए। फिर शादी के बाद जिम्मेदारियाँ बढ़ती हैं। उनको निभाते हुए, अपना बिजनेस देखते हुए, थिएटर, ब्रिज और बिलियर्डस—सब सम्भाल पाना कितना मुश्किल होगा मेरे लिए ?"

"तो क्या तुम आजन्म अविवाहित रहने की सोच रहे हो ?"

"नो ! ऐसा भी नहीं है। फर्स्ट ऑफ ऑल, शादी तो परिवारवालों की मर्जी से होगी और उसमें मुझे डबल फायदा है। एक तो घर की तरफ से 'लड़का माँ-बाप की सुनता है' का सर्टीफिकेट मिल जाएगा। दूसरे, जो लड़की आएगी, उसकी चाहत की आखिरी मन्जिल एक घर, एक अदद पति, एक-दो बच्चे और नए-नए कपड़ों व जेवर होगी, जिसे दे देना कोई मुश्किल काम नहीं है। मुश्किल होता है अपनी अलग पहचान, अपने व्यक्तित्व की तलाश कर रहे इन्सान के साथ तालमेल बिठाना, जिन्दगी की पूरी किताब उसके नाम कर देना।"

"ओह !" नन्दिनी चुप हो गई।

"पर नन्दिनी ! तुम क्यों परेशान हो रही हो ? यकीन मानो, कल को मेरी शादी हो भी जाती है तो भी हमारे आपसी सम्बन्धों में कोई दरार नहीं आएगी। और अभी

से शादी-ब्याह की सोचकर क्यों माथा खराब किया जाए। शादी जब होगी तब होगी, तब तक तो अपन आराम से जिन्दगी गुजार सकते हैं। क्यों, है न ?" कहते हुए जतिन ने उसके गाल को चुटकी में भरना चाहा, मगर नन्दिनी ने हाथ पकड़ लिया। फिर हाथ छोड़ते हुए बोली–"चलूँगी मैं ?"

"पर तुमने मेरी बात का जवाब नहीं दिया नन्दिनी। मेरा साथ दोगी न ?"

नन्दिनी बड़े ठहरे हुए स्वर में बोली–"मुझे हैरानी होती है जतिन कि तुम पुरुष अपनी जिम्मेदारी और औरतों के अपने अस्तित्व को स्वीकार करने से क्यों भागते हो ? स्त्री को महज एक सामान भर समझना तुम लोगों की सोच का दायरा क्यों बन गया है ? तुम एम्बीशियस हो, कतई स्वाभाविक है यह। औरत एम्बीशिस पाले, उसे लेकर चले तो उसे दरकिनार कर दिया जाता है। उसके बारे में मान लिया जाता है कि चींटी के पर निकलने लगे हैं। चलो, तुम तो फिर भी क्लीयर हो कि अपनी जिन्दगी कैसे और किस राह से गुजारना चाहते हो, बता दिया। मेहरबानी तुम्हारी कि तुम मुझसे शादी नहीं करोगे। लेकिन यह कैसे उम्मीद कर ली तुमने कि एक किराए के मकान की तरह मैं तुम्हें ढोती रहूँगी। और जैसे ही तुम्हारा अपना मकान होगा, तुम इसे छोड़ जाओगे, न भी छोड़ा तो इसका किराया भरने की दरियादिली दिखाते रहोगे। जतिन, एक स्त्री को उसके पूरे वजूद के साथ तुम लोग कब स्वीकारोगे, समझ में नहीं आता। सारे उत्तरदायित्व औरत उठाए, अपना वजूद मर्दों के नाम, काम और उसकी शख्सियत पर कुर्बान कर दे और अपने वजूद, अपनी पहचान, अपने नाम की पहचान की माँग कतई न करे–तुम लोगों की इस परिभाषा को मानने से मैं इन्कार करती हूँ...अच्छा जतिन चलूँ ! बाई !"

एक बार फिर नन्दिनी टूटी थी। माँ अच्छी थी–कम-से-कम सन्तान के रूप में नन्दिनी तो थी सामने। उसमें उन्होंने अपने जीने का उद्देश्य ढूँढ़ लिया था। लेकिन वह क्या करे, कहाँ जाए। डॉ. कपिल–एक जिम्मेदार, नामवर पत्रकार। जतिन रामानी–नाटक के जरिए समाज को जगाने का प्रयास करनेवाला निर्देशक–कितने दोहरे मानदण्ड हैं इनके खुद के लिए। नन्दिनी ने सिर थाम लिया।

पूरे रास्ते रूलाई रोकती घर पहुँची तो उसे एक और झटका लगा। घर में डॉ. कपिल बैठे थे। माँ भी थीं। उसने खुद पर काबू रखा और निहायत औपचारिक ढंग से उन्हें नमस्कार किया। माँ बोली–"नन्दिनी आओ, बैठो।"

"अभी आती हूँ माँ !" कहकर वह बाथरूम में घुस गई। पहले जी भरकर आँसू बहा लेना चाहती थी। खुद को तैयार कर लेना चाहती थी कि कोई निर्णय करते वक्त ये आँसू भावनाओं की दीवार बनकर खड़े न हो जाएँ और उसे कमजोर न कर दें।

मुँह-हाथ धोकर वह किचन में गई। कॉफी के तीन मग बनाए, कुछ बिस्किट-नमकीन वगैरह सजाए और ट्रे लेकर चल पड़ी ड्राइंगरूम में।

कमरे में खामोशी थी। कोई किसी से कुछ नहीं बोल रहा था। केवल कॉफी

सिप करने और कभी-कभी बिस्किट या नमकीन टूँगने की हल्की आवाज हो रही थी। मगर यह हल्की आवाज भी उस वातावरण पर काफी भारी पड़ रही थी।

माँ बोली—"नन्दिनी, तुम लोग बातें करो। मैं जरा किचन देख लूँ।"

नन्दिनी चुपचाप मूरत की तरह बैठी थी। डॉ. कपिल इधर से उधर पहलू बदल रहे थे। जैसे बोलने के लिए शब्द खोज रहे हों। जब कुछ भी नहीं सूझा तो उन्होंनें नन्दिनी का हाथ पकड़ लिया। उन्हीं हाथों को, जिन्हें पहले कई-कई बार उन्होंने थामा था और अभी-अभी जिन्हें जतिन ने थामा था। ये दोनों स्पर्श नन्दिनी को वजनी लोहे की तरह लगने लगे। डॉ. कपिल ने नन्दिनी के हाथ अपनी गोद में ले लिये और उसका सिर अपने कन्धों पर टिका लिया।

नन्दिनी की आँखें भरने को हुईं जिसे बड़ी मुश्किल से रोका। डॉ. कपिल बोले—"नन्दिनी ! चलो घर चलें।"

"किसके घर ?"

"अपने !"

"वह आपका है"

"ऐसा मत कहो। जो कुछ हुआ, उसे भूल जाओ और चलो।"

"नीहारिका कैसी है ? क्या हुआ उसका ?" नन्दिनी सीधा बैठ गई और डॉ. कपिल की गोद से हाथ हटा लिये।

"सिली गर्ल। डिवोर्स हो गया। जो करना था, सोच-समझ के करना था। डिवोर्स हो जाने पर रोती है। डिवोर्स तो होते रहते हैं। इससे कोई ऐसा भूचाल तो नहीं आ जाता कि धरती फट गई और आप उससे समा गए। छोड़ो इन बातों को। चलो, हम लोग चलें।"

"माँजी कैसी हैं ? और कोयल ? हिया ?"

"ठीक ही होंगी ! माँ बहुत दिनों से आई नहीं।"

"और आप गए नहीं होंगे।" नन्दिनी ने डॉ. कपिल को 'तुम' की जगह 'आप' कहा।

"बट नैचुरल।"

"नीरू के हादसे के बाद तो माँजी और भी टूट गई होंगी।"

"रिडिकुलस यार !" नन्दिनी के मुँह खोलने से डॉ. कपिल नॉर्मल होते जा रहे थे और इसके साथ-ही-साथ अपने ऑरिजिनल फॉर्म में भी आते जा रहे थे—"जीवन में तो यह सब लगा ही रहता है। सोचने और रोने से हालात तो बदलने से रहे। उसके लिए आगे बढ़कर कुछ करना पड़ता है। जैसे मुझे देखो, मैं आगे बढ़कर तुम्हें लेने आ गया। एण्ड दैड लेडी, जब देखो तब जिम्मेदारी और यह तो वह कह-कहकर रोती ही रहती है।"

"माँजी ने अगर जिम्मेदारी न समझी होती तो आज उनका और नीरू, कोयल,

हिया का क्या हुआ होता !"

"छोड़ ये सब बातें यार कि यह हुआ होता तो वह हो गया होता, वह न हुआ होता तो यह हो गया होता। इतने दिनों बाद हम मिले हैं। बातें करने के लिए और भी टॉपिक्स हैं। घर चलकर देखो। कितना अव्यवस्थित हो गया है और कितना अकेला हो गया हूँ मैं ?" कहते हुए डॉ. कपिल उसका माथा सहलाने लगे।

"डॉ. कपिल ! पहली बार नन्दिनी ने यह सम्बोधन किया था–"अभी तो मुझे बेहद नींद आ रही है। मैं सोना चाहती हूँ। ऑ'म सॉरी, नहीं चल सकती मैं।"

"सोना इज नॉट अ बिग प्रॉब्लम यार। तुम वहाँ चलकर सो लेना।"

"डॉ. कपिल ! क्या ही अच्छा होता, अगर आप मुझे मेरी माँ की मर्जी के अनुरूप ले चलते।"

"कैसे ? कैसी मर्जी ?"

"यही कि उनकी बेटी उनके दामाद के साथ जाए।"

"समझा नहीं मैं।"

"सीधे-सादे शब्दों में, उनकी इच्छा है कि उनकी बेटी इस घर से दुल्हन बनकर विदा हो।"

"और तुम्हारी इच्छा ?"

"अपनी इच्छा एक बार पूरी करके देख चुकी हूँ।"

"ओह ! अगेन द सेम सिली टॉपिक। अगर तुम्हें लगता है कि शादी कर लेने से हमें कोई अलादीन का चिराग हाथ लगनेवाला है तो चलो, कर लेते हैं शादी !" डॉ. कपिल की आवाज कटु हो गई थी।

"आँ हाँ !" उनकी कटुता पर ध्यान न देते हुए बेहद ठण्डे और नपे-तुले शब्दों में नन्दिनी बोली–"मुझे ही नही; जब आपको भी शादी-शादी जैसी लगने लगे तब। ओ.के. ! आप बैठना चाहें तो बैठें। माँ आती होंगी। मैं जा रही हूँ सोने।"

और नन्दिनी उठकर अपने कमरे में आ गई। परन्तु नींद आई क्या ? सचमुच नन्दिनी सोने आई थी ? मुझे पता नहीं। आप ही बताएँ !

पथ हेरथि मुरारी

"उठिए हो केतकी बउनी, केतना देर तक सोते रहिएगा। धूप माथा पर चढ़ आया है।" चम्पा भौजी की आवाज और परस ने केतकी को आँखें खोलने पर मजबूर कर दिया। भौजी हौले-हौले उसका माथा सहला रही थीं। उसे बहुत राहत महसूस हो रही थी। सिर से धीरे-धीरे उतरकर भौजी के हाथ पीठ और कमर तक होते-होते पैर तक पहुँचे ही थे कि केतकी ने एक झटके से पाँव समेट लिये—"ई क्या भौजी ? केतना बेर कहे हैं जो गोर-ऊर (पैर-वैर) मत छुआ कीजिए। अइसे ही कोनो कम पाप किए हैं जो आउरो पाप माथा पर चढ़ाना चाहती हैं।" कहते-कहते उसका गला रुँध गया।

केतकी के जीवन के लिए अब चम्पा भौजी ही एक मात्र सहारा थीं। दस साल पहले ब्याह कर आई थीं चम्पा भौजी—चम्पा फूल जैसा रंग, बडी-बड़ी मालदह फाँक जैसे आँखें, मध्यम मोटाईवाले होंठ, जिन पर मुसकान की एक झीनी परत हमेशा चढ़ी रहती। केतकी तब सात-आठ साल की थी। भौजी का मुँह देखते ही ऐसी लुभाई कि सुबह से लेकर रात तक उन्हीं से सटी बैठी रहती—दुनिया-जहान की बातें लेकर बकर-बकर करती रहती। उसकी उन बातों में उसकी नौ वर्षीया ब्याहता सखी के साथ-साथ दूसरे मोहल्ले के राधेश्याम चचा जैसे लोग तक शामिल हो जाते थे—"जानती हैं भौजी, जिस दिन रजनी का बियाह था, उस दिन सब कोई उससे उपास रखबा दिए। वह खाने के लिए खूब रोई—हाथ-गोर छितरा-छितराकर और रात में जब बियाह हो रहा था, तब मँड़बे पर बैठे-बैठे सो गई। चाची (रजनी की माँ) उसको बेर-बेर जगाए और वह बेर-बेर सो जाए। शादी हुआ किसी तरह। दूसरे दिन भोरे-भोरे अपना बियहुती पीयरी (ब्याह की गोटे लगी पीली साड़ी) और गहना-गुरिया उतारकर और फराक पहनकर मेरे यहाँ आ गई। बोली—"चलो केतकी, एक्कट-दुक्कट खेलेंगे।" माय भी तब तक आ गई थी। पकड़कर उसको ले गई। फिर तो सब एतना हँसे, एतना हँसे कि पेट में बग्घा लग गया...और वो राधेश्याम चच्चा ! एक हाथ लम्बा टीकी (शिखा) रखते हैं। छौंड़ा सब खूबे चिढ़ाता है—टीकी में राधेश्याम। वो सुनते हैं तो बहुत खीझते हैं, गरियाते हैं। मारने दौड़ते हैं, छौड़ा सब लुका (छुप) जाता है।"

और भौजी सदानन्दच्चा...आधा कोस दूरे से उनका गीत सुनाई देता है—

"चीन के बिगड़लबा चलनिया
तोड़ दे टँगड़ी
मारो झाड़ आ बढ़ुनिया
तोड़ दे टँगड़ी।"

हमारे स्कूल की दीदी कहती हैं कि जब चीन भारत पर चढ़ाई किया था, तभिए यह गीत किसी ने बनाया था। और तभिए से यह गीत हर कोई गाता है। सदानन्दच्चा के गले में तो साच्छात सरसत्ती महारानी बैठी है। बहुते अच्छा गाते हैं।"

भौजी चूल्हे पर दाल चढ़ाए हुई थीं। दाल उधियाने (उफनने) से फेन बाहर निकल रही थी और चूल्हे में गिर रही थी। भौजी को जलने की गन्ध लगी तो वे चौके में भागीं—नमक-हल्दी डालने खातिर। केतकी उठकर बैठ गई। धूप सचमुच चारो ओर फैल गई थी। कितनी चहटगर धूप है—एकदम रंग-बिरंगी, छपुआ नई साड़ी की तरह। भौजी की साड़ी कितनी चहटगर रहती है। उसकी भी तो रहती है। उसने अपनी साड़ी देखी—कत्थई रंग की जमीन पर सरसों के फूल जैसे पीले रंग का छापा और गहरे नीले रंग का पाढ़ (बॉर्डर)। चम्पा भौजी ने ही ली थी अपनी पसन्द से यह साड़ी। केतकी को इन रंगों की चमक से अब कोई लगाव नहीं रह गया था, न ही अब सजने-सँवरने की कोई हिरिस (ख्वाहिश) ही बची रह गई थी उसके हियरा में। उसे तो अपनी जिन्दगी जेठ की तपती दुपहररिया में निचाट खेत से गुजरते बटोही जैसी लगती थी, जो छाँह के एक टुकड़े के लिए बेकल और बेसुध हो जाता है। नंगा सूरज उसे तपाए चला जा रहा होता है।

ठण्डे पानी के छींटे मुँह पर मारते वक्त केतकी को बड़ा आराम मिला। चम्पा भौजी चाय बनाकर ले आई। कितनी अच्छी हैं चम्पा भौजी। केतकी सोचती—इनके सीने में किसी देवी का दिल है, वरना आज जब वह अपने माय-बाऊजी और पास-पड़ोस की आँखों का ही काँटा बन गई है, वैसे में चम्पा भौजी आम भौजाइयों से बिलकुल अलग हैं जिनके बारे में लोग गीत में भी गाते हैं—बिदा होती बेटी से सबका सम्वाद है—

"अम्मा कहे बेटी नित उठि अइयो,
बाबू कहे छओ मास रे
भइया कहे बहिनी काज-परोजन
भौजी कहे मत आओ रे।"

इसके विपरीत चम्पा भौजी तो हरसिंगार का पेड़ थीं, जिसके स्नेह के फूल बिन माँगे ही उस पर झड़ते चले जाते—आप से आप।

"पराधीन सपनेहु सुख नाही"—केतकी चम्पा भौजी को गौरी का किस्सा बता

रही थी—"भौजी, हे भौजी, उसका जबरिया (जबरन) बियाह हुआ था। वर जो भागा सो भागा ही रहा। गौरी की माय ने पन्चैती-उन्चैती कराके, खूब हील-हुज्जत के बाद खेत-पथार बेचके उसके ससुर को पैसा दिया। गौरी ससुराल गई। आइ-माइ-दाइ के कलेजे में बरफ की ठण्डाई घुसी। मगर बीस-पचीसे दिन बाद कोई आकर उसकी माय को समाद दे गया जो गौरी का मरा मुँह नहीं देखना चाहती तो जाकर उसको ले आओ, नहीं तो उसकी हड्डी कमला बलान पर भीजती मिलेगी। आ हे भौजी, आप पतियाइएगा (विश्वास करेंगी) नहीं उसको देखकर कि यह वही गौरी है। ठठरी (कंकाल) बनकर आई है ठठरी।"

देखा था चम्पा भौजी ने गौरी को पहले भी। केतकी ही तो लेकर आई थी अपने अँगना। तब चम्पा भौजी ने इतना ही कहा था—"का गौरी बउनी, गौरी माइ की तपस्या की थी क्या जो एकदम से उन्हीं का रूप धरकर आई हैं।" उसी गौरी की वर्तमान दुर्दशा और अस्थिमय काया को सोचकर ही भौजी की आँखें गीली लकड़ी जैसी सिम-सिम कर उठीं।

यह पाँच बरिस पहले की बात थी। उसी साल केतकी की चौथी बहन रुक्मिणी का बियाह हुआ था। भगवती जैसी सात बहनें और भैरो बाबा की तरह एक भाई कामेश्वर यानी कमेसर। तीन बहनों के बाद जब सोइरी में उसकी केहाँ-केहाँ पसरी थी तब बेटा पाने की खुशी में जहाँ माँ की आँखें गीली हुई थीं, वहीं आशंका का नाग उनके कलेजे को डँस भी गया था—तेतर बेटा ? राम जाने कैसा लच्छन-करम लेकर आया है।

मगर कमेसर के शान्त सुभाव और जिम्मेदार आचरण से सारा गाँव मोहित था। माय को भी बेटे के तेतर होने का गम न रहा। परंतु एक और बेटे की आस में घर एक के बाद एक चार और बेटियों से भर गया। माई कभी-कभी एक और बेटा न पाने की खीझ इन्हीं चारों पर उतारती।

कमेसर के बाऊजी चार बेटी का कन्यादान कर चुके थे। गाँव के मँझोले किसान थे। खेती ही गुजारे का एकमात्र सहारा थी। हाँ, कमेसर जब बड़ा हुआ, तब घर के चारो ओर की जमीन को जोत-कोड़कर उसने तरकारी का बगीचा बना दिया। अब बखत-कुबखत ही तरकारी खरीदने का मौका लगता। कमेसर ज्यादा नहीं पढ़ पाया था। परन्तु पढ़ाई के प्रति एक चाह थी, पढ़ाई के उपयोग की ललक थी। सो जमकर उसका सदुपयोग करता। रोज वाचनालय जाता, अखबार पढ़ता, उत्तम खेती कैसे हो, ऊपज कैसे बढ़े, इस पर लोगों से राय विचार करता। खेती कैसे सुधरे, आमद कैसे बढ़े, अभाव की धूल धूसर जमीन पर कब सुख के लाल-पीले रंगों के छींटे पड़ें—सोचता रहता।

मगर चार बेटी का बियाह निपटाते-निपटाते बाऊजी का रोआँ कर्जे से ऐसा बिंधाया कि उसकी एक-एक कील निकालने में बाऊजी और कमेसर दोनों समय से

पहले ही उम्रदराज दीखने लगे। बाकी तीनों का क्या होगा, बाउजी की यह चिन्ता अब कमेसर की भी चिन्ता बन गई थी। और इस चिन्ता में, उसके दुख-सुख में बराबर की साझेदार रहीं—चम्पा भौजी।

केतकी—पाँचवे नम्बर पर थी। बेटियों को कुछ न खिलाओ-पिलाओ, तब भी कोसी के बाढ़-सी उनकी देह में उफान आ जाती है। चौदहवें में ही केतकी बीस की लगने लगी तो माय-बाऊजी और कमेसर सबकी आँखों मे चिन्ता के काँटे उगने लगे।

तभी मिले थे ललन महतो। कमेसर बगीचे में लगे लौकी की बेल को निरखता जा रहा था। और साथ-ही-साथ केतकी के बारे में भी सोचता जा रहा था। चम्पा की तरफ से वह निश्चिन्त था। दहेज में मिले बर्तन-बासन देने से वह कतराएगी नहीं। रुक्मिणी के ब्याह में गगरा-परात निकालकर दिया ही था। गहने तो दो-चार थान ही हैं। वह क्या लेगा। लेकिन माँगटीका और नथिया तो ले ही सकता है, फिर भी दहेज के नाद में तो ई खल्ली के माफिक है। मुख्य चीज तो है नगदी। आजकल तो लड़के वाले छप्पर पर खढ़ नहीं, वर को धेला भी कमाने का भी लूर (ढंग) नहीं; मगर तीस-चालीस हजार नगद, आठ-दस भर सोना, घर का सर-समान और बराती लाने-ले जाने का खर्चा जरूर माँगेंगे। कहाँ से वह यह सब करेगा। जवान लड़की घर में बिठा भी नहीं सकते। और अभी तो उसके बाद भी दो और हैं। यही सब सोचते-विचारते वह खेत से बाहर आ गया और सड़क पर आकर खैनी मलने लगा। तभी गुजरे उधर से ललन महतो।

कमेसर की खैनी नीचे गिर गई। ललन महतो का नाम ही उस इलाके में जैसे जम का दूसरा नाम था। कोई नहीं जानता था कि उनके बही-खाते में कितनों की साँसें सीलबन्द थीं, जिन्हें बड़ी निर्ममता से उनकी देह से खींचकर अपने खाते में उन्होंने दर्ज कर लिया था। क्या बड़का, क्या छोटका—सभी की उनके नाम से माघ-पूस में भी पसीने की धार छूट जाती थी। अपने इस आतंक के बल पर बरसों राज किया था उन्होंने इस गाँव सहित आसपास के इलाकों में। कई बार पुलिस के चक्कर में पड़े। छूटे, पड़े। एकबार चक्करा जरा लम्बा हो गया जो उनकी जिन्दगी के पूरे दस बरस जेल की दीवारों पर लिख आया। जेल में भी उनका आतंक वहाँ की एक-एक ईंट पर कायम रहा। लेकिन इन सबके बावजूद जेल में ही उनकी कायापलट भी होने लगी। बन्दूक की गोली की जगह मुँह की बोली पर ध्यान देने लगे तो पाया कि ई तो उस खूनी गोली से भी ज्यादा असरदायी है। गोली तो एक बार में ही 'राम नाम सत'' कर देती है; मगर बोली तो ''मरै छी न जीयै हुकुर, हुकुर, हुकुर करै छी'' (अधर में लटकाकर छोड़ना) वाली हालत बनाकर छोड़ देती है। यही नहीं, बिगड़ी को सँवारना और सँवरी को बिगाड़ना—सब इसी बोली के सहारे ही तो सम्भव था।

और ललन महतो ने निर्णय ले लिया—''जेहल से छूटने के बाद समाज कल्याण का काम करेंगे।'' और बन्दूक न दागने के बावजूद लोग उनके द्वारा किए जानेवाले

कामों को बाद में देखते, उनके नाम को पहले सूँघते।

"का रे कमेसरा ! कैसा है रे तू ?"

"ठीक है सरकार !" कमेसर का गला फँसने लगा। बड़ी मुश्किल से वह इतना कह सका।

ठठा पड़े ललन महतो—"सार कहीं का ! इतना डरता काहे ला है रे ! हम कौनो तुम पर गोली दाग रहे हैं ? और काका बोल हमको, सरदार-उरदार नहीं।"

हतप्रभ कमेसर ने खाली मूँडी डुला दिया।

"हाँ, और बोल, हमरे जोगर कोनो सेवा-उवा है तो बता। गाँव का कल्याण करने का बरत उठाए हुए हैं ललन महतो" बड़ी ठसक के साथ मूँछें उमेठते हुए ललन महतो बोले। और कमेसर ! उसको तो जैसे ठकमूड़ी (किंकर्तव्यविमूढ़) लग गया। मगर शक की कोई गुँजाइश नहीं थी। ललन महतो साक्षात उसके सामने खड़े थे और अपनी सेवा का प्रस्ताव दे रहे थे।

कमेसर का हौसला बढ़ा—"जी काकाजी, बाकी तो सब ठीके-ठाक है—आप लोगों का किरपा है। खाली केतकी को लेकर थोड़ा परीसानी है।"

"कौन केतकी ? कइसन परीसानी रे ?"

"हमारी बहीन काकाजी। बियाह जोगर हो गई है। लड़का देखने जहाँ भी जाते हैं तो उसका एतना ऊँचा दाम सुनते हैं कि चुपेचाप घूर (लौट) आते हैं। कहाँ से पचीस-पचीस हजार नगद, दस भर सोना, घर का सब समान आ बरियाती का पूरा खर्चा लावेंगे ? बड़की चारों के बियाह से वइसे ही हम लोगों का रोइयाँ-रोइयाँ कर्जा से बींधा हुआ है।"

"तो है कोनो लड़का तुम्हारे दिमाग में ?"

'है। काकाजी ! पण्डौल के जयकान्त झा का बेटा रामकुमार झा। यहाँ से बी. ए. पास करके अभी दिल्ली गया है। सुनते हैं कोनो कम्पीटीसन-उम्पीटीसन की तैयारी कर रहा है। हम और बाउजी गए भी थे, मगर जयकान्त झा का फरमाइस सुनकर लौट आए।"

"ठीक है, जाओ, वर तुम्हारे दुआरी पर पहुँच जाएगा। लेकिन जाने-ले आने सबका खरचा कबूलना होगा, सो कह देते हैं। आखिर समाज कल्याण त'देहिए भर से करेंगे न ! पैसा से थोड़बे कर सकते हैं !"

कमेसर कबूल आया। उसका मन जैसे भाँग के नशे में ऊपर-नीचे हो रहा था। ललन महतो सिनेमावाले हीरो जैसे उसके दिल-दिमाग पर छा गए। और अब एक का ब्याह बगैर खर्चा-वर्चा के निबट जाएगा। यह सोच उसके तन-मन को और भी रुई जैसा हलका बनाए दे रही थी। घर आकर माय-बाऊजी को बताया। तिलक दहेज के लिए अब देह की चमड़ी खींचकर नहीं बेचना पड़ेगा—इस पुरसकून बात से अम्मा-बाऊजी आराम महसूस करने लगे। लेकिन चम्पा भौजी सहम गई—"यह तो अपने हाथों

अपने बध वाली बात है। केतकी बउनी के गला में जीतेजी फँसरी मत लगाइए। इससे तो बढ़िया है कि उसको जहर खिला के सुला दीजिए। यह ब्याह कोनो ब्याह है। देख नहीं रहे ममता, गौरी और आन-आनन (अन्यों) सबको। अइसन कोनो बुढ़ा तो नहीं गई है केतकी बउनी। दू बरीस और सेनूर नहीं पड़ेगा माँग में तो कोनो अकास तो नहीं गिर जाएगा माथे पर।''

''गिर जाएगा। दू बरीस में लड़का लोग का भाव और चढ़ जाएगा। अपना सब में कमे उमिर में सादी ब्याह हो जाता है। इसका उमिर बढ़ गया तो ज्यादा उमिर का लड़का कहाँ मिलेगा। और जो ज्यादा उमिर का लड़का होगा भी कहीं तो ऊँची पढ़ाई-लिखाई में लगा होगा। और जो जितनी ऊँची पढ़ाई में , उसका उतने ज्यादा दाम। हमको दू बरीस में कोनो कुबेर का खजाना नहीं मिलनेवाला है। और फिर केतकी के नीचे भी तो दू ठो और है। उनको भी तो पार घाट लगाना है।''

चम्पा भौजी चुप हो गईं। मगर पहली बार आँखों में इतने आँसू उमड़े जिसका बोझ उनकी मालदह फाँक जैसी बड़ी-बड़ी आँखें भी न सह सकीं। सोग से वे भारी हो उठीं। इतना तो तब भी नहीं रोई थीं, जब माँ-बाप का दुआर छोड़ हमेशा के लिए इस घर में बसने के लिए डोले में पाँव धरा था। उनके मन के पर्दे पर एक-एककर के सभी लड़कियाँ आती गईं, जो इस जबरिया ब्याह की शिकार बनी थीं—रेवती, नूतन, ममता, गौरी, बीना; सभी रोज लाल, टह-टह सिन्दूर से माँग भरती, भर-भर हाथ चूड़ी पहिनती, हर बरीस बट सावित्री का व्रत रखती—मगर ये सबकी सब जैसे एक रस्म भर बनकर रह गई थी, उन सब के लिए। उन सबकी जिन्दगी पूस-माघ की रात हो गई थी—बेहद ठण्डी, घनघोर कुहासे में लिपटी, जहाँ से दूर-दूर तक कोई नजर नहीं आता। धुप्प अन्धेरे में वे सबकी सब आँखें गड़ा-गड़ाकर किसी को तलाशने की व्यर्थ कोशिश करतीं। कोई पूछे उनसे तो सबकी जुबान पर एक ही नाम होगा—उनके पति का, जिनके नाम का सिन्दूर वे रोज माँग में पूरती हैं। उन सबके मन में बस एक ही साध रह गई थी—अपने पति को एकबार जी भरकर देखने की। तो क्या अब केतकी भी इसी अन्धी काली नदी की एक निरीह मछली बनकर रह जाएगी !

चम्पा भौजी का विचार था कि केतकी तथा अन्य दोनों बहनें भी पढ़ाई लिखाई करें। कहीं कोई काम धन्धा मिले तो काम ही करें। ममता तो विदा कराके भेजी गई थी पति के पास—जहाँ उसके पति ने दूसरी शादी रच रखी थी। वह वहाँ दूसरी पत्नी की तरह रहने पर मजबूर थी। दिनभर कोल्हू के बैल की तरह खटती। फिर भी, एक सुख था कि पति सामने है। उसी पति ने उसे चरित्रहीन और कुलटा कहके घर से उस वक्त निकाल दिया, जब वह गर्भवती थी। पति ने उसकी कोख में पल रहे बच्चे को अपना मानने से इन्कार कर दिया। वह तो फिर भी कहें कि उसकी तकदीर अच्छी रही जो किसी और गलत हाथों में नहीं पड़ी। किसी तरह से गाँव पहुँची, यहाँ आकर बेटे को जन्म दिया। अब गाँव-घर के कपड़े सीकर अपना व बेटे का पेट पालती है।

ब्याह के बाद भी जब ऐसे ही दिन देखने हैं तो क्यों न ब्याह के पहले ही चेत जाएँ ! वैसे भी ब्याह एक सामाजिक सरोकार होते हुए भी औरत के लिए दाना-पानी और सर पर छाँह का ही तो दूसरा नाम है। दाना-पानी का जुगाड़ कमाके कर लेगी और छाँह बाप-भाई दे दें तो किसी का मुँह कुछ बोलने को तो नहीं रहेगा।

मगर गाँव के इस भोथरे और सीलनभरे माहौल में चम्पा भौजी के ऐसे उन्नत विचारों की धारदार तलवार कैसे कोई बर्दाश्त कर जाता ! यहाँ जवान होती लड़की को जवान छोकरे छेड़ेंगे, उसके नाम की गलत झूठ चिट्ठियाँ लिखवा देंगे, उसका नाम अलाने-फलाने के साथ जोड़ देंगे, "वह तो भाग गई" की हवा फैला देंगे—किन्तु लड़की पढ़ लिखकर पैरों पर खड़ी हो जाए, सर उठाकर चलने लगे—यह कैसे गवारा हो सकता है भला !

माय-बाऊजी तटस्थ थे। माय का कहना था—"मतारी-बाप तो धिया पुता को जन्म ही देते हैं न ! करम तो वे सब अपना-अपना लिखाकर लाते हैं। अब इसके करम में अइसा ही ब्याह लिखा होगा तो हम क्या कर सकते हैं। अपना समाज में बेटी बिना ब्याह के कइसे रह सकती है।"

"तो कौन बोला था कि एक के बाद एक सात-सात बेटी का लैन लगा दीजिए।" चम्पा भौजी का मन हुआ कि बोल दे। मगर सदा की शान्त सुभाव और मरजाद की चादर तले रहने वाली चम्पा भौजी अपने सास-ससुर से ऐसी अमर्यादित बात कैसे कह सकती थी। बस भीतर-ही-भीतर वह खीजती रही।

घर में कुछ खदबद हो रहा है, केतकी को इसका भान था। मगर किससे पूछे ! वह चम्पा भौजी के पास घण्टों बैठी रहती, मगर भौजी के तो जैसे होठ सिल गए थे। एक दिन बड़ी हिम्मत जुटा के उसने पूछा—"घर में कुछो चल रहा है का भौजी ? हमको बड़ी अजीबे-अजीबे-सा कुछ लग रहा है।

मगर भौजी टाल गई। बात को और तकिया खोल की कढ़ाई काढ़ने बैठ गई। कार्बन लगाके डिजाइन उतारा था—ठीक बीच में एक गोलाई में फूल पत्ते और बीच में अंकित था—"मधुर-मिलन रात्रि"। वह यह तकिया खोल केतकी के लिए ही बना रही थी। मगर जब से कमेसर की बात सुनी थी, तब से हाथ भी नहीं लगाया था। आज जब केतकी की बात का कोई जवाब नहीं सूझा तब यही कढ़ाई लेकर बैठ गई।

पन्द्रह-बीस दिन बाद दोपहर में कमेसर घर आया और आकर माय से बोला—"माय, जल्दी से केतकी को तैयार कर दो। आजे केतकी का ब्याह होगा। बर आ रहा है।

केतकी धक्क से रह गई। यह कैसी शादी ? अचानक ! अभी कलेऊ (दोपहर का भोजन) तक ब्याह की कोई चर्चा नहीं और अभी-अभी भैया कह गए—आज ही ब्याह होगा—अभी ! वह सहम गई। उसका मन हुआ कि वह एक नन्हीं गौरैया बनकर कहीं फुर्र से उड़ जाए ताकि किसी के हाथ न लग सके। मिथिला की लड़की को विरोध

में खड़ा होना क्या, घरवालों की मर्जी के बगैर न तो "क" अक्षर उचारने की इजाजत होती है न सींक के नोक-भर खिसकने की। वह तो बस माटी का पुतला भर होती है—जिधर खिसका दो, जिधर बिठा दो, जिधर को कर दो, बस !

सो केतकी भी विवाह-वेदी पर बिठा दी गई। अचानक एक जीप की आवाज सुनाई दी और जीप के रुकते ही कमेसर बोला—लो, वर आ गया। आइ-माइ-दाइ सबको बुला लो और जल्दी से गीत नाद सब शुरू कर दो।

परन्तु इसकी जरूरत ही न पड़ी। जीप रुकते ही टोलेवाले सब आ गए। औरतें भी पिछवाड़े के रस्ते से आ गई और अब समवेत स्वरों में विद्यापति का चिर-परिचित गीत गा रही थीं—

"हम नहिं आजु रहब एहि आँगन
जौं बुढ़ होयता जमाए !"

चम्पा भौजी जब केतकी को तैयार कराने आई तब केतकी उनसे लिपटकर फूट-फूटकर रो पड़ी। वह कमेसर भैया की बात सुन चुकी थी, जो उसने बाउजी से कही थी—"तैयार कइसे नहीं होगा। सार की खाल उतारक भुस भरवा देंगे। ललन काका बोले हैं—ब्याह तो करना ही पड़ेगा।"

तड़-तड़-तड़ की चटख-भरी आवाज से जैसे सूखी लकड़ियाँ टूटती हैं, केतकी के अन्दर भी ऐसे ही कुछ टूटा था। अजानी आशंकाओं से उसका दिल डूबता जा रहा था। भौजी अपनी ही एक पीले रंग की नई साड़ी ले आई थी। अभी बखत कहाँ था गोटा पट्टा चढ़ाने का। ब्याह की पूरी रस्म तक केतकी ने भौजी का हाथ ऐसे थाम रखा था, जैसे यदि न थामा तो भौजी उससे परे चली जाएगी और वह रह जाएगी एक अथाह समन्दर में डूबती-उतराती—अकेली।

ललन महतो ने वादा पूरा कर दिया। समाज कल्याण में एक नम्बर और जुड़ गया। वे मानते थे—"इससे बढ़िया तो हमीलोगों का जमाना था। अनपढ़ थे, मगर जोंक नहीं थे। बेटीवाला जो दे देता था, लोग खुशी-खुशी स्वीकार कर लेते थे। मुदा, आज तो जइसे-जइसे लोग पढ़-लिख रहा है, वइसे-वइसे आओरो चँगेज खाँ बनता जा रहा है। अरे, बेटा को पढ़ाए-लिखाए तो उसका दाम दूसरे से बसूलोगे का ? लोग कहते हैं कि पढ़ाई से मति खुलती है, पर हियाँ तो उलटे गंगा बह रही है।"

इसी उलटी गंगा को सीधा करने के लिए, लड़कीवाले को दहेज के दानव से मुक्ति दिलाने के लिए उन्होंने एक दल तैयार किया—"दहेज निवारण दल" कमेसर जैसे दुखी, निराश और प्रताड़ित बेटीवालों के लिए वे शरण स्थली थे।

रामकुमार आया था गाँव आम खाने। आम चूरा का जलखई करके पान खाने चौक पर पहुँचा। तभी जीप पर सवार हुए चार लोग आए—"रामकुमार बाबू आप ही हैं ?"

"हाँ।"

"जरा बैठिए न हमारे साथ। हमलोग बेनीपट्टी के हैं। आपके बारे में सुने हैं कि आप दिल्ली में पढ़ते हैं। हमारा भी एक बेटा है। दिल्ली जाने का जिद मचाए हुए है। आप तो बूझबे करते हैं, एतना बड़का जगह में अकेला नया उमिर का लड़िका लोग को भेजना कितना खतरनाक होता है। अँगना से भी कोनो राजी नहीं है। मगर बेटा का मुँह देख के सोचे कि तनी आप से पता-उता कर लें जो हुआँ का कैसा रंग ढंग है, कितना खरचा-पानी लगेगा।" रामकुमार के गले में बाँह डाले-डाले वह आदमी जीप तक आया। जीप में बैठा और जीप फुर्र हो गई।

रामकुमार कुछ भी नहीं समझ सका और जब समझा तो जैसे पूरी दुनिया ही घूम गई। वह एकदम से भड़क उठा–"ऐसे कैसे आप मेरी शादी करवा देंगे। यह कोई मजाक है क्या ? क्या समझ रखा है आपने मुझे ?"

"ऐ दिल्ली का बाबू ! ई बाबूगिरी हुँए झाड़ना। और जो ई ब्याह नहीं किये न तो अबकी टिकस दिल्ली का नहीं–हुँआ का कटेगा" कहते हुए एक ने ऊपर की ओर इशारा किया।

फिर भी, रामकुमार का विरोध जारी रहा। पहले बहस की, फिर कई बार जीप से कूदने की भी कोशिश की। फिर तो हाथ-पैर, थप्पड़-मुक्कों से उसकी आवभगत शुरू हो गई। अन्त में एक ने कहा–"ललन महतो का नाम सुने हो न ! वो ही हमलोग को भेजे हैं। कहो तो तुम्हारा ई नखरा हम उन तक पहुँचा देते हैं। फिर ऊ तुमको कहाँ पहुँचाएँगे, मालूम है न !"

ललन महतो ? यह नाम ही रामकुमार से शादी कबूलवाने के लिए काफी था। औरतें गाती रहीं–

"कहवाँ के रे सेनूरिया, सेनूर बेचे आएल हो
कहवाँ के नवकामिनी सेनूर बेसाहल हो।"

इधर रामकुमार दुख, क्षोभ, क्रोध और अपमान के अगिनकुण्ड में धधकता रहा और उधर केतकी आशंकाओं के घने बादलों में भटकती रही।

अब तो इन्हीं बादलों और कुहासों में भटकते रहना उसकी नियति बन गई थी। हर रात वह सोते में एक सपना देखती–रामकुमार आया है। उसकी विदाई हो रही है। औरतें समदाओन गा रही हैं–

बड़ा रे जतन से सिया धिया पोसल
सेहो सिया राम लेले जाए

लाल ओहार लगी डोली बाहर रखी है। वह सबके गले लग-लगकर रो रही है। माँ-बाप से छूटने का गम और पी से मिलन की खुशी–इन गंग-जमुनी आँसू में

डूबते-उतराते वह डोली में बिठा दी जाती है। सुबक औरतें भी रही हैं, मगर गीत गाना नहीं छोड़तीं क्योंकि गीत तो हर रस्म का शगुन होता है–

''नीमिया के तले डोला रख दे मुसाफिर
जाना है सागर पार रे।''

डोली उठती है मगर यह क्या ! डोली की सतह तो है ही नहीं। कहार डोली उठाए चले जाते हैं और केतकी वहीं की वहीं बैठी रह जाती है–आँचल में धान-दूब और आँखों में आँसू लिए।

उस दिन भी ब्याह के बाद चम्पा भौजी उसको कोहबर घर में छोड़ आई थी। भौजी नेहोरा भी कर आई थी–''बबुआजी ! अब जो हो गया, सो हो गया। आपके दुख को मैं समझती हूँ। मगर इसमें हमारी केतकी बउनी का कोई कसूर नहीं है। उसको स्वीकार कर लीजिए। उसके माँग में सेनूर भरे हैं। इसको मान-मरजाद देना आपके ही हाथ में है।''

चम्पा भौजी दरवाजा बन्द कर चली गईं। मगर जाते-जाते केतकी को रामकुमार के पास बिठाना नहीं भूली। लेकिन अपहरण के दुख, पिटाई के अपमान और जान से मार डालने की धमकी से आहत रामकुमार के लिए उस पीली साड़ीवाली गठरी का कोई महत्त्व नहीं था। पल में प्रलय इसी को कहते हैं ! क्या-क्या सोच रखा था कि दिल्ली में रहकर पढ़ाई करेगा, किसी अच्छी लाइन में लग जाएगा; फिर शादी, ब्याह की सोचेगा। अभी घर में सभी फिक्र कर रहे होंगे। वह जब यहाँ से लौटकर जाएगा, तब यह शर्मनाक बात कैसे किसी को बता पाएगा !

किन्तु, बताना तो पड़ा ही। पूरे बारह दिन बाद वह घर पहुँचा। इन बारह दिनों में एक दामाद की जितनी खातिर-तवज्जो की जाती है, रामकुमार की भी हुई। हर रात चम्पा भौजी केतकी की आँखों में काजल, माँग में सिन्दूर डालकर और नई साड़ी पहनाकर रामकुमार के कमरे में भेजती। हर सुबह वे बड़ी बारीकी से केतकी का निरीक्षण करती थीं; पर न तो सिन्दूर की चटख धुँधली पड़ी होती न आँखों का काजल मलिन पड़ा होता और न ही साड़ी में कोई सलवट नजर आती। खुद केतकी का चेहरा खण्डहर जैसा वीरान नजर आता। कुछ पाने की खुशी और लाज की छाया तक–न तो उसके चेहरे पर नजर आती, न आँखों में। वे एक निःशब्द लम्बी साँस छोड़तीं।

रामकुमार ने ससुरालवालों को समझाया–''मेरा दिल्ली जाना बहुत जरूरी है। चार महीने बाद परीक्षा है। अभी उसकी फीस भरनी है। फीस न भरी तो परीक्षा में बैठ न सकूँगा। अगहन माह में विदाई करवा लेंगे।''

बैशाख से अगहन ! ठीक है ! छह माह बाद केतकी अपनी ससुराल चली जाएगी। माय-बाऊजी समेत कमेसर ने भी निश्चिन्तता की साँस छोड़ी। पहली बार रामकुमार केतकी की ओर मुखातिब हुआ और केवल एक लाइन भर बोला–''अगहन तक इन्तजार

करना होगा।''

मगर एक नहीं, दो नहीं, तीन-तीन अगहन बीत गए। न रामकुमार की कोई चिट्ठी-पत्री आई, न रामकुमार खुद ही आया। केतकी का जीवन ढिबरी की थरथराती लौ की तरह होकर रह गया। गाँव की अन्य-कुँवारी सुहागिनों में वह भी शामिल कर दी गई। माय-बाऊजी को लगा था कि ''भेल बियाह मोरा करबह की ?'' शादी हो जाने के बाद कोई क्या कर लेगा ? दो दिन, चार दिन, एक महीना, दू महीना लोग नाराज रहेगा। फिर तो मेल-मिलाप होइए जाएगा। इसी गाँव में तो थे—शिव शंकर बाबू वकील। उन्नीस बरस का बेटा था। आइ. ए. पास करके बी. ए. में नाम लिखाया ही था दरभंगा की सी. एम. कॉलेज में कि एकदिन जबरिया ब्याहवाले आए और उसे उठाकर ले गए। अब तो ऐसा हो गया है कि सुबह का निकला लड़का रात तक घर न लौटा तो बूझिए कि जबरिया ब्याहवाले उसे उठा ले गए। बाहर रहकर पढ़नेवाले लड़के तो अब छुट्टी में भी इस डर से गाँव नहीं आते कि जाने कब लोग आवेंगे और जबरिया ब्याह के फेरे में डाल जाएँगे।

शिवशंकर बाबू के बेटे मनोज के साथ भी तो यही हुआ; जैसे केतकी के वर रामकुमार के साथ हुआ; जैसे इस गाँव के दूसरों दामादों के साथ हुआ। मगर रामकुमार तो दगा दे गया। कहकर भी नहीं लौटा।

घर लौटने पर रामकुमार कई दिनों तक तो मुँह छुपाता रहा। लेकिन एक दिन उसे अपनी शादी की बात बतानी ही पड़ी। उसके गाँव का यह पहला किस्सा था सो पूरा का पूरा गाँव रामकुमार के पिता का हिमायती बनने पलट आया। दरअसल सबके मन में यह डर बैठ गया था कि अब उनके भी भाई-बेटे में से किसी की बारी आ सकती है।

ठन गई थी दोनों पक्ष में। अपने गाँव के मातबर लोगों के साथ रामकुमार के पिता केतकी के घर पहुँचे थे और खूब जली-कटी सुनाने के बाद धमका आए थे—''हमारा आपके यहाँ से कोई नाता-रिश्ता नहीं है। जो कभी फरियाने आए तो हमसे बुरा कोई न होगा।''

बाऊजी भी तैश में आ गए थे—''आपे लोग के दुआरे तो जनमा है ई जबरिया ब्याह जयकान्त बाबू। बेटा का मोल लगाते फिरते हैं, जैसे बेटा न हुआ, खेत में लगा बैंगन आ कदुआ हो गया। गया तो था हमारा बेटा आपके बेटा का हाथ माँगने बकिर पचास हजार नगदी आ दस भर सोना का माँग सुनकर मुँह लटकाए फीर (लौट) आया था। जयकान्त बाबू, जिस माय-बाप के पास इतना नहीं रहेगा, क्या उसकी बेटी कुमारी ही रह जाएगी ? हमको भी तो एगो बेटा था। हम तो नहीं माँगे कुछो ! जो कुछ उन लोगों ने दिया, हमलोगों ने खुशीपूर्वक लिया। आपलोग चेत जाइएगा तो ई जबरिया ब्याह अपने-आप रुक जाएगा। और हमहूँ कह देते हैं, हमारी बेटी आपके घर की पतोहू है, ई बात मत बिसारिएगा; नहीं तो फिर से हमको ललन महतो के पास जाना पड़ेगा।''

रामकुमार के पिता तो इतना टण्टा रचाकर चले गए। मगर धन्य कहें शिवशंकर बाबू वकील को कि साक्षात शंकर भगवान की तरह ही इस ब्याह का विष पचा गए। नसीब का लिखा मानकर बहू को बुलवा लिया। बोले भी कि इसमें लड़की का क्या दोष, जो उसको सजा दें। आखिर एक-न-एक दिन तो हमको बेटा ब्याहना ही था। हाँ, तब अपने मन के माफिक करते। सो सब नहीं हुआ। विदा कराके पतोहू जब आई तब चौखट पर खड़े होकर वकील साहब ने उसको सम्बोधित करके कहा—"अब तुम इस घर की हुई। भूल से भी नइहर का नाम मत लेना।"

केतकी देख आई थी गाँव की इस भौजाई को। चम्पा भौजी जैसी ही सुन्दर रूप और सुभाववाली। आते ही उसने अपने व्यवहार से सबका दिल ऐसे जीत लिया कि वकील साहब को इस शादी का मलाल न रहा। केतकी ने भी तो सोचा था—भगवान से भी बढ़कर पूजेगी सास-ससुर और पति को। दासी के रूप में रह लेगी। पर, पहले डोला तो उठे।

फिर भी, सभी तो एक जैसे सुभाव-बात वाले नहीं होते। गौरी का ही लो। उसके रूप-रंग और गुन-सुभाव में कौन कमी थी ! साक्षाते गोरी थी। चम्पा भौजी भी तो ऐसा ही कहती थी। वही गौरी हजार हील-हुज्जत के बाद ससुराल गई। मगर सास-ससुर ने ऐसा सताया कि पचीस दिन में ही कंकाल हो गई।

गाँव क्या, आसपास का पूरा इलाका ही जैसे धीरे-धीरे एक मनहूसियत में तब्दील होता जा रहा था। सभी जैसे एक ही श्राप से ग्रस्त थे। यह श्राप था-गरीबी का। गरीब की बेटी कैसे ब्याही जाए, किससे ब्याही जाए। फिर तो एक रस्म भर बन गई विवाह पद्धति—माँग में सिंदूर तो है न ! कुमरपत का भात छूट गया। मगर क्या ये सब वास्तव में सुहागिनें थीं ?

चम्पा भौजी इस सवाल में चक्की की नाईं गोल-गोल घूमती रहतीं। इधर वह फिर से उम्मीद से थीं और इस उम्मीदी ने उनके अन्दर एक दहशत भर दिया था। पहला तो बेटा था, मगर इस बार यदि बेटी हुई तो ? वो क्या वह भी इन्हीं कुँवारी सुहागिनों की लाइन में जा लगेगी ? उन्हें यह देखकर हैरत होती कि जिस माय-बाउजी ने केतकी के रास्ते में काँटे बो दिए, उन्हीं की आँखों में अब केतकी काँटा बनकर खटकने लगी थी। केतकी का जीवन तो जैसे अगिनकुण्ड हो गया, जिसकी धधकती लौ में वह झुलस रही थी। उस पर शीतल परस चम्पा भौजी ही लगाती थीं। अबतक मान-मरजाद निभाती आई थीं भौजी लेकिन अब जब बात-बेबात माय केतकी के करम का मर्सिया पढ़ने लगती तब वे टोक देतीं—"इसमें केतकी बउनी का क्या दोष है माताजी ! आप ही सोचिए न ! यदि हमारे बाउजी आपके बेटे को भी इस तरह उठा लिए होते तो क्या आप हमको इस तरह स्वीकारतीं ? हम तो तभी कहे थे जो दू-तीन बरीस रूक जाइए, न हो तो पढ़ा-लिखा ही दीजिए। बकिर हियाँ तो ब्याह का साटीफिकिट जरूरी है बेटी जात के लिए। सो आपलोगों के पुन्न-परताप से उनको

भी मिल गया। अब काहे लागी उनके करम को गरियाती हैं।"

एक-एक पल गिनते-गिनते तीन बरस हो गए। अब तो केतकी की बहन दमयन्ती भी ब्याह योग्य हो गई थी। घर की माली हालत जस की तस थी। आशंका का नाग भौजी के कलेजे में फुँफकार छोड़ने लगा। हालाँकि उसने कमेसर को धमकाया था—"जो दमयन्ती का हाल भी केतकी जैसा किया तो वह यहाँ नहीं रहेगी, नइहर चली जाएगी।"

किन्तु, जा नहीं सकी। जिस समाज में लड़की की माँग में सिन्दूर ही उसके जीवन का सबसे बड़ा प्रारब्ध माना जाता है, उस समाज में केतकी हो या दमयन्ती—क्या फरक पड़ता है। चम्पा भौजी छटपटाती रही और अन्ततः वे भी एक बेटी की माँ बन गईं। इधर वह माँ बनीं, इधर दमयन्ती का भी जबरिया ब्याह करा दिया गया। अब दोनों बहनें बिटिर-बिटिर एक दूसरे का मुँह निहारा करतीं और माय-बाउजी की जली-कटी सुनती रहतीं।

सोइरी से निकलने के बाद चम्पा भौजी को देखकर लगा—उन्होंने बच्चे को जन्म नहीं दिया है, खुद उन्हीं का दूसरा जन्म हुआ है। दमयन्ती के बाद भी अभी एक और थी राधा और उसके पीछे उनकी अपनी कोखजायी।

चम्पा भौजी ने तय किया—वे ललन महतो से मिलेंगी। कमेसर बिगड़ उठा। माय को तो बेहोशी पड़ने लगी। बाउजी गुस्से के मारे दो दिन घर नहीं लौटे। मगर भौजी अडिग थीं।

और केतकी, दमयन्ती, राधा और गोद की बेटी के साथ कमेसर को लेकर चम्पा भौजी पहुँची थीं ललन महतो के पास। एक हाथ लम्बा घूँघट काढ़े चम्पा भौजी ने आँचल निकालकर ललन महतो के पैर छुए तो एकबारगी वे सिहर उठे। आजन्म ब्रह्मचारी थे वे—स्त्री को देवी का रूप मानते थे—भोग की नहीं। न तो शादी की, न ही शरीर की माँग को पूरा करने कहीं और गए। अपनी माँ के बाद शायद चम्पा भौजी ही दूसरी स्त्री रही होगी, जिसका स्पर्श उन्हें मिला था। इस स्पर्श से उन्हें लगा जैसे कोई अजानी लौ उनके तन-मन में समाती चली गई है। एकाएक उनके मुँह से निकला—"बोलो माँ, क्या चाहिए ?"

"हम सब आपकी ही सन्तान हैं काकाजी"—घूँघट के भीतर से चम्पा भौजी बोलने लगीं—"आपका पुन्न परताप चारों ओर है। आपके पुन्न परताप से इस गाँव की कई बेटी माँग में सेनूर भरने जोगर हो सकी हैं। मुदा काकाजी, ब्याह का माने खाली माँग पूरना ही तो नहीं है न ! देखिए हमारी केतकी आ दमयन्ती को। पूरा गाँव ही अब केतकी और दमयन्ती बनता जा रहा है। अब ई राधा है और ई हमारी नन्हकी। क्या ई लोग के भी भाग में जबरिये सेनूर लिखा है ! जब बेटी हमरे ही पास रहेगी तो ई सेनूर डालने का माने का है ? काकाजी, आप मातबर लोग हैं। अपने पुन्न-परताप का लाभ इनको दीजिए। लोगों को बताइए कि ब्याह ही इनके जीवन का सोगारथ न होवे। काकाजी, ई लोग को चार ठो गुन सिखाकर अपने पैर पर खड़ा होना

सिखा दीजिए। गाँव को ई मन्तर दीजिए कि बेटी के ऋण से उऋण होने के लिए खाली ब्याह ही एकमात्र उपाय नहीं है। गाँव की आन-आन (अन्य) बेटी सब को इस जबरिया ब्याह की बेदी पर बलि होने से बचाइए काकाजी !"

एक चमत्कार-सा होता जा रहा था। कठोर, क्रूर और चट्टान की तरह ठोस ललन महतो को लग रहा था कि उनका तन-मन सब जैसे किसी मद्धम आँच में पिघल रहा है। जिस ललन महतो के आगे जेल की ठोस, सख्त दीवार बालू की भीत हो जाती थी, जेल के लोहे के फाटक एल्युम्यूनियम के तसले की नाई बड़क (पिघल) जाते थे, उन्हीं का चट्टानी मन आज जैसे टुकड़े-टुकड़े हो कर बिखर रहा था। अपने नाम और दहेज निवारण दल के बल से कई जबरिया ब्याह कराया गया, मगर किसी का वर नहीं लौटा। उनकी बदौलत जिन-जिन लड़कियों की माँग भरी, उनके जीवन की बखारी अभीतक रीती ही थी। वे सभी खाली खलिहान जैसी उचाट और वीरान नजर आतीं। ये सभी कुँवारी सुहागिनें थीं कि सुहागिन कुँवारी कि सुहागिन विधवा—ललन महतो तय नहीं कर पा रहे थे। जिस समाज कल्याण का व्रत उठाया था वहाँ तो रक्षा में हत्या हो रही थी।

चम्पा भौजी माथा निहुँराए बैठी थीं। केतकी, दमयन्ती, राधा सभी बुत बने खड़े थे। खाली कमेसर भीतर-भीतर डर रहा था कि कहीं काकाजी उन्हीं पर बरस न पड़ें—"का रे कमेसरा, तुम्हारे मुँह में दही जमा है का जो घर की मौगी को ओकालत कराने ले आया ललन महतो के सोझा में ?"

ललन महतो ने एक-एक कर सभी पर एक पैनी नजर डाली। फिर उनकी नजर जैसे शून्य में टँग गई और स्वर नादमय हो उठा—"जाओ माँ ! तुमको हम माँ कहे हैं तो उसका मान तो हमको रखना ही पड़ेगा, न ! ललन महतो का समाज कल्याण का ई रूप आज से क्या अभी से बन्द ! मुदा सौगन्ध है ललन महतो को अपनी मरी माँ की कि इस गाँव की इन बेटियों के माँग के सेनूर की लाली जबतक उनके चेहरों पर न आवेगी, ललन महतो दुनू बखत खाना नहीं खाएगा। घर जाओ माँ ! इस गाँव की बेटी भी अब स्कूल जाएगी, काम धन्धा सीखेगी, अपने पैर पर खड़ी होगी—ललन महतो इसका जिम्मा लेता है।"

फिर जैसे वे एकदम वर्तमान में आ गए। कमेसर को घूरा और गरजे—"का रे कमेसरा ! बौक बताह जैसा हिंये खड़ा रहेगा कि मुखिया और सरपंच को बुलाके लाएगा ? हम आज ही स्कूल सब की बात फरिया देना चाहते हैं।"

समय पर किसी का जोर रहा है क्या ! ललन महतो इसको बाँधना चाहकर भी, इसको लौटाना चाहकर भी कहाँ ऐसा कर पा रहे थे। रामकुमार से दिल्ली में जाकर मिले। बेटा कहकर गले से लगाया। आते समय अपने टेंट से इक्कीस रुपए की सलामी भी दी। रामकुमार भी बोला—"जो हुआ सो हुआ। इसबार खरमास के पहले विदाई हो जाएगी।"

फिर से एक की कौन कहे, दो खरमास बीत गए। केतकी ने चम्पा भौजी से कढ़ाई सीखी थी। बड़े जतन से रूमाल काढ़ा था। कोने पर फूलों के घेरे के बीच 'राम'' काढ़ा था। सोचा था—रामकुमार के आने पर वह उसे यह भेंट करेगी जो भेंट नहीं, उसके सर्वस्व समर्पण की निशानी होगी। लेकिन कहाँ है राम ? केतकी सीता बनी बनवास भुगत रही थी।

साँझ हो गई थी। सँझाबाती से निपटकर भौजी बेटी को दूध पिला रही थी और विद्यापति का गीत गुनगुना रही थी—

''मोरा रे अँगनवा चनन केर गछिया
ताहि चढ़ि कुररए काग रे
सोने के चोंच मढ़ाए देब रे कागा
जौं पिय आओत आज रे।''

केतकी का मन हुआ कि वह चम्पा भौजी से यह गीत गाने को कहे—

''चानन भेल विषम सर रे
भूषण भेल भारी
हरि बिनु हृदय दगध भेल रे
झाँमर भेल साड़ी।''

लेकिन, केतकी चम्पा भौजी से नहीं कह सकी। वह खुद ही धीमे-धीमे गाने लगीं। फिर इस गीत में जैसे दमयन्ती, ममता, गौरी, रम्भा सबकी सब शामिल हो गईं। केतकी का एकल स्वर समवेत स्वर में बदल गया और इस पंक्ति पर आकर रुक गया—

''एकसरि ठाढ़ि कदम तर रे
पथ हेरथि मुरारी।''

सभी की आँखों से अविरल आँसू झड़ रहे थे। सबकी चटख साड़ियाँ मलिन पड़ रही थीं और सभी की हिचकियाँ बँध गई थीं। मगर सबके मुँह पर जैसे यही तक वाक्य स्थायी तौर पर बस गया था।

लौटेगी सबीहा ?

इस बार तैयार होने में सबीहा ने जरा भी देर न की, वरना उसे कहीं जाने के लिए आबिद मियाँ को बाकायदा चार घण्टे पहले कहना होता था कि अब तैयार हो लो। यहाँ तक कि घर से निकलने का वक्त भी तयशुदा वक्त से एक घण्टा पहले का बताते। यानी अगर शाम छह बजे निकलना है तो कहते, पाँच बजे निकलना है। पाँच बजते ही 'चलो, चलो' की टेर लगाना शुरू कर देते। तब कहीं जाकर वे छह बजे निकल पाते।

दरअसल, इस देरी में बिचारी सबीहा का भी कोई कसूर न होता। मुंबई के इस एक कमरे और रसोई वाले घर में उसके और आबिद मियाँ के अलावा आबिद मियाँ की पचपनसाला माँ, जवानी की दहलीज पर कदम रखती दो बहनें और एक जवान, मगर निकम्मा भाई रहते थे। सबीहा को इन सबके लिए तैयारी करनी पड़ती। एक कमरे के घर में इतने बड़े परिवार का नतीजा यह था कि बक्सा-पेटी, माल-असबाब सब एक-दूसरे के ऊपर चढ़ाकर रखे रहते, ताकि ज्यादा-से-ज्यादा सरदर जमीन मिल सके और लोगबाग जरा आफियत से उठ-बैठ सकें, चल-फिर सकें।

इसलिए जाने का प्रोग्राम बनने पर बक्से-पेटियाँ उतारे जाते। अम्मा सहित बहनें क्या पहनेंगी, इस पर आधा घण्टा बहस चलती। फिर दोनों ननदों और सास की कंघी-चोटी होती। छोटा भाई असलम अकसर इन सबसे अलूफ अपनी ही दुनिया में रहा करता। घर से उसका रिश्ता सिर्फ सोने-खाने तक का था। लिहाजा अगर इन सबके कहीं बाहर खाने-पीने का इरादा होता, तब भी असलम के लिए सबीहा को खाना पकाकर रखना होता।

मगर इस बार ऐसा कुछ भी झंझट नहीं था। हर बार की तरह इस बार किसी के चेहरे पर जाने की कोई रौनक भी नहीं थी। उलटा सभी के चेहरे पर हवाइयाँ छूट रही थीं। सबके लबों पर अनगिन सवाल परकटे परवाज की तरह फड़फड़ाकर रह जा रहे थे। आबिद मियाँ ने भी सवालों की अकुलाई फड़फड़ाहट से बचने के लिए गम्भीरता की ऐसी बोसीदा चादर ओढ़ रखी थी जहाँ सवाल की भक् से जली तीली पहुँच भी न पाती। बस, फक से बुझ जाती।

बस, केवल बक्से-पेटी खोले जा रहे थे। तय किया जा रहा था कि क्या ले

जाना है, क्या नहीं। आबिद मियाँ ने गम्भीर आवाज में कहा–"अम्मी, जेवरों की पोटली बनाकर कमर में खोंस लो। सभी भारी कपड़े और दो-चार मामूली कपड़े रख लो। बाकी यहीं छोड़ दो। बाद में देखा जाएगा, जो भी होगा।"

आनन-फानन में सभी तैयार हो गए। सामान लिये सभी सीढ़ियों से उतरकर नीचे आकर खड़े हो गए। आबिद मियाँ ने घर के सभी सदस्यों को गौर से देखा। उन सभी के चेहरों पर पुती राख की स्याही वे साफ-साफ देख रहे थे। वे कॉलोनी में थे। वक्त तो था दोपहर का, मगर सड़कें आधी रात की तरह बिलकुल सूनी और उचाट थीं। कभी-कभार एकाध ऑटो या टैक्सी इधर या उधर से गुजर जातीं सराक से। आबिद मियाँ जब तक हाथ दें, तब तक वे सभी फर्राटे से गुजर जातीं और वे सभी बस देखते रह जाते। सामने एक दुकान थी पानवाले की। वह पान, बीड़ी-सिगरेट के साथ-साथ अण्डे, ब्रेड, चॉकलेट वगैरह भी रखता था। आबिद मियाँ ने अशरफ से कहा–"तुम तबतक कोई टैक्सी-ऑटो रोको। मैं जरा ब्रेड वगैरह ले लूँ।"

पानवाले की दुआ-सलाम का कोई जवाब न देकर आबिद मियाँ ने ब्रेड खरीद लिये। पैसे चुकाए। समान लेकर चलने को हुए कि ठिठक गए। दुकान में रखी बिन्दी के पत्ते पर नजर जमाई। फिर बोले–"एक पत्ता बिन्दी दे दो, लालवाली।"

पानवाले ने जरा हैरानी से देखा, पर बोला कुछ नहीं। आबिद मियाँ बेपरवाह से दिखने की कोशिश करते रहे। मगर पानवाले से जब नजर मिली तब अपनी कच्ची एक्टिंग उजागर हो जाने से वे झेंप-से गए।

संयोग से एक टैक्सी और एक ऑटो मिल गए। अशरफ उनसे भाड़े की बात पर उलझ रहा था। टैक्सी ड्राइवर कह रहा था–"भैया ! जो बोल दिए सो बोल दिए। देख नहीं रहे, शहर में कितना टेन्शन हो रखा है। अपनी और गाड़ी दोनों की जान हथेली पर लेकर बाहर निकले हैं। किसी पर भी आफत आई तो हरजाना कौन देगा ! टेम खराब मत करो। आना है, आओ, नहीं तो अपुन लोग जाता है।"

आबिद मियाँ तब तक पहुँच चुके थे। दोनों ड्राइवरों को कन्धों से पकड़कर रोका और अशरफ को सामान लदवाने को कहा। फिर वे घर की चारो खातूनों की ओर मुड़े और धीरे से बिन्दी का पत्ता बढ़ाते हुए कहा–"ये लो, एक-एक बिन्दी सभी लगा लो।"

"अए हए बेटा ! इस मरे किनारे ई काफिरोंवाला काम करने को कहते हो ? कयामत के दिन अल्ला-ताला को क्या मुँह दिखइहें।"

"चुप !" आबिद मियाँ ने हलके से झिड़का–"जान बच जाएगी तो एक महीने के बदले तीन महीने रोजे रख लेना। पचीस पीर-फकीरों को खिला देना। मजार पर चादर भी चढ़ा आना। मगर, अभी जो कहता हूँ करो। और सुनो, अभी तुम सबका नाम यह नहीं है। सबीहा, तुम्हारा नाम सविता है। नजमा, तुम नेहा हो और मेहरून्निसा, तुम मनीषा। अम्मी का नाम भी गुलबानो नहीं, गुलाब देवी है।" अशरफ अब तक

पास आ गया था। आबिद मियाँ ने कहा—"अशरफ ! तुम्हारा नाम अशोक है और मैं आलोक। अब सभी अपने-अपने नाम याद कर लो। पूरे रास्ते ध्यान रहे यह।" आबिद मियाँ टैक्सी की तरफ मुड़े तो टैक्सी ड्राइवर को बड़े रहस्यमय ढंग से मुस्कुराते हुए देखा। वे भीतर से डरे, मगर ऊपर से गम्भीर, व्यस्त और बेफिक्र दिखते रहने की कोशिश में लगे रहे !

ऑटो में अम्मी के साथ अशरफ बैठा और टैक्सी में आबिद मियाँ बीबी और बहनों के साथ बैठ गए। तीनों खातूनें पीछे थीं। आबिद मियाँ ड्राइवर के बराबर वाली जगह पर जा बैठे। टैक्सी में घुसते ही सामने गणपति की छोटी-सी मूर्ति दिखाई दी। उससे सटी हुई दुर्गा, काली और लक्ष्मी, सरस्वती की छोटी-छोटी तसवीरें भी थीं। एक छोटा-सा अगरबती स्टैण्ड भी था, जिसमें लगी हुई अगरबत्तियाँ बुझ चुकी थीं। अब उन्होंने ड्राइवर की ओर देखा जिसके ललाट पर बड़ा-सा लाल तिलक था और मुस्कान में एक काइयाँपन। आबिद मियाँ का कलेजा काँपा। मगर अब कोई उपाय न था। बस, अल्ला मियाँ को याद किया और जी कड़ा करके बैठ गए।

आबिद मियाँ ने नौ महीने की अपनी बिटिया को अपनी गोद में बिठा लिया। उन्होंने एक बार पीछे मुड़कर तीनों खातूनों को देखा। बिन्दी लगे सबके चेहरे बड़े अस्वाभाविक लग रहे थे। सबीहा सिर पर पल्लू डाले बगैर कभी घर के बाहर कदम न रखती थी। इसके लिए वह एक दुपट्टा ही अलग से रखती थी, काले रंग का बूटियों वाला। आज नंगा सिर उसे खुद ही बड़ा अटपटा लग रहा था। सिर्फ नौ माह की बिटिया जीनत ही सबकुछ से बेखबर बाप की कमीज के बटन से खेल रही थी। सामने गणपित की मूर्ति देख वह उसे पकड़ने को लपकी। आबिद मियाँ ने उसके नन्हे हाथों को अपनी हथेली में बन्द कर लिया।

"कहाँ जाएँगे साब ?" टैक्सी ड्राइवर ने पूछा।

"गोरेगाँव वेस्ट। और हाँ, उस ऑटो के साथ-साथ ही रहना।" आबिद मियाँ ने कहा।

टैक्सी वेस्टर्न एक्सप्रेस हाइवे से गुजर रही थी। दो तरफ दुकानें बन्द पड़ी थीं। एक तरफ एक ऑटो जला पड़ा था। सामने बेहरामपाड़ा था—बान्द्रा स्टेशन से सटा हुआ। लोगों ने उसके नाम के आगे का 'बे' हटा दिया था। न जाने कितने किस्से इस पाड़ा से शुरू होकर निकलते और इसकी तंग, बन्द और मुड़ी-तुड़ी गलियों जैसे ही मुड़-तुड़कर गिट्टियों की तरह इधर-उधर बिखर जाते। अखबारों में छपी कई खबरों ने भी इस बस्ती के प्रति लोगों की नफरत नौ-नौ हाथ ऊँची कर दी थी। बस्ती से सटे ही कई सरकारी दफ्तर थे। सामने बड़ा-सा दलदल था। एक दफ्तर का जवान सिक्यूरिटी गार्ड इस दलदल में मरा पाया गया तो दूसरे दफ्तर के एक अफसर को किसी ने छुरा भोंककर मार दिया।

बेहरामपाड़ा से सटी हुई मसजिद थी और हाइवे से सटा हुआ बान्द्रा कोर्ट। जुमे

की नमाज के वक्त पूरा फुटपाथ भर जाता था। उस दिन जुमे की नमाज पूरी होते न होते गोलीबारी शुरू हो गई। दनादन सारी दुकानों के शटर गिर गए। पुलिस पोजीशन में आ गई।

शहर के हिन्दू जाग्रत हो. लगे थे। उन्हें लगने लगा था कि शहर पर मुसलमानों का कब्जा होता जा रहा है। दफ्तरों में सत्यनारायण भगवान की पूजा होने लगी। मूलभूत अधिकारों पर चर्चा की जाने लगी और तय पाया गया कि यदि मुसलमान सड़क पर नमाज पढ़ सकते हैं तो हिन्दू सड़क पर पूजा क्यों नहीं कर सकते ? और नमाज के जवाब में महाआरती शुरू हो गई। बान्द्रा कोर्ट के सामने आनन-फानन में एक मन्दिर बन गया। पहले वहाँ गणपति की छोटी-सी प्रतिमा थी, जो बान्द्रा कोर्ट से विवाह कराकर लौटे दम्पतियों के दर्शन के लिए शायद रखी गई थी। अब दोपहर के वक्त कोर्ट और आसपास के सभी दफ्तरों के कर्मचारी आ जुटते। उनकी महाआरती से सड़क भर जाती, हाइवे जाम हो जाता। ट्रैफिक और भीड़ में फँसे आम लोग परेशान हो जाते। परन्तु हर बार की तरह अवाम की फिकर न करने वाली व्यवस्थाओं के जाल में इस व्यवस्था में भी अवाम की परेशानियों से निजात दिलाने का कोई झरोखा न था।

आबिद मियाँ की टैक्सी धीरे-धीरे रेंग रही थी। सभी के चेहरे दहशत में गर्द थे। सभी के सभी कब्र में दफनाई गई लाश की तरह रंगहीन और बेजान से हो गए थे। केवल ड्राइवर मस्ती में गुनगुना रहा था। भजन की आवाज सुनाई पड़ी तो वह भी भजन के सुर में सुर मिलाकर गाने लगा–"जय गणपति, जय गणपति, जय-जय-जय देवा।" तभी सामने से किसी ने टैक्सी रोकने का इशारा किया। "गणपति बप्पा मोरया" की केसरिया पट्टी सिर पर बाँधे तीन-चार लोग सामने से आ रहे थे। एकाएक सबीहा, नजमा और मेहरू की चीख निकल गई–"हाय अल्ला !" फिर अपनी ही आवाज से घबड़ाकर उन्होंने अपने दुपट्टे अपने-अपने मुँह में ठूँस लिये।

टैक्सी झटके से रुक गई। ड्राइवर ने एक बार आबिद मियाँ और सभी खातूनों को घूरकर देखा और मुस्कुराया। उसकी मुस्कान में फिर से काइयाँपन भरा था। गोद की जीनत सो चुकी थी। ड्राइवर मुस्कुराते हुए उन लोगों की ओर देखने लगा, जिन्होंने टैक्सी रोकने का इशारा किया था।

"काए ? काए झाला ?" ड्राइवर ने पूछा।

"कौन हैं ये लोग ? कहाँ जा रहे हैं ?"

"अरे अपना भाई-भाभी है साहेब, आज घर में पूजा है न ! बाप बोला, सभी को बुला ला। दो-चार दिन यहीं रहेगा। इसलिए थोड़ा बहुत सामान के साथ जा रहे हैं।"

"कहाँ ?"

"गोरेगाँव। बाँगुर नगर। मैं उधरीच रहता।"

"और ये लोग ?"

"यहीं बान्द्रा-कुर्ला कॉम्प्लेक्स के पास।"

"अबे ! झूठ तो नहीं बोल रहा ?" तीनों लड़कियों की आँखों में तैरते भय के समुन्दर को भाँपकर उन्होंने पूछा।

"क्या बात करता साब ! झूठ काए को बोलेंगा। भाई को भाई नहीं बोलेंगा तो क्या बोलेंगा। चाचा का लड़का है। ओए आलोक ! जा न ! महाआरती हो रही है। ग्यारह रुपए चढ़ा आ। ऐसा कर, वहाँ भीड़ है। इन्हीं भक्तों को दे दे। ये चढ़ा देंगे। तुम लोग यहीं से प्रणाम कर लो। भाभीजी की गोद में बच्चा है सोएला, जग जाएगा तो हंगामा करेगा।"

आबिद मियाँ ने जेब से 20 का नोट निकाला और उनकी तरफ बढ़ा दिया। फिर मन्दिर की तरफ मुँह करके हाथ जोड़ दिए। तीनों स्त्रियों ने भी यही किया।

टैक्सी आगे बढ़ी तो सभी ने फक् से एक लम्बी साँस छोड़ी। आबिद मियाँ ने पीछे मुड़कर देखा—ऑटो उनके पीछे-पीछे आ रहा था।...टैक्सी ड्राइवर फिर से मुस्कुराया। पर अबकी आबिद मियाँ सहित सभी को उसकी हँसी में वह काइयाँपन नहीं दिखा। टैक्सी की स्पीड बढ़ा दी गई थी। महाआरती की भीड़ पीछे रह गई थी। आगे का हाइवे बिलकुल क्लियर था। टैक्सी सरपट दौड़ पड़ी।

गोरेगाँव में सामान और सब जन के साथ आबिद मियाँ ने कॉलबेल बजाया तो गृहस्वामी उन सबको देखकर बुरी तरह चौंके। पीछे-पीछे गृहस्वामिनी भी आईं। उनके मुँह से भी बोल न फूटे। आबिद मियाँ ही बोले—"क्यों सरिता दी, अन्दर आने को नहीं कहोगी ?"

"हाँ, हाँ ! आओ, आओ।"

अम्मी दीदी के गले लगकर रो पड़ीं—"मरे किनारे क्या-क्या दिन देखइहें अल्ला-ताला।" उन्हें अब बिन्दी का ख्याल आया। उन्होंने उसे तुरन्त माथे से नोचा और इस तरह से दूर फेंका जैसे मरी छिपकली उनसे चिपक गई थी और जिसे ढोने को वे अभिशप्त थीं। बिन्दी निकलते ही जैसे वे गुलाब देवी के उस खोल से भी बाहर निकल आईं जिसे घण्टे-दो घण्टे पहले उन्हें अपने ऊपर चढ़ाना पड़ा था।

बड़े अरमान से आबिद मियाँ ने मुंबई में पैर जमाने के बाद परिवार को बुला लिया था। उनका गाँव और उस गाँव का उनका मोहल्ला बेहद पिछड़ा हुआ था। बस्ती मुसलमानों की थी और पर्दा इतना जबर्दस्त कि नजमा और मेहरु तीसरी जमात के बाद घर में बिठाल दी गई शलवार-जम्पर और बुरके के साथ। घर के बाहर निकलने पर ऐसी पाबन्दी कि नमक न रहने पर दाल-सब्जी बिना नमक के बन जाए वह मन्जूर था, मगर घर के नीचे के किराना दूकान से नमक लाना गुनाह था। आबिद मियाँ तकदीर के धनी थे कि बीवी के रूप में उन्हें सबीहा जैसी नेक और समझदार लड़की मिली थी, जिसने सास-ननद-देवर को अपनी माँ, बहन और भाई की जगह पर देखा और फिर उन्हीं में घुल-मिलकर रह गई।

मुंबई में आबिद मियाँ ने बहनों को स्कूल में दाखिला दिलवा दिया। दोनों बहनें बला की खूबसूरत थीं। मुंबई में अकेले रहते हुए आबिद मियाँ का दिल हमेशा धड़कता ही रहता कि जाने कब गाँव घर से कोई मनहूस खबर आ जाए। पर्दे तले ढकी, मुर्दार की परत चढ़ी खूबसूरत बुतें यहाँ की आबो-हवा पाकर नए मौसम के नए फूल की तरह खिल गईं। दो-चार दिन बहनों को खुद स्कूल पहुँचाते और वहाँ से लाते रहे। फिर एक दिन उन्हें समझाया—"देखो यह है रास्ता, ये हैं बसें, ये है स्टॉप। खुद आना-जाना शुरू करो। यहाँ कोई किसी को लेकर आता-जाता नहीं। ऐसा करे तो उसका तो काम धन्धा ही चौपट हो जाएगा।

सरिता दीदी की बिल्डिंग में सोसाइटी की इमरजेन्सी मीटिंग बुलाई गई। आमतौर पर जीजाजी ही मीटिंग में जाते थे। इस बार दीदी भी गई। दरअसल, वे फिलहाल अपने ही घर से घबड़ाई हुई थीं और वहाँ रहने-ठहरने में जैसे उनकी साँस फँस रही थी।

दोनों बहनों ने वर्षों से छूटी पढ़ाई का फिर से अभ्यास करते हुए कड़ी मेहनत की और जब पास हुईं तो भाई-भाभी की गर्दन पकड़कर रो पड़ीं—"भाईजान ! यकीन नहीं होता कि हमारी जिन्दगी में भी ऐसे दिन आनेवाले थे। चमकते आफताब की रोशनी से भरे दिन।"

सचमुच ! ऐसे दिन तो नेमत में ही मिलते हैं। आबिद मियाँ का व्यापार चल निकला था। इस बकरीद में पूरे पाँच हजार का बकरा कुर्बान किया था। नजमा ने दसवीं करने के बाद ब्यूटीशियन का कोर्स कर लिया था और अब एक ब्यूटी पार्लर में भी जाने लगी थी। उसके हाथों में ऐसी सुघड़ता थी कि जल्द ही बाल कटाने से लेकर फेशियल, मैनीक्योर, पैडीक्योर तक के लिए क्लाएण्ट उसी की माँग करने लगीं। मेहरु अभी नौवीं में थी। दसवीं के बाद वह ड्रेस डिजाइनिंग का कोर्स करने की सोच रही थी। सबीहा की गोद में जीनत आ गई थी और जीनत के आने से अम्मी का वक्त उसके साथ मसरूफियत से भरा होकर कटने लगा था। घर के काम-धन्धे से फुरसत पाकर सबीहा मोहल्ले की खातूनों-बच्चों के कपड़े सिलने लगी। पढ़ाई, कमाई और कुछ कर पा सकने का आत्मविश्वास उस पूरे घर के कोने-कोने में चस्पां हो घर को इस जलतरंग की मीठी-मीठी धुन में डुबो गया था।

चिन्ता में डूबे दीदी और जीजाजी लौटे। मेहरु चाय बना लाई थी। पहले चाय पीते वक्त एक-से-एक बातें होती रहती, हँसी के फव्वारे छूटते रहते, लतीफों और वाकयातों पर ठहाके फूटते रहते, सरिता दी की हँसी बड़ी तेज थी। वे जब हँसती तो सभी कहते—अब बिल्डिंग की छत उड़ जाएगी। जीजाजी फिस्स से हँसकर रह जाते। मगर बातचीत में पूरी शिरकत करते। मगर अभी चाय पीते हुए सभी खामोशी का मानो भारी-भारी लबादा ओढ़े बैठे हुए थे। अम्मी की ही केवल चाय पीते समय सुड़क-सुड़क की आवाज निकलती थी। अन्य दिनों में यह सुड़क-सुड़क की आवाज अम्मी को छेड़ने का सबब बन जाता था। आज वह आवाज कमरे की खामोशी को

तोड़ते हुए भी बड़ी भयानक लग रही थी।

आबिद मियाँ ने ही चुप्पी तोड़ी—"मीटिंग किसलिए थी जीजाजी ? कोई खास इश्यू ?"

"कुछ नहीं। बकवास करते हैं साले !"

"कैसी बकवास ?"

"यही कि...." कहते हुए जीजाजी तनिक रुके, तनिक हिचकिचाए भी। मगर तुरन्त ही इस हिचकिचाहट पर काबू पा लिया। दरअसल, उनके अपने मन में भी वही बात थी जिसे सभ्यता के नाते वे आबिद मियाँ से नहीं कह सकते थे। अब सोसाइटी के नाम पर अपने ही मन की बात उन तक पहुँचाई जा सकती थी। गला साफ करते हुए बोले—"यही कि तुम लोगों के यहाँ रहने से पूरी सोसाइटी को खतरा है और हम लोग फिजूल में यह खतरा उठाने को तैयार नहीं।"

"आबिद, हमें गलत मत समझना।" दीदी अटकती हुई बोली—"पूरी सोसाइटी एक तरफ है। हम अकेले हैं। लड़ने को तो हम लड़ आए। मैं कह भी आई कि हैं मुस्लिम तो क्या ? वह मेरे भाई से भी बढ़कर हैं।" तो वे ही कहने लगे—"यह आपके लिए है। हमारे लिए नहीं। उन लोगों ने तो यहाँ तक कह दिया कि हम लोग कुछ नहीं करेंगे तो वे लोग ही कुछ कदम उठाएँगे...अब हम भी क्या करें। ऐसे मौकों पर सभी तो अपनी-अपनी ही सोचते हैं न !"

"हाँ दीदी ! सचमुच ऐसे मौकों पर सभी अपनी-अपनी ही तो सोचते हैं। मैं वी. टी. जा रहा हूँ। देखूँ, शायद कोई टिकट-विकट मिल जाए।" आबिद मियाँ उठ खड़े हुए।

ट्रेन में इस कदर भीड़ थी, मानो यह ट्रेन छूट गई तो आदमी की देह से साँस ही छूट जाएगी। कल तलक अपनी सुहानी और विश्वसनीय लगने वाली मुम्बई एकाएक कितनी भयावनी और अविश्वसनीय लगने लगी थी। सामान, खौफजदा चेहरे, बेचैन रूहें, भरी निगाहें, सहमे दिल।

सबीहा की गोद में जीनत दुबकी बैठी थी, चुपचाप। उसकी हँसी, किलक सब कहीं खो गई थी। एकदम से समझदार लग रही थी, जैसे इन दो-तीन दिनों की घटनाओं को वह भी समझ चुकी हो। नजमा, मेहरू, अशरफ, अम्मी—सभी शान्त और खामोश थे। चारों औरतों के माथे पर फिर से बिन्दी थी। चलते समय दीदी ने सबीहा की माँग भी सिन्दूर से भर दी थी।

सबीहा की आँखों से लगातार आँसू गिरे जा रहे थे, जैसे वह मायका छोड़कर ससुराल के लिए विदा हो रही हो। मुंबई की धरती पर जिस दिन उसके पैर पड़े, उस दिन से लेकर आज तक के यहाँ गुजरे एक-एक दिन, एक-एक पल किसी नेमत भरी किताब के एक-एक हरुफ की तरह उसके आगे आते जा रहे थे और उन हरुफों से अनार फूटते नजर आ रहे थे। कितने दावे से आबिद मियाँ कहा करते थे—"मुंबई में भले डॉन का गदर मचे, वे एक-दूसरे का गला काटें, खून-खराबा करें, मगर अवाम

को वे इसमें नहीं फँसाते। इस शहर में दंगे नहीं हो सकते।'' मगर आज तो मियाँ की जूती मियाँ के सिर ही बोल रही थी।

चलती ट्रेन के संग-संग सबीहा भी जैसे एक डब्बा बन गई थी, यादों, नियामतों की पोटरियाँ, पेटी बक्से सम्भाले हुए। मुंबई ने उसे सोने की चम्मच भेंट की हो, ऐसा नहीं था। सारे दिन सुख के सोने-चाँदी से मढ़े थे, यह बात भी नहीं थी। आबिद मियाँ के कारोबार के चक्कर में कई-कई बार पैसों के लाले पड़े थे। ऐसे कि रोज माँस-मछली खानेवाला उनका परिवार हफ्तों दाल-सब्जी पर गुजारा करता रहा था। एक साल तो ईद तक में निहायत ही सस्ते कपड़ों से काम चलाना पड़ा था। फिर भी कितना सुख था, जैसे सभी फूलों की तरह रंगीन और हलके फुलके बने हवा में उड़ रहे हों। नजमा और मेहरु और खुद उसका आत्मविश्वास किसी मुरझाई बेल को मिले खाद-पानी की तरह फूटा था और लहलहाती हुई वह बेल परवान चढ़ रही थी। चार पैसे भी वे सब कमा रही थीं, कमा सकती हैं, यह सब ख्वाब एक खूबसूरत हकीकत के रूप में उन सबके सामने था।

तो क्या अब फिर से उन सभी को उस हवेली की कब्र में दफन हो जाना होगा जहाँ हवा की कोई फाँक नहीं थी, सूरज का कोई कतरा नहीं था, ओस की कोई बूँद नहीं थी। जहाँ दम घुटती साँसों का जलवा था और सीने पर अनकहा—अनचाहा मनो-मन बोझ। इस बोझ को क्या फिर से नजमा, मेहरु सहित उसे ढोना होगा ? जीनत गोद में कुनमुनाई तो उसका ध्यान उस तरफ भी गया, 'और बड़ी होकर यह जीनत भी हम लोगों की कतार में आ खड़ी होगी ?' यह भी क्या तीसरी जमात के बाद बुर्के के भीतर बन्द बिना नमक की दाल बनाने को मजबूर हो जाएगी ! या अल्लाह ! रहम कर ! तेरी बनाई दुनिया में ऐसा खौफनाक मन्जर !

नहीं ! जैसे एक विस्फोट हुआ सबीहा के अन्दर। ऐसा नहीं हो सकता। मुंबई पर ऐसा खौफनाक मन्जर हमेशा चस्पाँ नहीं रह सकता। प्रेत की काली छाया यहाँ हमेशा घिरी नहीं रह सकती। यह तो सबसे जिन्दा शहर है। जिन्दगी तो यहाँ की धूल के एक-एक कण तक में समाई हुई है। शहर के चरित्र पर लगा यह बदनुमा दाग धुलेगा और यह फिर से बारिश के बाद की निखरी-निखरी सुबह की सुनहली धूप-सी उगेगी—सुनहले वर्क में लिपटी हुई। हाँ, तब लौटेगी सबीहा—अपने सपनों, अपने अरमानों, अपनी ख्वाहिशों और अपने यकीनों के साथ—यहीं, इसी शहर में, जिस शहर ने उसे जीने का मतलब दिया है, सोच की एक नई ताजगी दी है। वह लौटेगी—अपनी खातिर, नजमा और मेहरु की खातिर, अपनी जीनत की खातिर।

भागती ट्रेन और भीगते आँसुओं के बीच उसके होंठों के कोनों पर एक पतली-सी मुस्कान उतरी। यकायक उसे वह टैक्सीवाला याद आया और वह अपने भीतर यकीन और ताकत के मिले-जुले अहसासात से भर गई।